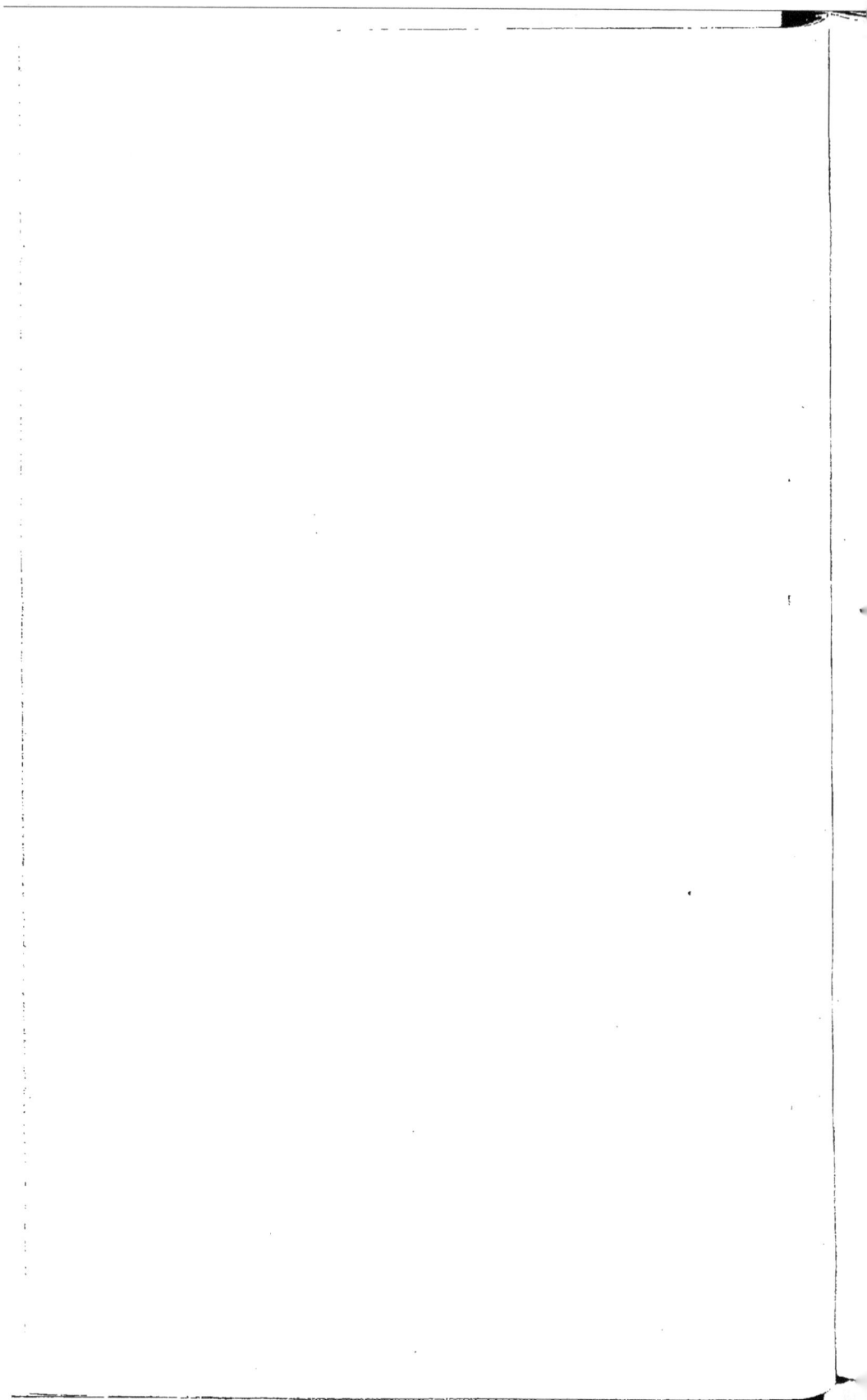

6430

CONSIDÉRATIONS

SUR L'ENSEIGNEMENT

DU

DROIT ADMINISTRATIF

PAR

M. JULES MALLEIN

ANCIEN BATONNIER DE L'ORDRE DES AVOCATS A LA COUR IMPÉRIALE DE GRENOBLE,
PROFESSEUR A LA FACULTÉ DE DROIT DE LA MÊME VILLE,
CHEVALIER DE LA LÉGION D'HONNEUR.

L'instruction est le premier besoin des peuples et le premier bienfait qu'ils attendent des gouvernements.

(*Discours de* FOURCROY, exposant au Corps Législatif les motifs de la loi du 13 mars 1804 sur les écoles de droit.)

Courage donc! et ne désespérons pas parce que, dans l'inévitable fluctuation des opinions jugeant une organisation nouvelle, on aura pu supposer que le niveau de l'instruction, s'élevant trop d'un côté, s'abaissait trop de l'autre..... Non, grâce à Dieu! le monde physique n'a pas tué le monde intellectuel, et l'harmonie qui les unit n'est pas rompue.

(*Discours de* M. ROULAND, ministre de l'instruction publique, présidant la distribution des prix du concours général, le 10 août 1857.)

PARIS

LIBRAIRIE DE HENRI PLON,

8, RUE GARANCIÈRE.

1857

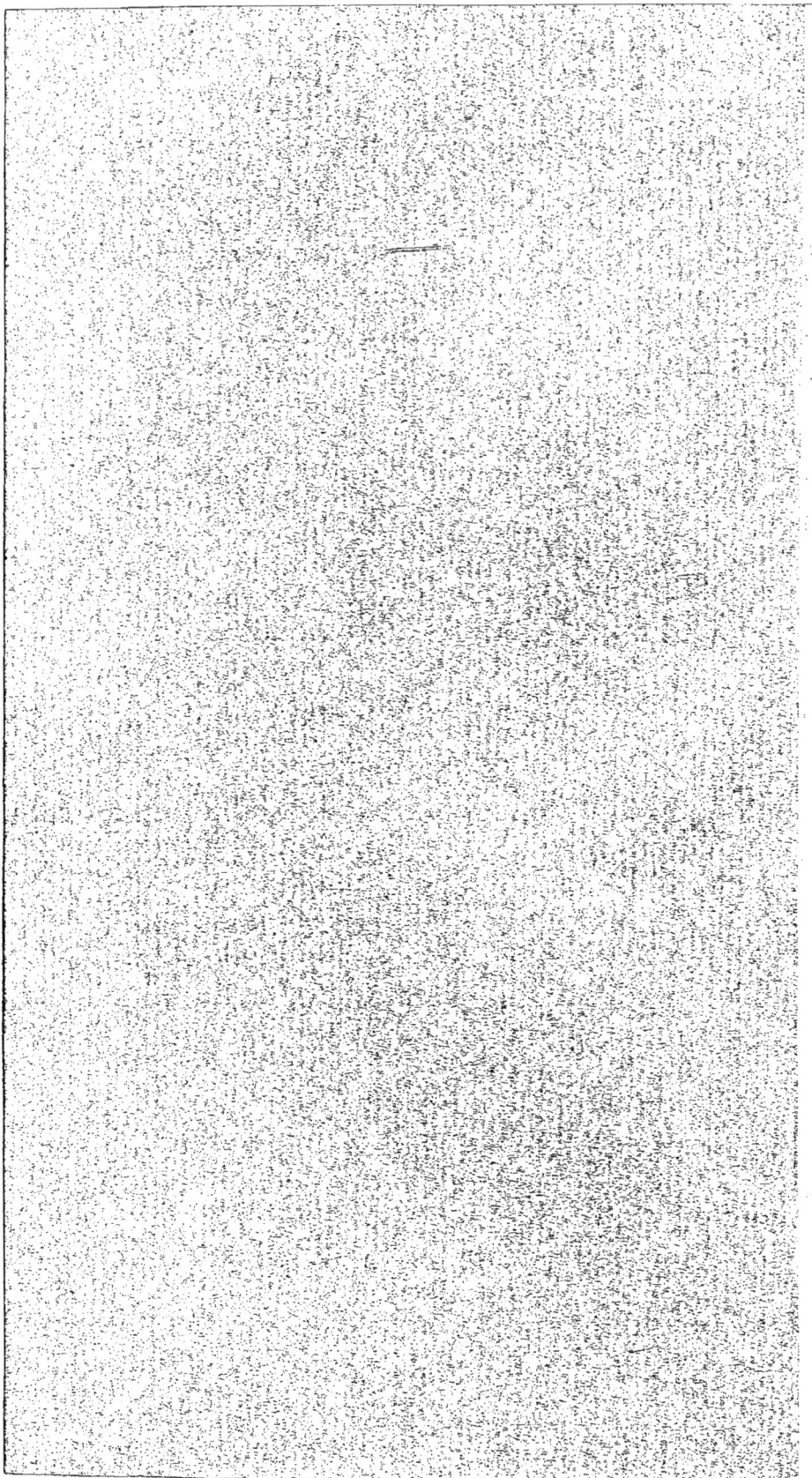

CONSIDÉRATIONS

SUR L'ENSEIGNEMENT

DU

DROIT ADMINISTRATIF

PARIS. TYPOGRAPHIE DE HENRI PLON,
IMPRIMEUR DE L'EMPEREUR,
RUE GARANCIÈRE, 8.

CONSIDÉRATIONS

SUR L'ENSEIGNEMENT

DU

DROIT ADMINISTRATIF

PAR

M. JULES MALLEIN

ANCIEN BATONNIER DE L'ORDRE DES AVOCATS A LA COUR IMPÉRIALE DE GRENOBLE,
PROFESSEUR A LA FACULTÉ DE DROIT DE LA MÊME VILLE,
CHEVALIER DE LA LÉGION D'HONNEUR.

L'instruction est le premier besoin des peuples et le premier bienfait qu'ils attendent des gouvernements.

(*Discours de* FOURCROY, exposant au Corps Législatif les motifs de la loi du 13 mars 1804 sur les écoles de droit.)

Courage donc! et ne désespérons pas parce que, dans l'inévitable fluctuation des opinions jugeant une organisation nouvelle, on aura pu supposer que le niveau de l'instruction, s'élevant trop d'un côté, s'abaissait trop de l'autre..... Non, grâce à Dieu! le monde physique n'a pas tué le monde intellectuel, et l'harmonie qui les unit n'est pas rompue.

(*Discours de* M. ROULAND, ministre de l'instruction publique, présidant la distribution des prix du concours général, le 10 août 1857.)

PARIS

LIBRAIRIE DE HENRI PLON,

8, RUE GARANCIÈRE.

1857

A MONSIEUR

LE DOCTEUR NÉLATON,

PROFESSEUR A LA FACULTÉ DE MÉDECINE DE PARIS,
OFFICIER DE LA LÉGION D'HONNEUR.

A vous, Monsieur, la dédicace de ce volume, écrit depuis que j'ai recouvré la vue. Œuvre de peu de valeur, je le crains, sa médiocrité est pourtant ce qui me préoccupe le moins au moment où je viens vous l'offrir. Ce que je veux, c'est qu'il soit le témoignage matériel d'un de vos nombreux succès, et qu'il exprime en même temps chez moi ce double sentiment : admiration pour l'art qui peut ouvrir à la lumière l'œil de l'aveugle; reconnaissance pour le savant professeur et l'habile praticien à qui je dois un tel bienfait!

J. MALLEIN.

Grenoble, le 24 mai 1857.

PRÉFACE.

L'homme qui a besoin de repos accepte avec empressement la position qui le donne.

Mais, souvent, c'est au prix d'un vide pénible que l'on brise, sans transition, les habitudes d'une existence régulièrement occupée.

Les loisirs ont leur satiété, comme le travail a ses lassitudes ; avec cette différence que, lorsque la santé fait une loi de l'inaction et que cette loi violée a pour sanction la souffrance, on n'a pas la ressource de chasser l'ennui en reprenant le cours des travaux qui l'empêchaient de naître ; tandis que quelques heures d'interruption suffisent pour redonner au cerveau de l'homme valide le ressort qu'une application trop prolongée a momentanément détendu.

Que faire donc quand l'oisiveté forcée devient insupportable ?

Transiger : revenir, non pas à des journées et encore moins à des nuits laborieuses, mais à des instants d'exercice intellectuel; se donner l'étude pour récréation, comme auparavant on se donnait au même titre la promenade ou le théâtre; choisir ses heures au lieu de les recevoir; prendre un livre et quelquefois une plume, sous la condition de les quitter aussitôt qu'une impression de fatigue se sera fait sentir.

Cette situation a été et se trouve encore être la mienne. C'est à elle qu'est dû l'écrit que je publie.

Les années que j'ai parcourues se sont divisées en deux parts : j'ai donné, d'abord aux luttes du barreau, puis aux travaux moins agités de l'enseignement du droit, l'été et l'automne de ma vie.

Pendant la seconde période, les attributions de la chaire qui m'était confiée ont souvent excité mon regret, par la comparaison que je faisais de leur étendue avec l'exiguïté du cadre dans lequel il fallait les renfermer.

On ne se pénètre pas de l'insuffisance de ce qui est, sans méditer ce qui devrait être. On ne se livre pas à cette double opération de l'intelligence sur un point, sans se sentir entraîné à s'y livrer sur d'autres qui l'avoisinent. De proche en proche, les idées se succèdent et le sujet grandit.

Toutes les réflexions que j'avais faites à cet égard se sont reproduites chez moi, pendant les jours où j'ai commencé à sentir le désœuvrement comme un fardeau. Je me suis alors attaché à elles, pour en faire, à très-petites doses, le remède de ce mal nouveau.

Je n'avais, au commencement, d'autre intention que celle de me distraire. Je ne pensais pas à faire un livre : savais-je si, après l'épreuve de quelques pages, je ne serais point forcé de renoncer à cette hygiène de l'esprit que je venais de me prescrire ? J'écrivais sans trop de suite, à mesure que les pensées venaient, et pendant que le *veto* de la fatigue ne s'interposait pas.

Cependant, au bout de quelque temps, il m'a semblé que ce que j'avais commencé à jeter sur le papier pourrait, avec quelques développements et de nombreuses corrections, fournir la matière d'une suite de chapitres naturellement liés entre eux.

C'est alors que l'idée du livre a pris naissance.

J'ai cru qu'on y trouverait quelques-uns des matériaux nécessaires pour fonder, d'une manière définitive et complète, *l'enseignement du droit administratif*, et pour introduire, à raison de ce, des changements dans l'organisation actuelle des facultés de droit.

A ce point de vue, l'ouvrage s'adresserait au pouvoir qui a le droit d'innover.

J'ai cru aussi qu'il aurait les sympathies de quiconque désire, dans l'ordre moral, le progrès observé de nos jours dans l'ordre matériel.

A ce point de vue, il s'adresserait à tout le monde.

Voilà comment le projet s'est formé. Je dois dire que l'exécution a été lente : on sait pourquoi.

Il est un objet dont j'aurais pu parler, et auquel aucun de mes chapitres n'a touché, même par une simple indication : c'est le tableau des professions et des fonctions publiques, pour lesquelles les grades en droit devraient être exigés.

Ils le sont, en l'état, pour un assez grand nombre de carrières. Mais on est généralement d'avis qu'il serait bon d'en faire la condition de plusieurs autres, et l'administration offre divers services à l'occasion desquels la question peut s'agiter.

On voudra bien me pardonner de ne pas m'être engagé dans cette voie. Quoique mon opinion soit fixée sur divers points, elle aurait besoin, sur des points différents, de documents et de détails qui trouvent ma mémoire infidèle. Je n'aurais pu me procurer ce qu'elle me refuse que par des recherches assez multipliées, c'est-à-dire par le genre de labeur le plus incompatible avec la situation qui me condamne au repos.

Je ne crois pas, d'ailleurs, que cette omission soit une lacune dans mon travail. En observant la liaison naturelle des choses, il doit conduire à la discussion que j'évite : mais il sera complet sans qu'elle s'y produise.

Le titre que j'ai choisi ne paraîtra-t-il point ambitieux? Au lieu du mot *considérations*, n'aurais-je pas dû écrire le mot *essai?* Le dernier eût mieux convenu à l'œuvre et aux circonstances qui l'ont amenée ; mais eût-il convenu à l'âge de l'auteur ? J'ai pensé, au surplus, qu'en conservant une expression dont le sens est exactement celui de ma pensée, je pouvais laisser aux pages qu'on va lire le soin de me défendre contre le soupçon d'une présomptueuse confiance en moi-même.

CONSIDÉRATIONS

SUR L'ENSEIGNEMENT

DU

DROIT ADMINISTRATIF

CHAPITRE PREMIER.

IMPORTANCE DE CET ENSEIGNEMENT.

Chaque branche de la science générale du droit a son importance. Pour toutes elle est grande, et ce n'est pas de prééminence à leur sujet qu'il doit être ici question.

Mais ce livre étant écrit dans un but d'amélioration, et nul progrès véritable ne pouvant s'accomplir, sur le sol dont notre pensée mesure en ce moment la vaste étendue, sans imposer une charge à l'État, il est naturel de faire voir, tout d'abord, que les sacrifices accordés seront compensés largement par les avantages obtenus; il est logique de constater que, parmi les connaissances morales et politiques, aucune peut-être, mieux que le droit administratif, n'a besoin d'un enseignement complet, pour servir à la fois l'intérêt général et l'intérêt particulier, dans la mesure de leurs justes exigences.

A vrai dire, personne ne conteste cette nécessité; mais elle peut être plus ou moins impérieuse, et, au point de vue où nous venons de nous placer, il n'est pas sans utilité d'indiquer, en les groupant, quelques-uns des traits principaux qui la signalent, dût-on faire à ce chapitre le reproche d'avoir voulu démontrer l'évidence.

L'administration, les lois qui la régissent, l'enseignement de ces lois, sont trois sujets étroitement unis quoique distincts. Mettre en lumière l'importance de l'un, c'est atteindre le même but à l'égard des deux autres. Pour chacun cependant elle se manifeste par des caractères particuliers.

Dans l'acception la plus générale du mot qui la désigne, l'office de l'*administration* est de gérer une chose ou un droit, de prendre les mesures les plus sages pour la conservation et pour l'amélioration de l'objet administré, de donner aux produits dont il peut être susceptible l'emploi le plus utile et le plus conforme à sa nature ou à sa destination.

On voit que l'administration s'applique aux intérêts et aux droits de toute espèce; à l'ordre privé comme à l'ordre général; au patrimoine des particuliers comme à la fortune de l'État, du département, de la commune, ces trois centres de l'administration publique, et à celle des autres établissements placés au-dessous d'eux.

La gestion privée a pour garanties l'intérêt personnel et l'action directe de l'administrateur. Il gère ce qui lui appartient; s'il a besoin d'un mandataire, il le choisit et le révoque à son gré; si l'âge, l'infirmité intellectuelle, l'autorité paternelle ou maritale, la condition d'un lien social, ou toute autre cause, commandent le dépôt de ses droits dans des mains qui ne soient pas les siennes, des précautions particulières sauvegarderont ce qu'il est lui-même hors d'état de régir. Dans le plus grand nombre de cas, c'est à un proche parent ou à un mari que seront confiés sa personne et ses biens; c'est sous la surveillance de sa famille qu'ils se trouveront placés; c'est dans le domaine de la loi commune que tout se passera.

L'horizon s'agrandit, du moment où il est question des droits auxquels s'applique cette autre gestion, dont le caractère est public, et qu'on appelle plus spécialement *administration*, en donnant alors à ce mot une signification substantive et abstraite.

Ici l'objet administré n'appartient ni à l'administrateur ni à l'autorité qui lui est supérieure. Il appartient à une individualité fictive, laquelle embrasse, il est vrai, une foule d'individualités réelles, mais sans qu'aucune puisse se prétendre maîtresse de cet objet, bien que toutes, cependant, aient éventuellement à ressentir une favorable ou une défavorable influence de la gestion, bonne ou mauvaise, sous laquelle il se sera passivement trouvé. Dans cet ordre de choses, le droit commun serait insuffisant; il faut une législation spéciale.

Ainsi, tandis que dans l'administration privée tout est circonscrit par les limites étroites d'une propriété, d'une industrie, d'une fortune, d'une existence individuelles; tandis que l'incurie, la prodigalité ou les fausses spéculations n'y produisent rien de plus que la ruine de quelques particuliers, sans que le corps social en reçoive l'atteinte; l'administration publique, au contraire, n'a d'autres bornes que les intérêts si multipliés et si divers de celui-ci, et ses écarts ont une telle gravité qu'elle ne peut faire fausse route sans courir le risque de compromettre le gouvernement lui-même jusque dans son existence, et sans ébranler, par milliers, des intérêts individuels de toute sorte, subissant plus ou moins le contrecoup de ses aberrations.

Si, par aperçu, les objets presque sans nombre que régit l'administration prenaient, à la suite de ces réflexions, une place que nous avons dû leur assigner plus loin (1), on verrait grandir encore et s'é-

(1) Chap. VI.

lever aux plus hautes proportions le rôle qui lui appartient dans la vie des nations, et nous serions presque tenté de prendre au sérieux une boutade poétique, où l'on qualifie d'insensés ceux qui se livrent à l'étude des gouvernements, et où l'on pose comme axiome que, partout où l'administration est bonne, le gouvernement doit être réputé bon (1). Pensée fausse, sans doute, mais qui ne l'est que dans son exagération, et sous laquelle s'abrite une vérité incontestable.

Le faux, c'est que l'étude des gouvernements n'ait pour objet qu'une science vaine, et que ceux qui s'en occupent soient des insensés. Loin de là, il est peu de sujets qui associent d'aussi vastes connaissances. Nulle organisation politique n'est bonne ou mauvaise dans un sens absolu. Pour apprécier sainement la constitution qui convient à un peuple, il faut avoir approfondi son histoire, ses mœurs, sa religion, ses besoins, ses habitudes, ses préjugés eux-mêmes : on connaît le mot de Solon.

Le vrai, c'est que les vices de l'organisation politique peuvent être atténués sensiblement par une sage administration. Elle les fait même quelquefois entièrement oublier. Quand les hommes voient la gestion des affaires du pays, la gestion économique surtout, fonctionner avec probité dans un but de

---

(1) For forms of government, let fools contest;
Whate'er is best administer'd, is best.
(Pope, *Essay on man*, epistle III, v. 303.)

prospérité commune, ils songent bien plutôt à mettre à profit sa fécondante influence qu'à discuter des théories constitutionnelles, et à fomenter, à leur occasion, des troubles intérieurs : les masses ont mieux à faire, et l'époque des agitateurs n'est pas celle-là. Mais, que l'administration soit établie sur de faux principes, ou qu'elle vienne à dévier d'un but utile à tous, il arrivera infailliblement un moment où elle servira de prétexte pour attaquer, dans une région plus élevée, des institutions mauvaises, ou pour en calomnier de bonnes. C'est alors qu'on verra surgir ces hommes d'État qui s'improvisent eux-mêmes, et qui n'ont pas besoin de science pour passionner des populations ignorantes et pour les pousser à l'émeute.

Quelquefois libre dans ses mouvements, maîtresse, par exemple, de choisir entre différentes mesures lorsque toutes sont légales, ou bien de préférer telle amélioration à telle autre lorsque les moyens d'exécution lui manquent pour les entreprendre simultanément, l'administration, dans le plus grand nombre de cas, est soumise à des règles dont l'ensemble constitue le *droit administratif.*

Le droit commun et le droit administratif ont des principes généraux qui leur appartiennent également, et au-dessus desquels la justice plane comme notion souveraine. Après avoir été l'inspiration de la loi, elle en devient le but dans l'application de celle-ci, sur quelque sol que cette application se fasse.

Le droit commun est fréquemment appelé à combler les lacunes du droit administratif, mais sans qu'il y ait, à cet égard, réciprocité entre eux. La qualification donnée au premier indique, en effet, que son autorité s'étend à tout et ne s'arrête que devant une exception spécialement légiférée. La qualification donnée au second caractérise un droit exceptionnel qui est tenu de se renfermer toujours dans des hypothèses littéralement prévues, et qui doit laisser le champ libre à la loi de tous quand il ne peut appuyer son intervention sur un texte précis.

Il faut conclure, de ces rapports et de cette différence, que si les textes sont, pour toutes les branches de la législation, le fondement indispensable des études juridiques, ils le sont plus encore quand il s'agit du droit administratif; car la première chose à examiner alors, c'est l'attribution de l'affaire à l'administration ou à ses tribunaux, et il n'est pas besoin de faire remarquer que, dans les questions de compétence, l'appréciation littérale de la loi a une portée plus décisive que dans toute autre.

Mais les textes offrent ici une complication qui en rend l'étude plus pénible toujours, plus difficile très-souvent.

En premier lieu, ils ne sont point réunis en un corps de lois, comme ils le sont pour le droit civil, le droit commercial, la procédure, le droit pénal et l'instruction criminelle. Ce n'est pas le moment d'examiner si leur codification serait avantageuse et si elle est possible : cette question s'offrira plus tard (1). Bornons-nous à constater qu'en l'état, l'élément littéral du droit administratif est épars dans le bulletin officiel, et dans les collections des ordonnances, édits, déclarations, lettres patentes et arrêts du conseil de l'ancien régime; que, dans ces recueils, rien n'indique les abrogations, tantôt générales, tantôt partielles, tantôt expresses, tantôt virtuelles, tantôt de simple désuétude qui jettent un si grand désordre au sein de cette législation spéciale; que, pour comprendre et ces abrogations, et une foule de modifications qu'ont laissées debout tant de lois, tout en altérant leur esprit originel, il faut interroger la politique des époques correspondant à leurs dates.

En second lieu, les textes dont il s'agit ont deux natures : les uns sont l'œuvre du pouvoir législatif; les autres émanent du pouvoir exécutif. Ces derniers ne sont pas des lois, dans le sens constitutionnel du mot; mais ils concourent à leur mise en œuvre, et, s'ils ne doivent jamais l'emporter sur elles, ils les égalent en autorité quand ils viennent s'y joindre comme auxiliaires. A leur tête sont les règlements d'administration publique. Sans doute les règlements ne sont pas bornés exclusivement aux matières administratives, mais leur application y est incompara-

(1) Chap. VI.

blement plus fréquente que dans les matières civiles; ils y forment le cortége, presque obligé, de toutes les grandes lois; ailleurs ils ont un caractère plus accidentel.

Les difficultés qu'offre une science ne sont pas toujours la mesure de sa hauteur. Toutefois il faut reconnaître que, lorsqu'elle traite de choses éminemment grandes et utiles, ces difficultés ajoutent à son importance.

Or, où trouverait-on la grandeur et l'utilité mieux et plus constamment associées que dans le droit administratif?

Ce sont les fondements de la personnalité nationale et de ses démembrements qu'il organise et qu'il régit. C'est par lui que se développent les principes culminants du droit constitutionnel qui est sa source, comme il devient lui-même le moyen d'action des lois politiques sur le terrain spécial de l'administration. La plupart des objets qu'embrasse le droit commun se rencontrent également ici, mais rehaussés par l'intérêt général. On y voit la propriété, ce véhicule et ce but, tout à la fois, du travail de l'homme, ce moyen, naguère si méconnu, d'émulation et de progrès moral, s'offrir sous des aspects nombreux et nouveaux. Une foule d'intérêts matériels viennent à sa suite. Des objets rattachés à l'exercice de l'intelligence, d'autres dont le caractère est mixte, ont leur place sur ce vaste champ. L'ordre intérieur, la sécurité internationale elle-même, appartiennent à plus d'un titre à la législation administrative. Elle donne des règles au recouvrement des impôts, à l'emploi des finances et à la comptabilité publique, ces matières si étendues, ces conditions si essentiellement vitales de l'organisation des peuples.

Est-il admissible maintenant qu'un ensemble de lois, aussi haut placé comme *science*, ne le soit pas au même degré comme *enseignement?*

Sous des gouvernements absolus et à des époques où l'administration publique, pour ainsi dire à l'état d'enfance, ne pouvait pressentir l'extension que son domaine recevrait un jour, on comprend qu'elle se soit peu préoccupée de répandre la connaissance des règles auxquelles elle était soumise.

Mais le principe des gouvernements représentatifs, mais l'essor et les progrès de l'industrie, mais tant de créations et d'institutions nouvelles qui ont leur droit spécial et qui ne touchent pas moins aux fortunes privées et au bonheur des hommes qu'à la fortune publique et à la prospérité nationale, mais toute la situation moderne enfin, élèvent l'*enseignement du droit administratif* au niveau de ceux qui occupent le premier rang parmi les connaissances humaines.

Aujourd'hui l'intérêt du corps social, celui des citoyens dans l'exercice de leurs droits politiques, celui des particuliers dans la gestion de leurs affaires individuelles, demandent que cet enseignement soit poussé aussi loin que possible.

Plaçons-nous, pour quelques instants, aux divers aspects de ce triple point de vue.

L'administration en France repose sur des principes généraux que les lois appliquent, avec des modifications de forme qui n'en altèrent pas la substance, à l'État, aux départements, aux communes et aux établissements publics d'un ordre inférieur : c'est-à-dire à toutes les parties du *corps social.*

En tête est le principe organisateur, lequel a trois objets essentiels : la délibération, qui appartient à des conseils; l'action, qui est l'office des administrateurs; le jugement, qui est l'attribution des tribunaux administratifs.

On ne saurait certes prétendre qu'il soit possible de délibérer, utilement pour la chose publique, des mesures à prendre ou des avis à donner en matière administrative, si l'on ne connaît les règles de l'administration, c'est-à-dire le droit qui la domine et qui doit la guider; encore moins qu'on puisse administrer; encore moins qu'on puisse juger. Depuis le conseil municipal de la plus petite commune rurale, jusqu'aux conseils d'arrondissement et aux conseils généraux de département, jusqu'aux conseils de préfecture et au conseil d'État; depuis le maire du moindre village, jusqu'aux sous-préfets, aux préfets et aux ministres; depuis les conseils de préfecture considérés comme tribunaux administratifs, depuis les juridictions contentieuses spéciales, jusqu'à la cour des comptes et au conseil d'État encore; sur tous les points où se produit le mouvement administratif, l'intelligence des choses est indispensable, et la meilleure garantie de celle-ci est la connaissance des lois de la matière.

Mais, dira-t-on peut-être, il est impossible de populariser par l'enseignement les lois administratives, au point de les rendre familières à tous les individus qui concourent à l'administration; par exemple, à tous les membres des corps municipaux de nos trente-sept mille communes (1), c'est-à-dire à près de six cent mille personnes, et au nombre plus grand encore que l'éventualité du système électif appelle à les remplacer à des époques périodiques. On sait que dans les communes rurales, les travaux de l'agriculture, et dans toutes, la modicité des ressources, interdisent à la jeunesse les déplacements ou les études préparatoires sans lesquelles l'accès des facultés de droit ne peut s'ouvrir.

Nous ne supposons pas qu'il soit besoin de nous défendre d'une exagération trop éloignée des idées raisonnables pour qu'on puisse nous l'attribuer. Et pourtant, si l'on veut bien accorder quelque attention

(1) 37,187.

aux réflexions qui vont suivre, on sera conduit à reconnaître que l'amélioration de l'enseignement administratif ne doit presque pas moins profiter aux corps municipaux et à la gestion des intérêts qui leur sont confiés, qu'aux administrations d'un ordre plus élevé.

Les jeunes gens qui s'inscrivent et qui prennent des grades dans les facultés de droit ne se destinent pas tous aux emplois publics, au barreau ou aux offices vénaux. Un grand nombre, principalement ceux qui appartiennent à des familles dont la fortune consiste en propriétés foncières, étudient le droit en vue de ces mêmes propriétés. Les cours terminés, ils administrent leurs biens; ils résident pour la plupart dans la commune où ces biens se trouvent situés; leur qualité de propriétaires et d'hommes éclairés les signale, tout à la fois, à l'autorité qui en fait des maires ou des adjoints, et aux électeurs qui en font des conseillers municipaux. Après les théories de l'école viennent pour eux les applications de la municipalité. Mieux préparés à celle-ci par un enseignement complet, que ne l'étaient leurs prédécesseurs, le savoir qu'ils y apporteront fera fructifier en l'éclairant le simple bon sens de leurs collègues. Quelques membres instruits du corps municipal donneront ainsi de la valeur à des intelligences douées de rectitude mais incultes, l'instruction pratique s'étendra; l'expérience, qui n'est profitable qu'autant que les affaires ont été comprises, produira de meilleurs fruits, et le degré inférieur de la hiérarchie administrative offrira moins que par le passé une regrettable insuffisance.

Dans les affaires civiles, on redoute pour nos campagnes la demi-instruction et l'influence souvent fâcheuse de ce qu'on appelle l'*avocat de village.* Mais cette influence n'a d'empire que parce qu'elle s'exerce sur des esprits que passionne l'intérêt personnel, en même temps que l'ignorance les aveugle. Elle est moins à craindre dans les affaires municipales : on ne se passionne pas, à beaucoup près, pour la commune dont on fait partie comme pour le champ dont on est propriétaire; les représentants de l'individualité fictive n'ont pas à un égal degré l'ardeur qui égare fréquemment l'individualité réelle; et dans les hypothèses où l'une et l'autre se trouvent avoir des prétentions opposées, l'intérêt personnel lui-même inspire à la seconde une circonspection prudente qu'elle n'aurait point s'il s'agissait de plaider contre un voisin. Avant de se mettre en lutte avec la commune entière, défendue par le maire et le conseil qui en sont l'élite, on y regarde à deux fois.

Ajoutons que des hommes qui ont pris rang parmi les principaux propriétaires de la commune, après avoir reçu le bienfait d'une éducation libérale dont l'étude du droit a été le couronnement, offrent, indépendamment de leur instruction, des garanties de famille, de fortune et de position sociale, qui ne permettent pas de les confondre avec ces agents de chicane auxquels on ne donne que par dérision un titre emprunté à la noble profession du barreau.

En remontant l'échelle hiérarchique des degrés de l'administration, on voit l'intérêt du corps social se rattacher de plus en plus étroitement aux études approfondies du droit qui la régit. Ce qui pour la commune est un besoin, auquel il n'est possible de satisfaire que dans des bornes malheureusement trop restreintes, devient, dans le département et dans l'État, une nécessité à laquelle il faut pourvoir jusqu'à ses dernières limites, avec d'autant plus de raison qu'entre le but et le moyen on cesse de rencontrer les obstacles dont il vient d'être parlé.

Dans l'exercice des fonctions auxquelles l'action administrative appartient et dont les titulaires sont revêtus, par délégation, d'une portion de la puissance publique, l'ignorance serait une calamité, l'instruction incomplète conduirait à de funestes égarements et à de criantes injustices. Il importe donc de rendre plus abondantes les sources où vont puiser les générations qui donneront plus tard à l'État des sous-préfets, des préfets, des ministres.

Auprès des préfets et auprès du gouvernement, les conseils de préfecture et le conseil d'État, corps consultatifs dans l'exercice de la juridiction volontaire, tribunaux dans celui de la juridiction contentieuse, n'atteindraient pas le double but pour lequel ils sont institués sans une instruction égale à celle des fonctionnaires dont ils sont les conseils dans le premier cas, dont ils jugent souvent les actes dans le second. La juridiction contentieuse surtout veut que le juge se tienne constamment au courant de la jurisprudence administrative, où il ne saurait trouver d'utiles enseignements pratiques, s'il n'a été mûrement initié dans les écoles à la pure doctrine du droit.

Hâtons-nous de dire, cependant, que ce n'est pas de l'organisation et de la composition du conseil d'État que peuvent se tirer des arguments décisifs de réforme, pour le sujet qui nous occupe. Il y a un tel besoin de hautes lumières dans ce corps illustre, que l'intérêt pressant du gouvernement a toujours été d'y appeler des hommes qui avaient prouvé leur savoir et leur expérience des affaires par un long exercice des emplois publics. Aussi voyons-nous que, depuis son origine jusqu'à nos jours, le conseil d'État s'est constamment maintenu à un rang éminent dans l'opinion, même aux yeux de ceux qui ont attaqué le principe de son institution.

Ces réflexions s'appliquent aussi à la cour des comptes, juridiction contentieuse centrale dont les arrêts sont le dernier mot de cette admirable comptabilité française qui commence par un budget et se termine par un compte, après avoir traversé les phases intermédiaires de l'encaissement et de la centralisation des recettes, de l'ordonnancement et du payement des dépenses.

Toutefois, l'institution des auditeurs au conseil d'État n'est ouverte qu'à de jeunes candidats. Il faut dire la même chose des auditeurs à la cour des comptes créés il y a peu de mois (1). Pour les premiers de fortes études en droit sont indispensables et peuvent, à certain point, balancer l'inexpérience de l'âge. Elles sont essentiellement utiles pour les seconds; on ne connaît pas assez les points nombreux de contact qu'offrent le droit et la comptabilité, procédure financière qui n'est pas toujours bornée à des opérations arithmétiques, et à l'aide de laquelle on peut, à toutes ses périodes, vérifier le mouvement des deniers publics et la régularité de celui-ci.

Aux chefs-lieux de nos quatre-vingt-six départements se trouvent autant de conseils de préfecture. Nous les avons déjà mentionnés, mais il convient d'en parler encore.

Dans un grand nombre de cas, soit pour l'exercice de l'autorité déléguée, soit en matière de pure gestion, le préfet ne peut prendre des arrêtés qu'après s'être éclairé par l'avis du conseil de préfecture. Hors des hypothèses où cet avis est obligatoire, ce magistrat a toujours la faculté de le demander. Comme tribunal le conseil de préfecture est investi d'une juridiction ressortissant au conseil d'État, dans les litiges administratifs ordinaires, et à la cour des comptes, dans le règlement de certaines comptabilités qui ne sont portées devant celle-ci qu'en second degré.

(1) Décret impérial du 23 octobre 1856.

Quand on considère les nombreuses attributions de ce corps, et l'étendue des connaissances que l'intérêt public a le droit de trouver chez les fonctionnaires qui en font partie, on est surpris d'y voir appeler fréquemment des jeunes gens qui n'ont pu puiser dans l'enseignement du droit administratif, tel qu'il est organisé, que des connaissances très-superficielles, et qui sont entièrement dépourvus d'expérience pratique. La modeste rémunération des conseillers de préfecture, et, d'un autre côté, le besoin d'institutions où les théories administratives appliquées chaque jour puissent former des sous-préfets, donnent peut-être l'explication de ces choix, mais n'empêchent pas de désirer un autre mode de recrutement pour les sous-préfectures. Les avantages que peut y trouver le personnel de celles-ci ne compensent pas, suivant nous, l'inconvénient d'avoir ailleurs des donneurs d'avis et des juges inexpérimentés.

Quel serait ici le remède? Cette question en ce moment sortirait de notre sujet (1). Bornons-nous à faire observer que, tant que l'état actuel des choses

---

(1) Avoir, pour les conseils de préfecture, des hommes consommés dans les affaires administratives; avoir, pour les sous-préfectures, des candidats joignant à la théorie du droit sur la matière un stage d'application pratique : tel est le problème. Il semble qu'on le résoudrait, quant aux premiers, en leur donnant une position assez améliorée pour que d'anciens sous-préfets, ou des hommes mûris dans l'exercice de l'administration, pussent la désirer : on verrait ainsi l'inverse de ce qu'on voit maintenant. Quant au stage des can-

sera maintenu, l'étude approfondie du droit administratif atténuera le mal, et que, si cet état est modifié, elle augmentera le bien qui pourra résulter d'institutions nouvelles.

Nous ne quitterons pas les conseils qui, parmi leurs attributions, en ont de contentieuses, sans rattacher à notre sujet le barreau. Son concours n'est pas moins utile pour les affaires administratives que pour les affaires civiles. Les personnes versées dans la jurisprudence savent que souvent des questions identiques sont jugées par les tribunaux ordinaires et par les tribunaux administratifs. Cela tient, tantôt à la forme donnée à l'introduction des instances, tantôt au point de vue sous lequel chaque juridiction a apprécié sa compétence. Il n'est malheureusement pas rare de voir des doctrines opposées se manifester entre des arrêts du conseil et des arrêts de la cour de cassation.

L'intérêt général d'une bonne justice distributive, et l'intérêt particulier des plaideurs, ont trouvé, dans l'institution en titre d'office d'avocats exerçant à la fois leur ministère devant ces tribunaux élevés, des

---

didats sous-préfets, sa place est marquée auprès du conseil d'État par l'institution des auditeurs. On pourrait, sous un titre analogue, en ouvrir une seconde auprès des conseils de préfecture des grands départements et des grandes villes. Nous consacrerons l'avant-dernier chapitre de cet ouvrage à des *écoles spéciales administratives* qu'il nous semblerait utile d'établir. Le problème posé y trouvera peut-être encore quelques éléments de solution.

avantages incontestables : une double instruction, une double expérience, étant le résultat naturel de leur position.

Pour être différente, l'organisation du barreau, devant les cours impériales et devant les tribunaux de première instance, n'en ouvre pas moins deux voies à ceux qui en font partie. Quand des contribuables, des propriétaires, des industriels, ont besoin d'avis ou de défenseurs devant un conseil de préfecture, une commission spéciale, un jury d'expropriation, ou toute autre juridiction exceptionnelle, c'est dans l'ordre des avocats qu'ils les trouvent. Il en est de même des cas où il s'agit de réclamations portées devant l'autorité déléguée exerçant la juridiction volontaire, ou de recours à former contre ses actes. Il y a, dans ces matières, des distinctions multipliées qui compliquent l'étude du droit administratif, et même celle du droit commun quand l'un et l'autre se trouvent en contact. Une égale instruction sur chacun est donc nécessaire à l'avocat.

Si les gradués en droit sont rares dans la très-grande majorité des conseils municipaux, ils le sont moins dans les conseils d'arrondissement et dans les conseils généraux de département, et il faut désirer qu'on les y appelle en plus grand nombre encore. Sans assimiler, au sein de ces assemblées, le rôle des connaissances juridiques, à celui qu'elles remplissent dans les conseils de préfecture, où elles sont d'absolue nécessité, il est évident que l'intérêt départemental est de les y trouver, et que, sous ce rapport, il peut être mieux et plus facilement servi que l'intérêt communal ne l'est dans la grande majorité des conseils municipaux. Les avis des conseils d'arrondissement, les délibérations et les décisions des conseils généraux, ont souvent pour objet des matières de l'ordre le plus élevé. Il est même des cas où les conseils généraux agissent souverainement en quelque sorte. Il en est un (la répartition des contributions directes) où on les considère comme délégués du pouvoir législatif.

Le pouvoir législatif lui-même offre, parmi ses éléments, une assemblée qui, à raison du principe de sa formation et du but pour lequel elle est instituée, est de nature à rehausser toujours davantage le sujet que nous traitons. Issu du suffrage électoral, le Corps législatif discute, vote ou rejette les lois proposées par le gouvernement, et l'on sait que chaque session en voit insérer au bulletin un plus grand nombre dans l'ordre administratif que dans l'ordre civil. Il participe encore aux actes les plus importants de la haute tutelle administrative. Le budget de l'État et les comptes de chaque exercice lui sont soumis. La législation tout entière est de son ressort.

Une telle mission exige de vastes connaissances, mais surtout celle de l'administration et du droit qui la régit.

Il serait absurde, sans doute, de prétendre initier à cette double science les *huit à neuf millions* de citoyens qui ont en France l'exercice du droit électoral. Ce sont eux cependant qui nomment les membres du Corps législatif et des conseils locaux, et l'on ne peut nier que, pour choisir avec discernement ceux à qui l'instruction est nécessaire, il est bon d'en avoir soi-même. Mais il ne faut vouloir que ce qui est possible.

Qu'on nous permette, toutefois, de reproduire à ce sujet une idée que nous avons déjà exprimée à l'occasion de la population et des municipalités des campagnes.

Fortifiez l'enseignement du droit administratif, et vous le ferez pénétrer plus avant dans cette partie de la société qui envoie ses fils à nos écoles. De proche en proche des notions essentielles se répandront dans les classes inférieures. Ce ne sera pas la science avec sa forme doctrinale, ses principes générateurs et ses déductions logiques; mais simplement quelques règles à la portée des intelligences qui les auront recueillies. Le bon sens, l'intérêt personnel attaché à leur application pratique, les feront fructifier avec d'autant plus de facilité qu'à la portée de ceux qui auraient besoin d'explications les hommes instruits se trouveront en plus grand nombre. Avec la paix à l'intérieur, avec la prospérité agricole et industrielle qu'elle fait naître, avec le temps surtout, des améliorations, bornées en apparence aux privilégiés des études supérieures, exerceront une influence utile sur la majorité du corps électoral, où chacun voudra se rendre raison des motifs de son suffrage. Mais nous disons *avec la paix à l'intérieur*, car, au milieu des discordes civiles, la raison de l'homme se laisse presque toujours entraîner par l'esprit de parti : tout est passion ou aveuglement.

Aux considérations exprimées jusqu'à ce moment, il faut joindre encore celle que suggère, au sujet de l'administration centrale, l'organisation qui lui est donnée, et, dans les départements, celle de services administratifs nombreux.

A la première appartiennent les bureaux des ministères et des directions et administrations générales, lesquels renferment, pour ainsi dire, une armée de fonctionnaires ou d'employés, répartis suivant une classification hiérarchique, et aspirant à l'avancement que, là comme partout, il est juste d'accorder au mérite et à l'ancienneté. La connaissance du droit administratif doit être incontestablement le meilleur titre pour l'obtenir. Elle est, en même temps, une garantie pour l'intérêt public, et un motif de sécurité pour les fonctionnaires supérieurs qui ont la responsabilité du travail.

A la seconde appartiennent d'abord les bureaux des préfectures, auxquels il faut appliquer les réflexions qui viennent d'être faites; ensuite les nombreuses administrations spéciales qui ont pour objet les travaux publics, les mines, les finances, la gestion des domaines, la conservation des forêts, etc., et à la tête desquelles sont des chefs de service qui, sous les titres d'ingénieurs, de directeurs, de conservateurs, de receveurs généraux, de payeurs, obéissent, pour une partie de leurs travaux, à l'impulsion et aux décisions des directeurs généraux et des conseils supérieurs qui leur correspondent au sein de l'administration centrale, et sont placés, pour une autre partie, sous l'autorité immédiate des préfets. Ces chefs de service n'ont pas le droit de prendre des arrêtés et de commander directement l'obéissance aux citoyens, mais ils préparent, ils rédigent même souvent les actes auxquels la *procuration d'action*, qui est dans la main des préfets, vient ensuite donner la vie. Il faut donc qu'ils aient, chacun dans sa spécialité, toutes les connaissances qui doivent présider à l'administration remise à ces magistrats. Et ce n'est pas seulement chez eux qu'elles doivent se trouver, mais encore chez les nombreux fonctionnaires et employés dont la collaboration leur est nécessaire. Ceux qui occupent après eux les premiers emplois sont appelés à les suppléer; ceux mêmes qui en sont à leur début dans la carrière ont la perspective de l'avancement, et, d'ailleurs, il n'est là de fonction, si modeste qu'elle soit, où le droit administratif n'ait à intervenir, et où le fonctionnaire n'ait à se féliciter, pour lui-même et pour la portion de service dont il est chargé, d'en avoir fait l'objet de son étude.

Tout est lié dans la science des lois : celles qui régissent les rapports des particuliers, celles qui dominent les choses publiques ne sont que des branches d'un même tronc. Parmi les choses publiques elles-mêmes, il en est qui ne se rattachent pas moins au droit civil qu'au droit administratif : l'impôt de l'enregistrement et la gestion des domaines, par exemple.

Mais c'est du droit administratif seulement que nous nous sommes proposé de parler, et, au point que nous venons d'atteindre, l'intérêt de la société à ce qu'il soit largement développé par l'enseignement public nous paraît avoir acquis la force d'une démonstration.

Or, l'intérêt de la société se confond, en définitive, avec celui des individus qui la composent.

Apportons cependant encore, après les avoir isolés, une attention spéciale aux individus.

L'homme devient *citoyen* : à ce titre il a des droits et des devoirs. Ses droits mêmes, à le bien prendre, ne sont que des devoirs, puisque c'est dans l'intérêt de tous, et non pour son propre avantage, qu'il est appelé à les exercer.

Avant d'avoir atteint l'âge qui le fera citoyen, l'homme se trouve déjà soumis par la loi à un devoir civique. Avant qu'elle le lui ait imposé, il peut anticiper l'appel qu'elle lui réserve en acceptant volontairement ce devoir. Il devient soldat par l'engagement comme par le recrutement. Une législation spéciale régit cet objet; il est de son intérêt de la connaître.

Citoyen, l'homme est électeur, il est juré.

Nous n'avons pas à revenir sur ce qui a été exprimé quant à la mission que confère le premier de ces titres. Disons cependant que si tous les électeurs ne peuvent étudier la législation électorale, ceux qui la connaissent rempliront leur office avec ce discernement qui met en situation de servir l'intérêt public, et qui donne à la conscience le droit de se rendre témoignage à elle-même.

Quant à l'institution du jury, il faut aller beaucoup plus loin : l'intérêt public et l'intérêt particulier tout à la fois, l'accusation et la défense, l'expropriation et la propriété, ont besoin d'y trouver des intelligences éclairées. Le juré qui aurait prononcé sans comprendre ne saurait être en paix avec ses souvenirs; l'ignorance de certaines dispositions qui régissent la matière l'exposerait, en outre, à des préjudices personnels.

Parmi ses droits civiques, l'homme doit compter les candidatures qui peuvent lui ouvrir l'entrée du conseil municipal, du conseil d'arrondissement, du conseil général et du Corps législatif, institutions représentatives à des degrés divers, au sein desquelles son savoir, non moins que son expérience, profiteront à la chose publique, en l'élevant lui-même dans l'estime de tous.

Enfin l'homme, à la faveur du principe formulé dans nos lois politiques depuis 1789, voit s'ouvrir au-devant de lui toutes les carrières, tous les emplois publics; il n'y a plus de privilégiés qui l'en écartent.

Sur chacun de ces points la science du droit administratif le fera grandir d'autant plus qu'il l'aura plus approfondie et plus fréquemment mise en pratique par de judicieuses applications, tandis qu'au contraire l'ignorance amoindrira l'individualité civique dans une proportion inverse.

De l'homme considéré comme *citoyen*, descendons à l'homme considéré comme *particulier*.

Quand on compare l'état ancien de la France à son état présent, on est frappé du changement qui s'est opéré dans les rapports de la fortune publique avec les fortunes privées, et des frottements incessants qu'opère entre elles la situation présente.

Canaux, chemins de fer, travaux maritimes, transformations monumentales des cités, établissements publics de toute sorte, il n'est pas de département sur le territoire français où ne s'accomplisse quelqu'une de ces entreprises gigantesques que nos pères auraient considérées comme les rêves de cerveaux malades si elles leur eussent été prédites, et que nous avons de la peine à comprendre nous qui les voyons! Où s'arrêtera, dans la paix, ce mouvement que n'ont pas même ralenti deux ans d'une guerre lointaine, pendant laquelle l'alliance la plus mémorable des temps modernes a compté par milliards le fardeau pécuniaire qu'elle s'est imposé, afin de conquérir, au profit de l'Europe, une paix glorieuse?

Le voyageur peut faire maintenant deux cents lieues en une journée! Moins d'une minute suffit à la transmission de la pensée sur un espace dix fois plus grand! Franchir les Alpes en quelques heures est un problème que la science n'a plus à résoudre et que l'art s'apprête à réaliser!

Au milieu de tant de merveilles, le propriétaire, le capitaliste, l'industriel, le contribuable ont vu reculer bien loin les vieilles limites de leur personnalité, désormais associée constamment à d'incessantes créations.

Au propriétaire, l'utilité publique demande l'aliénation de son sol, de sa maison elle-même, et, s'il s'y refuse, l'autorité est armée du pouvoir nécessaire pour surmonter sa résistance. Mais son droit n'est pas méconnu et, avant la dépossession, on l'indemnise par un prix toujours élevé, dans la pratique de l'expropriation, au-dessus de celui qu'une vente ordinaire aurait offert (1).

Au capitaliste, la spéculation demande son argent;

---

(1) Sans doute le principe de l'expropriation n'est pas nouveau. Sous le titre de *retrait d'utilité publique*, la législation et la jurisprudence de l'ancien régime l'avaient consacré. Mais c'est de 1800 à 1841 qu'on a vu s'établir, et successivement se perfectionner, une procédure régulière et protectrice des intérêts que l'expropriation met en présence; et, de nos jours, c'est presque sans interruption que s'offrent les occasions d'appliquer une mesure qui l'était rarement autrefois.

sacrifice sans contrainte cette fois, car c'est de sa conviction qu'elle l'obtient : c'est un placement avantageux qui devient le motif d'une détermination toute volontaire.

A l'industriel, l'administration adjuge les travaux, et, suivant la nature de l'entreprise, il est rémunéré par la faculté de l'exploiter exclusivement durant un certain nombre d'années.

Au contribuable, la loi impose des charges plus grandes que par le passé; mais est-il fondé à s'en plaindre si elles lui valent des avantages supérieurs ? La théorie des impôts, essentiellement rationnelle et juste aujourd'hui, appelle à les supporter toutes les facultés et toutes les forces productives. Une répartition qui n'excepte rien, et à laquelle préside le principe de l'égalité proportionnelle, empêche qu'aucune matière imposable ne fléchisse, et, en ouvrant des sources plus nombreuses et moins épuisées, permet d'accomplir tant de grandes choses, sans que l'homme instruit et de bonne foi ait le droit d'en murmurer, car, s'il paye, il sait qu'il aura sa part des résultats obtenus; il est heureux de ceux que recueillent ses concitoyens; il est fier de la nouvelle gloire qu'ils répandent sur son pays.

Dans tout ceci, cependant, l'intérêt public et l'intérêt privé se trouvent sans cesse en contact; de fréquentes collisions s'élèvent entre eux. C'est au droit civil dans quelques cas, au droit administratif dans un plus grand nombre, qu'il appartient de les régler.

Qui ne voit que, pour de tels débats, la connaissance des lois spéciales de chaque matière sera la sauvegarde des fortunes privées, et que si les personnes intéressées à leur exécution les ignorent, ou si les conseils auxquels elles s'adressent n'en ont qu'une connaissance incomplète, le bon droit courra la chance de graves dangers, soit parce qu'il sera mal dirigé, soit parce que les agents de l'administration commettront des erreurs qui resteront inaperçues, soit parce que l'excès de leur zèle leur fera dépasser les limites de l'équité, soit parce que des expirations de délais, que des notions plus sûres eussent prévenues, produiront des déchéances irréparables.

Il serait facile de rendre palpables ces dangers et bien d'autres, par de nombreux exemples pris non-seulement dans les cas précédents, mais encore dans une foule d'hypothèses différentes; car on peut dire que, dans les matières si diverses et si multipliées qu'embrasse le droit administratif, il n'en est pas une qui, par quelque côté, ne touche à des individus, et ne puisse donner lieu à des réclamations privées, par la voie administrative, par la voie contentieuse, ou devant les tribunaux ordinaires (1).

(1) « Dans un pays d'administration centrale et universelle comme le nôtre, disait il y a dix ans M. de Salvandy, le droit administratif est nécessaire à tous, *au simple citoyen, non moins qu'au praticien et à l'administrateur.* » (Voyez *Exposé des motifs du projet de loi sur l'enseignement du droit*, présenté à la Chambre des pairs. — Séance du 9 mars 1847. — *Moniteur* du 10 et du 11.)

Mais nous croyons en avoir assez dit pour l'objet que nous nous sommes proposé. Révoquer en doute que les particuliers ont autant d'intérêt à connaître le droit administratif que le droit commun nous semble impossible maintenant. Et, comme les devoirs et les droits civiques accroissent chez l'homme cet intérêt; comme celui des différentes parties du corps social a été démontré, nous pouvons conclure ce chapitre en répétant que l'enseignement du droit administratif doit être placé, dans les écoles publiques, au même niveau que celui du droit commun.

Est-ce là le rang qu'il y occupe?

Le chapitre suivant va répondre, en prouvant que cet enseignement, dans son état actuel, ne peut être considéré que comme un essai.

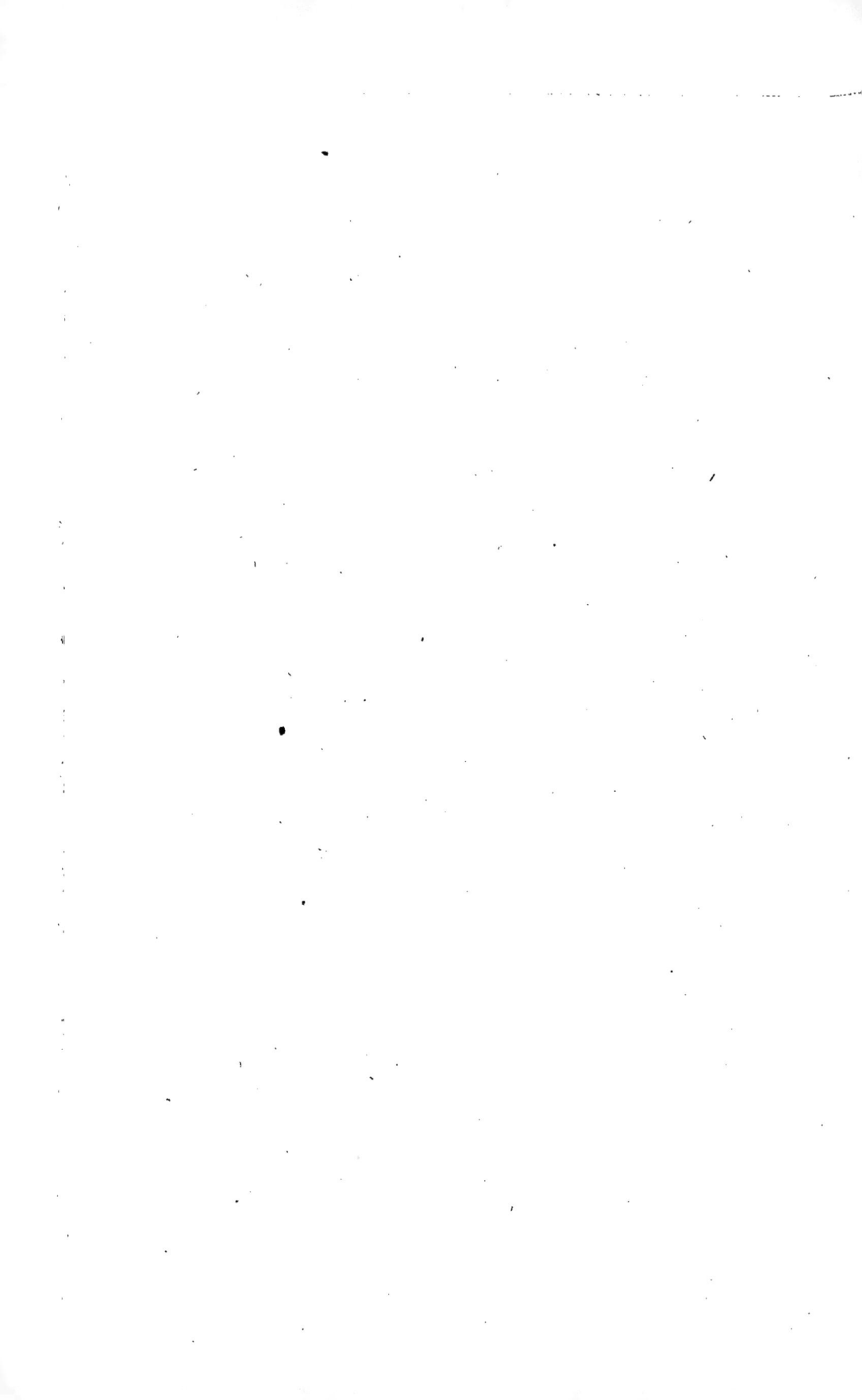

CHAPITRE DEUXIÈME.

ÉTAT ACTUEL.

« L'instruction est le premier besoin des peuples » et le premier bienfait qu'ils attendent des gouver- » nements ; c'est par elle qu'ils assurent la perpétuité » des lumières et qu'ils ouvrent à la fois toutes les » sources de la prospérité publique ; c'est à elle qu'est » attaché le perfectionnement toujours croissant de » la raison et de l'industrie humaine, et, par consé- » quent, le bonheur des générations qui se succèdent. » Les progrès de la civilisation suivent les progrès » des sciences, et les degrés de la félicité publique » se mesurent sur les degrés des connaissances répan- » dues parmi les nations (1). »

Cet alinéa, de Fourcroy, est une transition naturelle du chapitre que nous venons de terminer à celui que nous commençons. Il semble résumer l'un, et forme le point de départ d'un aperçu historique que l'autre doit principalement offrir.

(1) Code Napoléon, *Exposé des motifs*, t. VII, p. 324.

Il ouvre, en effet, le discours par lequel le savant directeur de l'instruction publique, sous le consulat, exposait au corps législatif les motifs du projet de loi qui devait instituer les écoles de droit et rétablir l'ordre des avocats.

Cette loi, décrétée le 22 ventôse an XII (1), fut contemporaine de celle qui, le 24 du même mois, posa la dernière pierre du monument législatif auquel a été donné le titre de *Code Napoléon* (2).

Le génie à qui était due la réalisation d'une des plus grandes pensées de 1789, avait compris que, pour la consolider, il fallait, au moment où la France était dotée d'une législation uniforme, que cette législation fût publiquement enseignée, et que le barreau, replacé sur ses anciennes bases, pût ouvrir une noble carrière aux jeunes légistes que les nouvelles écoles devaient former (3).

Pouvait-il oublier le droit administratif parmi les éléments de l'instruction qu'elles auraient à leur donner, lui qui, déjà depuis plusieurs années, jetait les fondements de cette administration française qu'il éleva si haut dans la suite?

---

(1) 13 mars 1804.

(2) C'est en effet le 24 ventôse an XII que fut décrété le dernier titre du Code civil (*De la prescription*), et c'est le 30 du même mois que le fut la réunion en un seul Code des trente-six lois qui avaient été successivement rendues, pour le former, depuis le mois de ventôse de l'année précédente.

(3) Voir sur ce point le même discours de l'orateur du gouvernement. (Code Napoléon, *Exposé des motifs*, t. VII, p. 327.)

Non, mais l'œuvre n'était encore que commencée; la science de ce droit spécial naissait à peine, et ne pouvait prendre place dans la loi nouvelle que sous la forme d'un germe. Il devait être réservé au temps et à l'expérience de lui donner plus tard l'accroissement et la maturité convenables.

Vingt mois s'étaient écoulés depuis qu'une précédente loi sur l'instruction publique avait posé le principe de l'établissement des écoles de droit, en les classant parmi les nouvelles écoles spéciales qui pourraient être instituées, et en portant à dix le maximum de leur nombre, et à quatre celui de leurs professeurs (1).

La loi du 22 ventôse an XII ordonna que ces écoles seraient organisées successivement dans le cours des deux années suivantes.

« On y enseignera, disait l'article 2 :

» 1° Le droit civil français, dans l'ordre établi par » le Code civil, les éléments du droit naturel et du » droit des gens, et le droit romain dans ses rapports » avec le droit français;

» 2° Le droit public français et *le droit civil dans » ses rapports avec l'administration publique ;*

» 3° La législation criminelle et la procédure civile » et criminelle. »

Il faut entendre ces dispositions dans leur corrélation avec la science telle qu'elle était alors, et non

(1) Loi du 11 floréal an X (1er mai 1802), art. 25.

sous l'influence d'idées et d'institutions nées plus tard.

Les expressions *droit civil dans ses rapports avec l'administration publique* avaient la signification que nous attachons aux mots *droit administratif*. La synonymie pourrait encore être admise maintenant, car, comme nous l'avons déjà fait observer, le droit civil et le droit administratif sont deux branches d'un même tronc, appliquant à des affaires différentes des principes généraux communs, avec la justice pour origine et pour but.

Veut-on d'ailleurs connaître sur ce point la pensée législative? Elle est clairement exprimée par le discours, précédemment cité, de l'orateur du gouvernement :

« Les *lois d'administration publique* ne pouvaient » être apprises nulle part; elles étaient, en quelque » sorte, ensevelies ou concentrées dans les archives » des bureaux et dans la correspondance des admi» nistrations; ce n'était qu'en administrant immédia» tement qu'on pouvait se former à leur connaissance » et à leur application. Cette lacune disparaîtra dans » les nouveaux établissements; les jeunes gens ap» prendront ainsi *à lier les connaissances générales du* » *droit avec la législation administrative*; et ceux qui » se destinent à cette dernière carrière n'y entreront » pas sans les lumières qui doivent y diriger sûre» ment leurs pas (1). »

(1) Code Napoléon, *Exposé des motifs*, t. VII, p. 328.

Ainsi l'*enseignement de la législation administrative*, ou du droit administratif, fut bien le vœu du législateur.

L'institution était donc décrétée : c'était beaucoup alors; pendant longtemps, malheureusement, ce fut à peu près tout.

Une disposition finale de la loi (l'article 38) portait qu'il serait pourvu à son exécution par des règlements d'administration publique, notamment en ce qui concernait divers points spécifiés, parmi lesquels se trouvaient l'organisation des écoles et leur placement.

Cette organisation fut l'objet d'un décret impérial du 4 complémentaire an XII (1).

A l'époque où il fut rendu, et depuis le sénatus-consulte organique du 28 floréal précédent (2), la forme du gouvernement avait été changée, et l'empire, succédant au consulat, avait reculé les anciennes limites de la France.

Le maximum de *dix* écoles dut paraître insuffisant, et le décret en établit *douze*, dont trois furent attribuées aux départements réunis (3).

On avait aussi reconnu que le maximum de *quatre* professeurs était trop restreint. L'article 9 du décret

---

(1) 21 septembre 1804.

(2) 18 mai 1804.

(3) Le décret plaça ces douze écoles dans les villes de Paris, Dijon, *Turin*, Grenoble, Aix, Toulouse, Poitiers, Rennes, Caen, *Bruxelles*, *Coblentz* et Strasbourg.

disposa qu'il y aurait dans chaque école *cinq* professeurs et *deux* suppléants, ajoutant que ce nombre *pourrait être augmenté par un décret impérial,* suivant l'importance et le succès que ces établissements auraient obtenus.

Voici comment l'enseignement fut réparti entre les cinq professeurs :

Un professeur devait enseigner tous les ans les Institutes de Justinien et le droit romain.

Trois professeurs étaient appelés à faire, chacun en trois ans, un cours complet sur le nouveau code, de manière que l'un de ces cours fût ouvert chaque année.

Dans la seconde et dans la troisième année, chacun de ces trois professeurs devait enseigner le droit public français et le *droit civil dans ses rapports avec l'administration publique.*

Enfin, un professeur était chargé d'un cours annuel de législation criminelle et de procédure civile et criminelle (1).

Deux des professeurs titulaires de l'enseignement du code ne devant commencer leurs cours que la seconde et la troisième année qui suivraient l'ouverture des écoles, il fut disposé qu'ils enseigneraient, dans l'intervalle, l'un le droit public français, l'autre le *droit civil dans ses rapports avec l'administration publique* (2).

(1) Décret du 4 complémentaire an XII, art. 10.
(2) Même décret, art. 11.

En exécution de cette mesure de transition, il y eut un cours de *droit constitutionnel* (1) pendant un an, et un cours de *droit administratif* pendant deux ans.

Mais après la troisième année d'existence des écoles de droit, il n'y fut plus question de droit administratif, et quant au droit constitutionnel, il s'y trouva réduit à quelques notions fort incomplètes, exposées à mesure que l'explication du code les rendait indispensables pour faire comprendre un petit nombre de dispositions de celui-ci.

L'essai de chacun des professeurs que la législation administrative avait occupé deux ans, eut vraisemblablement pour résultat de leur prouver qu'alors, déjà, il y avait là de trop vastes matériaux pour qu'il fût possible de n'en faire qu'un enseignement accessoire, rattaché à la troisième année du cours de Code Napoléon. Ce code lui-même semblait se trouver à l'étroit dans la période triennale qui lui avait été assignée. Son application, dans l'origine, faisait naître une foule de questions sur la plupart desquelles la

---

(1) Dans leur acception véritable, les mots *droit public* embrassent toutes les parties du droit qui régissent des intérêts publics, soit au dehors comme le droit international, soit au dedans comme le droit constitutionnel, le *droit administratif* et le droit criminel; mais le sens de l'expression *droit public* fut restreint au *droit constitutionnel* dans la pensée du législateur de l'an XII. (Voir le rapport du tribun Malarmé au tribunat, et le discours du tribun Perrin au corps législatif. — Code Napoléon, *Exposé des motifs*, t. VII, p. 341 in fin. et 342 ppº, et p. 396 et 397.)

jurisprudence ne s'est fixée qu'à la suite de longues controverses; le passage de l'ancien au nouveau droit avait créé des situations momentanées auxquelles la législation devait pourvoir ; le code ne marchait qu'avec un cortége de lois transitoires nombreuses. En présence du travail difficile qui leur était imposé, les professeurs de droit civil reculèrent devant l'idée de le compliquer encore par une association qui leur eût présenté peut-être un problème insoluble. Le droit administratif cessa donc d'être enseigné; la disposition législative qui avait marqué sa place, l'importance qu'avait si bien caractérisée l'orateur du gouvernement, et que d'autres voix proclamèrent à la même époque, soit devant le tribunat, soit devant le corps législatif (1), tout cela se réduisit en définitive à une tentative avortée qui conserva cependant la valeur d'un principe, et, pour l'avenir, l'utilité d'une notion historique originelle.

Quand une institution sollicitée par l'intérêt général manque son but, la cause qui l'a empêchée de l'atteindre est toujours pleine d'instruction pour une époque ultérieure de réédification.

Ce moment n'arriva que quinze ans après la loi du 22 ventôse an XII, et sous un autre gouvernement.

Dans l'intervalle, l'Université impériale avait été

(1) Voir le rapport du tribun Malarmé au tribunat, l'opinion du tribun Sédillez, et le discours du tribun Perrin au corps législatif. — Code Napoléon, *Exposé des motifs*, t. VII, p. 344, 345, 366, 367 et 398.

créée, et, sous le titre de *Facultés*, les écoles de droit s'y trouvèrent classées parmi les établissements de l'enseignement supérieur (1).

L'occasion était favorable pour faire revivre le droit administratif. Elle ne fut pas saisie.

Trois ans plus tard, le régime de l'université, objet d'un règlement fort étendu, en offrit une seconde qui ne le fut pas non plus (2).

Il faut, à la vérité, reconnaître qu'à ces deux époques on s'occupa d'organisation, de juridiction et de discipline à des points de vue généraux, et que des chaires à ériger, quelle que puisse être leur importance, sont, relativement, des objets de détail.

Quoi qu'il en soit, au milieu de toutes les grandes choses qui s'accomplissaient alors, l'enseignement du droit administratif fut oublié.

C'est seulement en 1819, sous le ministère de M. Decazes, que l'idée d'une nouvelle tentative prit faveur. On ne l'appliqua toutefois d'abord qu'à l'école de droit de Paris.

Le nombre toujours croissant des étudiants dans cette grande capitale avait fait sentir le besoin d'y doubler les chaires précédemment créées, c'est ce que fit l'ordonnance royale du 24 mars 1819, en divisant l'école en deux sections, dont chacune fut composée des cinq professeurs établis par le décret

(1) Décret impérial du 17 mars 1808, art. 5, 6 et 11.
(2) Décret impérial du 15 novembre 1811.

impérial du 4 complémentaire an XII, et d'un professeur des éléments du droit naturel, des éléments du droit des gens et du *droit public général* (art. 1er et 2).

Mais, en outre, l'une des sections fut dotée d'un professeur de code de commerce, et l'autre de trois professeurs qui devaient enseigner, le premier, le *droit public positif et le droit administratif français*, le second, l'histoire philosophique du droit romain et du droit français, le troisième, l'économie politique (art. 3).

Ce n'était donc plus comme connaissance accessoire, mais comme branche principale, que le *droit administratif* allait être professé, car son association dans une même chaire au *droit public positif français*, c'est-à-dire au *droit constitutionnel*, n'était que le rapprochement de deux rameaux appartenant à cette branche. Nous aurons plus tard occasion de revenir sur l'intime liaison de ces deux sujets (1).

Bien plus, les *éléments du droit public général* et l'*économie politique* devaient être, sinon des annexes, du moins des voies propres à faciliter l'intelligence du *droit public positif* et du *droit administratif* sur beaucoup de points (2).

Le savant à qui fut confiée cette chaire en fit apprécier l'importance. Un de ses ouvrages mesura la vaste

(1) Voir ci-après chapitre V.

(2) Nous nous réservons toutefois de dire plus loin notre sentiment sur l'enseignement de l'*économie politique* dans les facultés de droit. (Voir ci-après chap. VI.)

étendue du champ que sillonnaient ses travaux de chaque jour. Ceux-ci devaient contribuer, ultérieurement, à convaincre un autre règne d'abord, et un autre gouvernement ensuite, qu'à mesure que l'élasticité du budget en offrirait la possibilité, il serait du devoir de l'administration d'accorder à toutes les facultés ce complément indispensable d'instruction (1).

Mais avant d'en arriver là, un pas rétrograde doit être mentionné.

Trois ans s'étaient écoulés depuis que la faculté de Paris, divisée en deux sections, s'était enrichie des chaires nouvelles que lui attribuait l'ordonnance du 24 mars 1819, lorsque, par une autre ordonnance du 6 septembre 1822, ces chaires, passées sous silence dans une organisation nouvelle qui maintenait la division en sections, lui furent enlevées. Le droit commercial échappa seul à ce naufrage, où se trouva submergé pendant assez longtemps le droit administratif. Cet acte, de l'avant-dernière année du règne de Louis XVIII, fut motivé sur ce qu'il importait *de donner plus de développement à l'étude du droit romain,*

---

(1) Ami, compatriote et parent de Camille Jordan, soldat dans sa jeunesse et déjà homme d'étude alors, conseiller d'État, pair de France, membre de l'Institut, professeur de droit, dans son âge mûr, homme bienfaisant à toutes les époques de sa vie, le baron de Gérando fut, s'il est permis de s'exprimer ainsi, une heureuse inauguration du droit administratif dans l'enseignement public. Nous parlerons ailleurs de ses *Institutes*. (Voir sa biographie : *Histoire du conseil d'État*, par A. Regnault, p. 289. — Voir encore *Cours de droit administratif* de M. Macarel, t. I, p. 1 à 5.)

qui avait servi de base aux codes français, et de disposer les cours de la faculté de Paris de manière que les étudiants n'y reçussent que des connaissances positives et usuelles. (Quoi de plus *positif* et de plus *usuel* que le droit administratif?) Une chaire de Pandectes fut, en conséquence, ajoutée aux deux chaires d'Institutes de Justinien.

La fin du règne de Charles X vit rétablir, en 1828, la chaire de droit administratif que Paris avait perdue, et instituer, en 1829, des chaires semblables dans les facultés de Toulouse et de Caen (1).

Le mouvement de progression était commencé, il se continua après la révolution de 1830.

En 1832, une chaire de droit administratif fut créée à la faculté de Poitiers (2).

Une autre le fut à celle d'Aix, en 1835 (3).

Dans le cours de l'année 1837, M. de Salvandy fut appelé au ministère de l'instruction publique, où son double passage a laissé de si honorables souvenirs (4).

Huit mois après, une ordonnance royale, rendue sur sa proposition, accordait une chaire de droit administratif à chacune des écoles qui en étaient dépourvues (5), et, dès ce moment, toutes les facultés

---

(1) Ordonnances royales des 19 juin 1828, 28 septembre et 16 décembre 1829.

(2) Ordonnance royale du 2 septembre 1832.

(3) Ordonnance royale du 1er décembre 1835.

(4) Ordonnance royale du 15 avril 1837.

(5) Ordonnance royale du 12 décembre 1837.

de droit de France se trouvèrent en possession de cet enseignement.

L'organisation, à ce point de vue, était uniforme. L'enseignement ne pouvait ni ne devait l'être. On commençait une période d'essai général; il convenait de laisser à chaque professeur la libre ordonnance des matières et la création d'un plan commandé par l'absence de toute codification. Au bout de quelques années d'expérience et de comparaisons, l'autorité supérieure devait par là se trouver en situation de mieux apprécier la question d'un programme commun, et surtout celle des améliorations dont les nouvelles chaires semblaient ne devoir être que le prélude.

Plusieurs années s'écoulèrent. En 1845, M. de Salvandy fut appelé une seconde fois au ministère de l'instruction publique qu'il avait quitté en 1839, et qu'il occupa jusqu'à la révolution de 1848 (1). A peine venait-il de s'y réinstaller, que ses sympathies pour les études de droit se manifestèrent dans un rapport au roi, où différentes questions étaient agitées (2).

Parmi ces questions se trouvait celle de savoir s'il convenait de donner un plus grand développement au droit administratif.

Sur chacune, au surplus, le ministre voulut recueillir les observations de toutes les facultés de droit (3).

(1) Ordonnances royales des 12 mai 1839 et 1er février 1845.

(2) 20 février 1845.

(3) Lettres ministérielles des 29 mars et 8 avril 1845.

On fut unanime, au sein de celles des départements, pour reconnaître la nécessité d'un enseignement plus complet du droit administratif (1). Les moyens d'atteindre le but y offrirent des divergences, et il ne pouvait en être autrement; mais le principe de l'amélioration n'y rencontra pas de contradicteurs. En général on demanda deux ans de droit administratif, c'est-à-dire la création d'une seconde chaire.

La faculté de Grenoble désirait, en outre, une chaire de droit constitutionnel, avec mission de s'emparer d'un grand nombre de matières qu'en son absence celle de droit administratif avait été dans la nécessité d'embrasser (2). Avant de formuler son opinion, elle avait voulu recueillir les idées de celui de ses membres qui occupait cette dernière, et elle consigna, dans sa délibération, l'expression littérale qu'il leur donna. En définitive, il allait plus loin que la faculté, et proposait trois ans d'études pour le droit administratif, comme cela était pratiqué pour le droit civil, et, par conséquent, deux chaires nouvelles, indépendamment de celle de droit constitutionnel (3).

---

(1) Seule, la faculté de Paris, qui possède plusieurs chaires qu'on peut considérer comme des annexes de celle de droit administratif, se prononça dans un sens opposé.

(2) De toutes les facultés de France, celle de Paris est la seule qui ait eu un cours de droit constitutionnel. (Voir ordonnance royale du 22 août 1834.)

(3) Délibération du 17 mai 1845. Elle a été imprimée, et, plus tard, comprise dans la collection, imprimée aussi, des délibérations des facultés de France sur le même objet. Nous avons cru devoir

L'enquête universitaire que le ministre avait ainsi provoquée au milieu des facultés, fut suivie, en 1846, de la convocation d'une commission précédemment formée sous le titre de *haute commission des études de droit*. Là se trouvèrent réunis des hommes d'État, des magistrats, des professeurs éminents, les doyens des facultés de droit notamment. A la suite d'une discussion prolongée pendant plusieurs séances, cette assemblée se prononça, entre autres objets, en faveur de deux mesures distinctes quant à l'enseignement du droit administratif, savoir : 1° le développement du droit public et administratif dans toutes les facultés ; 2° la création d'une école spéciale des sciences politiques et administratives. Mais dans la pensée de la haute commission, l'école spéciale ne devait pas avoir de grades à conférer : former des sujets pour la haute administration, en préparer pour les assemblées législatives, tel était l'avenir assigné à son institution ; elle ne devait admettre que des élèves pourvus du diplôme de licencié en droit, à la suite d'épreuves soutenues devant les facultés. A l'égard de celles-ci, le vœu de la commission fut de voir établir dans chacune *deux chaires de droit administratif*.

L'adoption de ces idées semblait devoir être le

---

mentionner notre opinion personnelle à cette époque. On verra bientôt que si nous la modifions aujourd'hui, c'est seulement en ce qui concerne le droit constitutionnel, et parce que la situation politique n'est plus la même. (Voir ci-après chap. V.)

programme de deux projets de loi : l'un sur l'enseignement du droit dans les facultés, l'autre sur l'école spéciale des sciences politiques et administratives. Naturellement le premier devait avoir le pas dans l'ordre de leur présentation.

La chambre des pairs fut effectivement saisie de ce projet au mois de mars 1847. Il était précédé d'un *Exposé des motifs*, ouvrage remarquable de M. de Salvandy (1).

Nous n'avons à parler ici que de ce qui concerne notre sujet.

L'enseignement, dans les facultés, devait comprendre des cours *fondamentaux* et des cours *spéciaux*. Le droit administratif figurait parmi les premiers. Le nombre de chaires assigné à chaque branche d'enseignement devait être l'objet de règlements particuliers délibérés en conseil royal de l'Université. L'*Exposé des motifs* annonçait que le droit administratif serait réparti *entre plusieurs cours*. Au surplus, d'utiles auxiliaires lui étaient réservés par l'institution des cours spéciaux, où le projet plaçait entre autres le droit constitutionnel.

Il ne fut pas donné à ces innovations d'atteindre le point extrême de l'épreuve législative.

Dix mois plus tard éclatait la révolution de 1848.

Quand la violence d'une secousse politique vient

---

(1) Séance du 9 mars 1847. — *Moniteur* des 10 et 12 du même mois.

de renverser inopinément, de fond en comble, un gouvernement et son principe essentiel, les actes immédiats du pouvoir qui lui est substitué ne sauraient se recommander par la maturité de leur élaboration.

Le gouvernement provisoire comptait à peine douze jours d'existence, lorsqu'au milieu de l'effervescence des événements, il prit un arrêté portant qu'une *école d'administration*, destinée au recrutement des diverses branches administratives dépourvues jusqu'alors d'écoles préparatoires, serait établie *sur des bases analogues à celles de l'école polytechnique* (1).

Si cette assimilation avait un côté glorieux, elle en présentait un autre que la nature des choses n'admettait pas.

L'étude approfondie des sciences mathématiques et physiques semble commander un isolement favorable au travail. Mais le casernement convient-il à de jeunes sujets qui doivent être la pépinière des fonctions administratives? Étudier les hommes dans toutes les positions où les montre la société; les voir fonctionner dans les emplois et dans les conseils administratifs; observer les intérêts et les choses dans leurs points nombreux de contact avec la gestion des affaires publiques; vivre dans le monde, en un mot, n'est-ce pas là un complément indispensable d'instruction et d'éducation sur le seuil de la carrière

(1) Arrêté du gouvernement provisoire du 8 mars 1848.

administrative, et le régime de l'école polytechnique offre-t-il rien de semblable ?

Le gouvernement provisoire n'avait décrété qu'un principe, ce qui était facile. L'embarras commença lorsqu'il fut question d'en faire sortir une institution réelle, que l'état des finances ne permettait pas de doter.

On imagina, pour tourner la difficulté, de placer dans le collége de France la plus grande partie de l'enseignement politique et administratif, en y créant douze chaires nouvelles qui devaient être gratuites, et en y supprimant cinq chaires anciennes qui ne l'étaient pas (1).

Les nominations se firent immédiatement, et, afin sans doute de donner plus de lustre à la mesure, le gouvernement provisoire prit dans son sein quatre des professeurs nouveaux, lesquels, bien entendu, ne firent jamais de leçon (2).

L'école elle-même, cependant, devait exister indépendamment de ces moyens d'enseignement qui en étaient distincts. Elle fut installée le 8 juillet 1848 (3).

---

(1) Décret du gouvernement provisoire du 7 avril 1848. — Ce décret est précédé, dans le *Moniteur*, d'un rapport de M. Carnot, ministre de l'instruction publique, lequel est simplement la copie de celui que lui avait fait à lui-même M. Jean Reynaud, président de la haute commission des études scientifiques et littéraires. (Voir *Moniteur* du 8 avril 1848, p. 785.)

(2) Ce furent MM. de Lamartine, Armand Marrast, Garnier Pagès et Ledru-Rollin. (Voir *Moniteur* du 9 du même mois, p. 793.)

(3) Voir *Moniteur* du 9 juillet 1848, p. 1600.

Un tel système est difficile à justifier : on désorganisait le collége de France, qui perdait son caractère encyclopédique, sans organiser une véritable école d'administration.

Cette corrélation des deux établissements séparés fut néanmoins maintenue dans un projet de loi présenté à l'assemblée nationale le 31 août 1848 (1).

Un nouveau ministre de l'instruction publique (2) s'efforça de la justifier, dans l'exposé des motifs de ce projet, à l'aide de quelques analogies offertes, selon lui, par les rapports existants entre l'école normale et les facultés des lettres et des sciences de Paris. Du reste, il fit entrevoir une époque où l'école d'administration pourrait entrer dans la plénitude de son individualité, et rendre aux chaires qui lui étaient engagées toute leur indépendance.

La gratuité de l'enseignement administratif, proposée par l'article 3 du projet, donne peut-être la clef de cette persévérante anomalie.

On doit penser que le collége de France n'avait pas accepté, sans se plaindre, sa propre mutilation. La position qui lui était faite, celle des professeurs dont le nouvel état de choses supprimait les chaires, trouvèrent de vives sympathies dans l'assemblée nationale, et, lorsqu'au mois de novembre 1848, la discussion du budget général amena celle du budget

(1) Voir *Moniteur* du 1er septembre 1848, p. 2254.
(2) M. Vaulabelle. (Voir *Moniteur*, *ibid.*)

particulier de l'instruction publique, de vifs débats s'élevèrent entre M. Jean Reynaud, apologiste de la nouvelle institution, laquelle était en réalité son œuvre, et MM. Barthélemy Saint-Hilaire et Wolowski, qui l'attaquèrent avec énergie. A la suite d'une discussion prolongée pendant deux séances, un vote de l'assemblée rétablit au budget le traitement des chaires supprimées. Ce vote pouvait être considéré comme une condamnation anticipée du projet (1).

C'est ainsi qu'en jugea la commission chargée de l'examiner. Elle l'amenda radicalement, ou plutôt elle fit un autre projet qui plaçait dans l'école d'administration seule tout l'enseignement annoncé par son titre, et rendait au collége de France sa destination primitive.

Le rapport qui accompagnait son travail constate que, relativement à ce dernier établissement, le décret du 7 avril n'avait pas reçu d'exécution (2).

Mais, ni le nouveau projet, ni celui auquel il s'était substitué, ne devaient avoir les honneurs de la discussion.

C'était le moment où la nation française venait de

---

(1) Séances des 13 et 14 novembre 1848. (Voir *Moniteur* du 14, p. 3195 et suiv., et *Moniteur* du 15, p. 3208 et suiv.)

(2) Voir Rapport de M. Bourbeau, déposé à la séance du 16 décembre 1848, et imprimé, ainsi que le texte du projet amendé. (*Moniteur* du 17, p. 3587, et du 21, p. 3634 et suiv.)

remettre les rênes de l'État à un prince héritier du plus grand nom des temps modernes (1).

Un mois plus tard, le ministre qu'il avait appelé au département de l'instruction publique (2) retirait le projet dont l'assemblée était saisie, et en présentait un troisième, suivant lequel l'enseignement du droit public et administratif se trouvait attribué sans partage aux facultés de droit, et devait s'y développer en deux années. Ceci était conforme à ce qu'avait posé en principe la haute commission de 1846. Mais une grave innovation prenait place dans ce dernier projet : c'était la *licence en droit public et administratif* (3).

Devant ici nous borner à un exposé historique, nous ne discuterons pas actuellement ce point. Nous le ferons plus loin, car notre conviction, résistant aux motifs sur lesquels on a voulu fonder ce grade spécial, ne doit pas craindre de se manifester (4).

Au moment où le ministre retirait le projet de 1848, le rapporteur de celui-ci annonça que, dans le jour, il déposerait une proposition pour le reprendre en son nom personnel (5).

L'assemblée nationale allait ainsi se trouver saisie de l'un et l'autre système.

---

(1) 20 décembre 1848, installation du Président de la république.

(2) M. de Falloux.

(3) Séance du 22 janvier 1849. (Voir *Moniteur* du 23, p. 217, et *Moniteur* du 25, p. 256.)

(4) Voir ci-après chap. IV.

(5) Voir *Moniteur*, sup., p. 217.

Mais tous les deux ont été oubliés ou ajournés, et l'on ne trouve plus, dans les annales législatives postérieures, qu'une loi du 9 août 1849, supprimant l'école d'administration créée par le décret du 8 mars 1848, et abrogeant, soit ce décret, soit celui du 7 avril suivant, relatif au collége de France. Dans le fait, ces actes du gouvernement provisoire avaient encore une existence légale, à laquelle il fallait mettre un terme.

A la suite de ces décrets, des élèves avaient été admis, après divers examens, à l'école qui venait d'être supprimée. Leur position sollicitait certaines tolérances, sur lesquelles la loi de 1849 statua.

Telles ont été l'origine de l'enseignement public du droit administratif, et la progression des mesures qui l'ont généralisé et des tentatives qui ont eu pour but de l'améliorer.

Ces tentatives, réitérées à des époques différentes, attestent que, lorsque nous avons considéré l'état actuel de cet enseignement comme un essai, nous avons exprimé l'opinion de la puissance publique elle-même, sous les formes politiques diverses qu'elle a revêtues depuis plus de cinquante ans.

S'il nous était possible d'embrasser d'un coup d'œil l'horizon si vaste du droit administratif, l'énorme disproportion qui existe entre les matières qu'il embrasse et le moyen qu'offre, pour les exposer en corps de doctrine, une chaire unique, dénoncerait à son tour l'insuffisance de celle-ci (1).

Mais de plus amples considérations seraient surabondantes.

Un simple essai peut cependant avoir de grands résultats quand il répond, quoique d'une manière insuffisante, à un grand intérêt.

Celui qui vient de nous occuper en est la preuve. On lui doit, en effet, la science du droit administratif, car nous oserons dire qu'il l'a créée, s'il faut entendre ici par science l'ordonnance logique des matières, leur appréciation philosophique et juridique, l'histoire des institutions qui s'y rattachent.

Ajoutons que, par cela seul que la loi de 1804 mentionnait les rapports du *droit civil avec l'administration publique*, elle avait porté sur ce sujet l'attention des hommes d'étude, avant même que les écoles instituées fussent en exercice.

Dès 1806, un fonctionnaire de l'administration centrale (2) publiait, sous le titre de *Code administratif*, un recueil des lois de la matière rendues depuis la révolution, et, par fragments, de celles de l'ancien régime qui se trouvaient encore en vigueur.

---

(1) Voir, au surplus, dans le chap. VI ci-après, la classification de ces matières.

(2) M. Fleurigeon, chef de bureau au ministère de l'intérieur.

L'état de choses exposé dans son ouvrage a, sans doute, bien changé depuis cinquante ans. Ce livre n'en fut pas moins alors un pas dans la carrière qui s'ouvrait, non-seulement à des professeurs, mais à tous les jurisconsultes et à tous les hommes versés dans l'administration.

En 1819, M. de Gérando était appelé à la chaire spéciale créée à la faculté de Paris. Dix ans après, il mettait au jour le résultat de ses savantes études, sous le titre d'*Institutes du droit administratif français ;* codification nouvelle, dont le plan atteste un esprit et des habitudes essentiellement logiques, les principes généraux une philosophie élevée, et les textes codifiés des investigations et des comparaisons scrupuleuses qu'aucun travail n'a rebutées (1).

En 1834, M. Foucart, qui occupait la chaire instituée à Poitiers deux ans auparavant, livrait à la publicité ses *Éléments de droit public et administratif.* C'est le premier traité méthodique embrassant tout l'ensemble de la science; c'est le premier *cours imprimé* disposant, pour des étudiants, les principes et leur raison d'être dans un ordre facile à saisir. Des notions historiques sur les sujets qui les réclament, des applications pratiques puisées dans la jurisprudence du conseil d'État et de la cour de cassation, des questions résolues avec sagacité, en ont fait un livre aussi utile au palais qu'à l'école, aussi profi-

(1) Quatre volumes in-8°. Paris, 1829-1830.

table à l'administration qu'à la justice administrative. Mis au courant de la législation, à mesure que celle-ci s'est modifiée, le succès de cet ouvrage est certifié par quatre éditions successives (1).

La fin de 1837 signale une troisième époque. On sait qu'elle a vu doter toutes les facultés de droit des chaires administratives jusqu'alors réservées à quelques écoles privilégiées. Cette époque a produit, à son tour, un excellent ouvrage d'enseignement : en 1839, M. Laferrière, que la faculté de Rennes possédait alors, a fait imprimer son *Cours de droit public et administratif*. Rien ne prépare mieux à l'appréciation philosophique du droit que l'histoire de cette science dont l'auteur faisait, depuis quelques années, son étude de prédilection (2). Le cours de droit public et administratif dû à son professorat justifie, par la hauteur de ses points de vue et la fécondité de ses principes, la réputation qu'il a obtenue et que quatre éditions ont aussi constatée (3).

Après la mort de M. de Gérando, M. Macarel, comme lui membre du conseil d'État, fut chargé du cours devenu vacant à la faculté de droit de Paris. Sa science administrative, attestée par de nombreux ouvrages et par d'importants services dans la haute

(1) La première est de 1834-1835, la dernière de 1855-1856.

(2) *Histoire du droit français*. 2 vol. in-8°. Paris, 1838.

(3) La quatrième est de 1855. Les dernières ont été considérablement augmentées, et portent le titre de *Cours théorique et pratique de droit public et administratif*.

administration, le rendait digne d'une telle succession. En 1844, il commençait l'impression de son *Cours de droit administratif*, qui devait être divisé en trois parties. Les deux premières ont formé quatre volumes successivement publiés (1). La troisième en aurait compris deux autres, mais il est mort avant de les avoir fait imprimer, et peut-être avant d'avoir commencé à les écrire. L'enseignement a perdu en lui un professeur distingué et la science un bon livre, car cette troisième partie, qui devait traiter de la procédure administrative en matière contentieuse et en matière non contentieuse, eût été à elle seule un ouvrage précieux.

L'année même où M. Macarel faisait paraître le commencement de son cours, M. Trolley, professeur à la faculté de Caen, publiait le premier volume d'un traité conçu dans de plus vastes proportions. Son plan le divisait en deux parties et donnait à la première le titre de *Hiérarchie administrative*. Cette première partie, fruit de plusieurs années de travaux, a exigé cinq volumes. Le titre de *Cours de droit administratif*, placé d'abord en tête de l'ouvrage, a été supprimé dans les trois derniers pour ne conserver que le second titre donné à cette division du livre annoncé. Mais en considérant le *Traité de la hiérarchie administrative* comme un ouvrage complet (2) l'auteur n'a pas renoncé, nous l'espé-

(1) Le quatrième volume a paru en 1846. Paris.

(2) Paris, 1844-1854.

rons du moins, à son plan primitif. Il exprimait, à la fin de sa préface, la résolution de se dévouer avec courage à ce grand travail. C'est un engagement que la science est intéressée à lui voir tenir et dont elle a pris acte (1).

Dans un cadre plus étroit, un professeur moins ancien a fait imprimer en 1854, sous l'intitulation modeste de *Répétitions écrites*, un nouveau cours de droit administratif (2). La science aime à voir se produire, avec des formes différentes, les œuvres qui doivent la propager; elle applaudit, en même temps, au labeur qui agrandit le domaine des principes appliqués et à celui qui en exprime la substance; elle trouve, dans la diversité des points de vue, comme dans la manière de chaque auteur, un moyen de se placer elle-même à la portée d'un plus grand nombre d'intelligences. Le volume de M. Cabantous, volume plein de choses et dont le plan offre une grande sim-

(1) La seconde partie doit comprendre les matières qui appartiennent au droit administratif, et qui rentrent dans la compétence des autorités dont le *Traité de la hiérarchie administrative* a fait connaître l'organisation et les attributions (voir ce *Traité*, p. 47 à 49). Si elle est développée avec l'étendue donnée à celle qui l'a précédée, elle sera vraisemblablement aussi volumineuse. Il est vrai que plusieurs des sujets indiqués comme devant y avoir une place, se sont déjà montrés dans la portion de l'ouvrage qui a été publiée, et pourront alléger l'entreprise de l'auteur.

(2) *Répétitions écrites sur le droit administratif, contenant l'exposé des principes généraux, leurs motifs et la solution des questions théoriques*, par M. L. Cabantous, professeur de droit administratif à la faculté d'Aix. Paris, 1854.

plicité, est également pour elle un élément de richesse.

M. Gougeon, titulaire à Rennes de la chaire qu'occupait précédemment M. Laferrière, avait publié, n'étant encore que suppléant, le premier volume d'un *Cours de droit administratif* (1). Un premier volume est toujours une promesse. L'intérêt de la science ne permettra pas à l'auteur d'oublier la sienne.

Ce n'est pas seulement dans les facultés que l'enseignement oral des lois administratives a demandé à la typographie un moyen de franchir les limites de l'amphithéâtre. Nous ne pouvons terminer cette revue des cours imprimés, sans faire mention de celui qui est dû à M. Cotelle, professeur de *droit administratif appliqué aux travaux publics*, à l'école des ponts et chaussées. Quoique restreint à une spécialité de matières, son ouvrage a l'ampleur de la plupart de ceux qui les embrassent toutes, et offre à chaque pas le témoignage de recherches savantes et de judicieuses appréciations (2).

Parmi les professeurs de droit administratif des facultés qui n'ont pas fait imprimer leurs leçons, plusieurs ont publié des traités spéciaux dont la science n'a pas moins à se féliciter.

Ainsi, pour nous borner à quelques indications,

---

(1) Rennes, 1847.

(2) Trois volumes in-8°. Paris, 1838. 2e édition. La première avait été publiée en 1835.

M. Chauveau (Adolphe), professeur à Toulouse, a publié ses *Principes de compétence et de juridiction administratives* (1). Dans un premier volume embrassant chacune des deux parties de son sujet, sous le double point de vue du pouvoir gracieux et du pouvoir contentieux, il développe sa doctrine tout d'un trait, comme il le dit lui-même (2), sans discussion, sans commentaires, sans renvoi aux lois, ordonnances, arrêts ou opinions d'auteurs. Deux autres volumes sont ensuite consacrés à des *notes et observations* qu'une identique série de numéros met en rapport avec le premier. C'est là que se trouvent les autorités, les questions, la controverse, la jurisprudence. Ce recueil fait preuve d'infatigables recherches et d'une savante élaboration.

Ainsi encore, un ouvrage qui a traité *ex professo* une partie de la même matière est dû à M. Serrigny, professeur à Dijon (3). M. Serrigny s'est occupé de l'organisation des tribunaux et des juges administratifs, de leur compétence, de la procédure observée devant eux, et il l'a fait avec un talent du premier ordre. Il serait difficile de surpasser sa clarté dans l'exposition des principes, et la vigueur de son rai-

---

(1) Trois volumes in-8°. Paris, 1841-1844.

(2) Introduction, p. CLXXV.

(3) *Traité de l'organisation, de la compétence et de la procédure, en matière contentieuse administrative, dans leurs rapports avec le droit civil.* Deux volumes in-8°. Paris, 1842. — Parmi les ouvrages de M. Serrigny, nous devons mentionner son *Traité du droit public des Français.* Deux volumes in-8°. Paris, 1848.

sonnement et de son style dans la discussion des questions.

Nous ne pouvons oublier deux ouvrages dont l'honneur appartient à la faculté de Strasbourg. Le premier est de M. Schutzemberger, professeur de droit administratif, et a pour titre : *Les lois de l'ordre social* (1). Le second est de M. Hepp, professeur de droit des gens, et porte celui-ci : *Essai sur la théorie de la vie sociale et du gouvernement représentatif, pour servir d'introduction à l'étude de la science sociale ou du droit et des sciences politiques* (2).

Il faut s'arrêter, du moins en ce qui concerne les professeurs. Nous demandons cependant la permission d'ajouter une observation à cet aperçu de leurs travaux : c'est que, s'il ont défriché, d'autres placés à leurs côtés ont souvent aidé à fertiliser. Comment ne pas citer à cette occasion le *Traité du domaine public* de M. Proudhon, ouvrage appartenant tout à la fois au droit civil et au droit administratif, et placé, comme tous ceux du savant doyen de la faculté de Dijon, au plus haut rang dans l'estime des jurisconsultes (3).

Pendant que les interprètes officiels de la doctrine la coordonnaient dans son ensemble et lui donnaient

(1) Deux volumes. Paris, 1849.

(2) Un volume. Paris et Strasbourg, 1833.

(3) Cinq volumes in-8°. Dijon, 1833-1834. — Dans le *Traité des droits d'usufruit, d'usage, d'habitation et de superficie*, publié par le même auteur, on trouve beaucoup de choses sur le droit municipal, particulièrement en ce qui concerne les usages forestiers. — Neuf volumes in-8°. — Dijon, 1824-1827.

les formes de l'enseignement, le mouvement imprimé par la loi de 1804, et accéléré plus tard par l'institution des chaires, avait dépassé les limites universitaires. Des magistrats, des jurisconsultes, des hommes que leur position conviait à s'occuper de droit administratif, approfondissaient ce démembrement des connaissances juridiques, par de savantes dissertations sur des sujets qu'ils en détachaient. Parallèlement à l'école dont l'allure est forcément rapide, et qui souvent regrette de laisser en arrière une foule de choses inexpliquées, ce complément d'instruction s'est largement offert aux besoins de l'étude et à l'amour de la science. Que ne doit-on pas aux travaux de MM. Henrion de Pansey, Dupin, Daviel, Garnier, Delalleau, Duménil, Davenne, Isambert, Boulatignier, Dufour (1), Macarel (2) et de tant d'autres qui ont attaché leurs noms à des œuvres de la plus haute portée.

Le droit administratif et l'administration ont eu aussi leur lexicologie, à laquelle n'ont pas dédaigné de concourir des auteurs d'un mérite élevé. On sait les ressources que ce genre d'ouvrage offre à l'application pratique, en facilitant les recherches et en épargnant le temps.

---

(1) L'ouvrage de M. Dufour est un *Traité général de droit administratif appliqué.*

(2) Nous nommons de nouveau M. Macarel, qui, en dehors de l'enseignement, a publié divers ouvrages justement estimés, soit sur la doctrine, soit sur la jurisprudence, soit seul, soit avec la collaboration d'autres auteurs.

L'application pratique, dans l'une de ses voies, n'a pas tardé à devenir une source de lumières abondantes. Le contentieux de l'administration s'est étendu successivement à des cas nombreux et à des *espèces* auparavant impossibles à prévoir, à mesure que de nouvelles situations et de nouvelles lois ont mis plus fréquemment en présence l'intérêt public et l'intérêt privé. Les décisions du conseil d'État ont suivi cette progression. A côté des recueils qui les publient, d'autres recueils, longtemps consacrés exclusivement à la jurisprudence de la cour de cassation et à celle des cours impériales, ont ouvert une division distincte aux ordonnances royales et aux décrets impériaux rendus sur les litiges administratifs. Indépendamment des motifs exprimés dans les arrêts, et des dissertations ou annotations qui les accompagnent souvent, ces livres ont un avantage qui leur est particulier : on les consulte plutôt qu'on ne les lit, et il résulte de là qu'obligé de parcourir les tables, pour y trouver ce dont on a besoin, on ne se borne pas à l'objet de la recherche, la curiosité étant presque toujours excitée par d'autres, et le savoir s'enrichissant des tentations auxquelles elle a cédé (1).

(1) Depuis l'établissement de la *commission du contentieux* (décret impérial du 11 juin 1806) jusqu'à 1821, M. Sirey publia la *Jurisprudence du conseil d'État*. A partir de 1821, cette collection a été continuée par M. Macarel et par d'autres, sous le titre de *Recueil des arrêts du conseil d'État statuant au contentieux*. Elle est aujourd'hui rédigée par MM. Lebon et Hallays-Dabot. — Il y a d'autres collections également spéciales, indépendamment des grands recueils qui embrassent les deux jurisprudences.

Mais le travail des arrêtistes, forcément assujetti à l'ordre chronologique, accumule souvent sur un même point de doctrine des décisions éparses dans de nombreux volumes, où il faut les explorer péniblement. On est obligé de tout lire, et quelquefois de subir de fastidieuses répétitions, pour arriver à un résumé logique que la forme obligée de l'ouvrage ne lui permet pas d'offrir (1).

Parmi les livres qui ont eu pour objet de présenter la jurisprudence dans un ordre méthodique, et sous une forme réduite et substantielle, aucun n'occupe une place plus élevée que celui de M. de Cormenin. Ses *Questions de droit administratif* se suivent et se développent avec un enchaînement admirable de doctrines culminantes et de déductions rationnelles. Un principe est posé, et de ce principe l'auteur fait découler immédiatement une série de conséquences, dont chacune est appuyée sur la citation d'un ou de plusieurs *arrêts du conseil.* Quelques lignes suffisent à ce qui remplit de nombreuses pages dans les recueils périodiques. La part que M. de Cormenin a prise et prend encore aux travaux du conseil d'État, principalement dans les matières contentieuses, l'a mis en situation de compléter, à mesure de leur pu-

(1) M. Dalloz a publié une édition, *par ordre alphabétique*, de sa collection et de celle dont il est le continuateur, qui peut obvier en partie à l'inconvénient signalé. Mais cette édition, très-volumineuse encore, ne pouvait dépasser l'époque où elle a été imprimée, et à la suite de laquelle l'*ordre périodique* a dû être repris.

blication, les nombreuses éditions de son ouvrage (1), et de les enrichir de notes pleines de science.

Le coup d'œil qui vient d'être jeté sur les publications auxquelles le droit administratif a donné lieu depuis l'établissement des chaires, attribue à ceux qui les ont occupées une large part du bien que ces publications ont produit. Le mérite et l'influence des ouvrages qui ont cette origine, ne sauraient être niés que par ceux qui ne les connaissent pas.

Faut-il croire que le rapporteur du projet de loi présenté, en 1848, à l'assemblée nationale, sur l'école d'administration, ait été dans ce cas? Nous n'avons nul moyen de le savoir; mais personne n'ignore que dans les révolutions politiques, il y a souvent une telle passion pour les choses nouvelles qu'on les propose sans réflexion, et une telle hostilité envers les choses anciennes qu'on les décrie sans les avoir étudiées : c'est même quelquefois un moyen de succès pour les unes que de calomnier les autres. Nous sommes loin de prétendre que le rapport de 1848 soit allé *sciemment* jusque-là; toujours est-il que les chaires de droit administratif y sont traitées avec le plus grand dédain. Le rapporteur, embrassant à la fois le passé et l'avenir, *a cru pouvoir affirmer* que leur enseignement n'aurait *jamais pour résultat de vul-*

(1) Les dernières ont trois volumes in-8°.

gariser la science administrative ni de préparer des administrateurs (1).

Beaucoup de jugements formulés aussi péremptoirement à cette époque, et dont les conséquences devaient être plus graves, ont été cassés depuis par l'opinion. Il en sera de même de celui-ci.

La *science administrative* se compose de deux éléments : le droit et l'administration. Pour devenir administrateur, il faut étudier l'une et pratiquer l'autre. L'étude se fait autour des chaires; et si quelque chose doit être remarqué, c'est qu'avec une organisation insuffisante celles qui existent soient parvenues à répandre la doctrine autant qu'elles l'ont fait; les ouvrages publiés par leurs titulaires ont essentiellement étendu ce résultat; nous parlons ici pièces en main. Quant à la pratique de l'administration, c'est en dehors des facultés que l'instruction doit se compléter. Il y a là sans doute quelque chose à faire, et nous exprimerons plus tard notre sentiment à ce sujet (2). Mais c'est une injustice extrême que de rendre responsables d'une insuffisance que l'expérience seule peut effacer, des chaires qui ont un but purement théorique, indépendamment de ce qu'elles enseignent seulement l'une des deux choses qui doivent former l'administrateur. Ce que voulait le gouvernement, il y a cinquante-cinq ans, et ce

(1) *Moniteur* du 21 décembre 1848, p. 3634 et 3635.

(2) Voir ci-après chap. XI.

qu'exprimait en son nom Fourcroy, dont nous avons reproduit les paroles (1), a été accompli par les professeurs de droit administratif des facultés, dans la mesure des moyens mis à leur disposition. Grâce à leurs leçons et à leurs ouvrages, les étudiants apprennent maintenant *à lier les connaissances générales du droit avec la législation administrative*, et ceux qui ont suivi les cours, en y apportant l'intelligence naturelle, l'attention et le travail sans lesquels il n'y a jamais de succès, *n'entrent plus dans la carrière administrative dépourvus des lumières qui doivent y diriger sûrement leurs pas*. Si l'on pouvait faire une enquête dans les divers services administratifs, dans les conseils de préfecture, et parmi les sous-préfets, elle confirmerait ce que nous ne craignons pas d'affirmer ici.

Un écrit qu'a fait paraître M. Laferrière, au commencement de 1849, lui a fourni l'occasion de relever l'agression du rapport de 1848 (2). Il a invoqué le témoignage de l'Académie des sciences morales et politiques, indiqué les travaux des maîtres, mentionné les thèses des élèves. Mais sa double position lui imposait un langage trop réservé pour faire justice entière. Comme inspecteur général de l'Université dans l'ordre du droit, il ne pouvait garder le

(1) Voir ci-dessus p. 36.

(2) *De l'enseignement administratif dans les facultés de droit et d'une école spéciale d'administration*, p. 8 et 9.—Paris, janvier 1849.

silence; comme ancien professeur, il avait eu trop de part à cet ensemble de travaux imprimés que nous venons de glorifier pour surmonter, dans l'intérêt de la vérité, le sentiment modeste qui est la pudeur de l'homme de mérite.

Pour nous, qui n'avons participé que par des leçons orales aux travaux de nos collègues, nous sommes pour ainsi dire heureux d'une existence moins révélée que la leur, puisqu'en nous affranchissant de toute préoccupation d'auteur, elle fait de nous un organe désintéressé de justification, et nous permet des éloges qui ne sauraient se placer avec convenance dans la bouche de ceux qui les ont mérités.

En définitive, l'enseignement actuel du droit administratif est organisé d'une manière incomplète : ce n'est qu'un essai. Tel qu'il est cependant, il a eu de bons résultats. Il en aura d'excellents quand son organisation répondra mieux aux besoins de l'époque.

CHAPITRE TROISIÈME.

QUESTIONS QUE SUGGÈRE L'ÉTAT ACTUEL.

A quoi bon s'occuper davantage de ce qui est, s'il faut en venir à autre chose?

C'est une objection qu'on pourrait faire à ce chapitre et que quelques mots doivent prévenir.

Depuis la loi de 1804, qui posait le principe de l'enseignement public du droit administratif, jusqu'à la première application de ce principe à la faculté de Paris, il s'est écoulé quinze ans.

Il s'en est écoulé dix-neuf depuis cette époque jusqu'en 1838, année où toutes les facultés de France ont eu leur chaire de droit administratif.

Une période presque aussi longue a suivi la mesure qui généralisa cet enseignement, et le chapitre précédent vient d'y montrer de nombreuses tentatives ayant pour but d'améliorer l'institution, sans qu'aucune ait abouti à un résultat quelconque.

Ainsi, voilà plus de cinquante ans divisés en trois phases. Dans la première, la puissance publique a dit : le droit administratif sera enseigné ; dans la seconde, elle a établi des chaires à cet effet ; dans la troisième, elle a fait l'aveu de leur insuffisance.

Nous ne sommes pas de ceux qui se découragent aisément, et ce livre en est une preuve ; mais la lenteur avec laquelle on a procédé doit expliquer la nôtre. Si pressé que nous soyons de voir le *statu quo* céder la place à un enseignement plus complétement organisé, nous ignorons quand le budget, souverain arbitre de toutes les améliorations, se trouvera en mesure de faire face à celle-ci. Espérons que ce sera bientôt ; mais, en attendant, efforçons-nous de tirer de ce qui est le meilleur parti possible.

Voici donc une question que fait naître la situation transitoire actuelle :

L'enseignement du droit administratif, se trouvant jusqu'à présent réduit à une chaire dans chaque faculté, le professeur doit-il reproduire annuellement le même cours, ou répondra-t-il mieux à la pensée de l'institution en le fractionnant en plusieurs années ?

Si on se laisse dominer par ce double fait qu'il n'y a qu'une chaire, et que les règlements ne rendent le cours obligatoire que pour les étudiants de troisième année, on prendra le premier parti.

Mais le second aura la préférence, si l'on consulte le but de l'institution.

Il importe, dès lors, avant de résoudre la question dans sa portée méthodologique, d'examiner le point auquel nous la subordonnons. C'est une autre question dont le caractère est préjudiciel, et nous devons lui accorder d'autant plus d'intérêt que sa solution ne doit pas seulement influer sur l'objet qui en sera, dans quelques instants, la déduction immédiate : nous aurons ultérieurement à en tirer d'autres conséquences.

Peut-on se former un doute sur la prévision législative, au moment où elle a introduit l'enseignement du droit administratif dans les écoles publiques ? Est-il besoin de répéter, avec celui qui en était l'interprète officiel, que le but de l'institution a été de former *des jeunes gens* pour la carrière de l'administration, en leur *apprenant à lier les connaissances générales du droit avec la législation administrative*, afin qu'*en entrant dans cette carrière ils puissent y apporter les lumières qui devront y diriger leurs pas* (1).

Mais, où est la carrière administrative pour des *jeunes gens* qui viennent de quitter l'école de droit?

Quelque précoces que soient aujourd'hui les ambitions, nous n'imaginons pas qu'aucun d'eux ait ja-

(1) Voir ci-dessus p. 36 et 68.

mais la prétention d'y débuter par les fonctions de préfet, de directeur général ou de conseiller d'État, encore moins par celles de ministre ou d'ambassadeur. La carrière administrative offre cependant ces positions élevées; mais elles en sont le couronnement, et c'est après avoir acquis, dans des rangs inférieurs, l'expérience pratique que l'école et ses théories juridiques ne sauraient donner, que quelques-uns d'entre eux, signalés par leur capacité et par la supériorité de leurs travaux, pourront y parvenir.

En attendant, la carrière administrative de nos jeunes licenciés est ailleurs.

Elle est dans les divers services administratifs qui leur offrent une hiérarchie ascendante d'emplois publics, notamment dans les services rattachés à la gestion des finances : contributions directes, douanes et contributions indirectes, enregistrement et régie des domaines, conservation des forêts, etc.;

Elle est dans les bureaux des directions générales et des ministères;

Elle est dans les fonctions d'auditeur au conseil d'État;

Elle est dans celles de sous-préfet;

Elle est dans les conseils de préfecture.

Voilà les principales portes qui peuvent s'ouvrir à une partie de la jeunesse des écoles de droit, préférant l'administration aux offices, au barreau ou à la magistrature. Chacun, suivant son aptitude, ses préférences, sa position de famille ou de fortune, ses chances de faveur, car il y en a toujours plus ou moins, ira frapper à l'une ou à l'autre.

Légistes à leur entrée, le maniement des affaires en fera quelque jour des administrateurs, mais ils ne le deviendront que par l'application prolongée des règles aux hypothèses et aux faits pour lesquels elles sont établies. Un administrateur est essentiellement un homme pratique, et c'est par cette qualité que, même dans les emplois voisins du début, les fonctionnaires qui participent à la gestion des intérêts publics assurent leur avenir personnel. C'est par elle, en effet, qu'ils répondent aux nécessités qui leur ont ouvert la carrière. L'administration n'a que faire de sujets qui auraient effleuré les généralités de la science, pour n'en retenir souvent que des systèmes mal compris et un ignorant dédain de ce qui leur paraît être le terre à terre de la procédure. Elle veut des connaissances positives, susceptibles d'application immédiate aux détails incessants et si nombreux du courant administratif. Des objets de l'ordre le plus élevé se rencontrent parmi ces détails; des principes générateurs dominent les règles qui s'appliquent à chaque fait; mais tout est lié, rien ne doit être traité légèrement, et quelquefois ce sont les choses dont l'apparence est la plus infime qui font le mieux comprendre ce qu'a de grand l'administration, ce qu'a de beau le droit qui la régit.

Nous réservons à un autre moment des développements qui auront alors leur objet (1). Ce qui vient d'être dit est suffisant pour éclairer le point de transition auquel nous revenons.

S'il est évident que les hommes pratiques sont, dans l'administration, le besoin de l'intérêt général, il doit l'être également que l'enseignement du droit qui préparera le mieux des candidats à servir ce besoin sera le meilleur.

Un cours annuel, embrassant tout le droit administratif, aura-t-il ce résultat ?

Nous répondrions oui, si chaque matière appartenant à cet enseignement pouvait être rationnellement exposée dans les cent à cent dix leçons que contient l'année scolaire.

Nous devons répondre non, du moment où l'impossibilité de concentrer à ce point un des plus vastes démembrements de la science du droit a, depuis longtemps, acquis sur notre esprit l'autorité d'une chose démontrée.

Pour nous, cette opinion est effectivement ancienne : elle se manifestait, en 1845, dans la délibération de la faculté de Grenoble, que le chapitre précédent a indiquée au sujet des améliorations méditées par le ministre de l'instruction publique à cette époque (2).

---

(1) Voir le chap. suivant.

(2) Voir ci-dessus p. 46.

Nous pensions alors, avec l'appui d'une expérience qui remontait déjà à huit années, ce que nous pensons aujourd'hui qu'une expérience plus longue a donné de plus profondes racines à notre conviction. Pour faire connaître les éléments principaux de celle-ci, nous n'avons pas besoin d'un langage nouveau; nous demandons la permission de nous citer nous-même et de transcrire quatre pages sur ce sujet (1).

« Ce qui nous frappe d'abord, c'est la prodigieuse » étendue des dispositions législatives et réglementaires qui constituent l'élément littéral de la science. » On s'en fera une idée approximative en ouvrant les » *Institutes* publiées en 1829 et en 1830 par M. de » Gérando. Cette codification, qui embrasse sous deux » séries de numéros, soit les principes généraux qui » dominent les différentes matières, soit les textes en » vigueur qui régissent chacune d'elles, ne contient » pas moins de *sept mille vingt-deux articles*, dans la » seconde série seulement, tous transcrits littéralement (2). Il est vrai que, depuis 1830, le droit » administratif a éprouvé d'immenses modifications : » mais on sait qu'elles n'ont pas eu pour résultat de

(1) Voir la collection des délibérations des facultés de droit, imprimée en 1845 pour la haute commission, p. 34 à 36.

(2) Et il ne faut pas croire que ce soit là tout ce que M. de Gérando a eu à compulser pour arriver à l'ordonnance logique de son ouvrage. M. Macarel, son successeur, évaluait à plus de *quatre-vingt mille textes* les dispositions législatives et réglementaires dont les *Institutes* avaient commandé l'examen. (Voir *Cours de droit administratif*, t. I, p. 4.)

» réduire les textes, et qu'au contraire le nombre de
» ceux-ci s'est considérablement accru par le rema-
» niement d'une foule de lois antérieures ou par la
» promulgation de plusieurs lois nouvelles sur des
» objets qui, jusqu'alors, étaient régis par le droit
» commun ou ne l'étaient pas du tout. Faut-il con-
» clure de cette masse d'articles, trois à quatre fois
» plus nombreux que ceux du Code Napoléon dont
» l'enseignement actuel exige trois ans, qu'il en faudra
» neuf à douze pour le droit administratif? Cette con-
» séquence, quoique juste arithmétiquement, serait
» sans doute très-ridicule dans son application : il faut
» proportionner les études au temps que la jeunesse
» peut leur consacrer, et, d'ailleurs, il y a dans les
» sept mille textes dont il s'agit, des dispositions nom-
» breuses qui peuvent être omises, ou pour lesquelles
» l'enseignement peut renvoyer aux lois et règle-
» ments qui les contiennent, sans qu'il en résulte de
» trop graves lacunes. Tout ce que nous avons voulu
» dire, c'est qu'une courte période, un an par exem-
» ple, deux ans même, ne sauraient suffire à un cours
» raisonné de droit administratif, développant la sub-
» stance puisée dans les textes, faisant comprendre
» la raison d'être de ceux-ci, éclairant quelquefois
» les principes par des discussions prises dans leur
» application pratique, en recherchant souvent l'es-
» prit dans des notions historiques, d'autant plus in-
» structives ici que la législation administrative a une
» mobilité qui lui est particulière et qui, fréquem-

» ment, ne permet de bien comprendre son état pré-
» sent qu'en interrogeant son passé, son origine, ses
» vicissitudes, les événements qui l'ont altérée ou
» améliorée..... On ne pourrait, en effet, resserrer
» tout le droit administratif dans les leçons d'une
» seule année, sans réduire son exposition à *une table*
» *de matières très-sommairement expliquée;* à moins
» qu'on ne prît le parti d'élaguer les deux tiers au
» moins des choses qu'il régit, pour s'en tenir à celles
» qui seraient jugées être les plus importantes; encore
» trouverait-on bien des difficultés à s'accorder sur
» le choix de celles-ci. Quoi qu'il en soit, le cours
» serait sans utilité réelle dans le premier cas; il se-
» rait incomplet dans le second, et ce n'est certaine-
» ment pas là ce qu'on peut vouloir.

» En se plaçant néanmoins à un autre point de vue
» que celui d'un auditoire fraîchement sorti du col-
» lége, on conçoit un cours résumant, dans une cen-
» taine de leçons, les grands principes qui servent de
» fondement à la législation administrative; on le
» conçoit dans une direction toute philosophique,
» tantôt portant la lumière sur les points culminants
» de cette législation, tantôt sondant la solidité de
» ses fondements, glorifiant quelquefois ses doctrines,
» les soumettant ailleurs à la critique d'une raison
» élevée, et s'associant en quelque sorte ainsi, par
» la science qui prépare, à la puissance qui décide
» et accomplit les innovations. Mais ce cours, utile
» aux hommes qui savent déjà, le sera-t-il aux jeunes

» gens qui en sont aux premières notions? Ces consi-
» dérations, qui font germer des pensées de réforme
» en fouillant les entrailles de certaines lois, trouve-
» ront-elles sur un sol inculte les conditions d'un
» sage développement? Le bien qu'un esprit mûr y
» recueillera et fera fructifier, ne changera-t-il point
» de nature pour un esprit trop inexpérimenté? Et le
» même enseignement qui aura fait du premier un
» organe intelligent d'amélioration et d'ordre tout à
» la fois, ne poussera-t-il point le second dans des
» voies dangereuses pour lui et pour la société? Voilà
» ce que nous nous demandons; voilà ce que nous ne
» pouvons résoudre dans le sens d'un cours universi-
» taire terminé en une année.

» Suivant nous, un plan n'embrassant que les som-
» mités, des leçons prises de trop haut, les règles
» d'un ordre inférieur dédaignées, les détails entiè-
» rement supprimés, toutes ces exigences enfin d'un
» enseignement trop resserré ou trop généralisé, pla-
» ceraient le droit administratif hors de la portée de
» presque tous les étudiants. Ce serait pour eux une
» phraséologie vague et incomprise; leur esprit en re-
» tiendrait à peine quelques notions éparses, *et celles-*
» *ci seraient en quelque sorte insaisissables par l'é-*
» *preuve des examens*. Pour qu'une institution soit
» utile, il faut qu'elle réponde à un besoin. On a
» déjà précisé celui qu'il s'agit ici de satisfaire. Le
» serait-il par un cours aussi peu propre à préparer
» de jeunes candidats à la pratique de l'administra-

» tion, de jeunes surnuméraires à celle des services
» administratifs? car, encore une fois, c'est à ce ré-
» sultat qu'il faut arriver. »

Parmi ces réflexions qui nous semblent décisives, il en est une à laquelle nous croyons utile d'ajouter quelques mots.

Un professeur prouve sa science par des leçons; un étudiant prouve par des examens qu'elles lui ont été profitables. Eh bien, nous affirmons qu'entre deux enseignements (pour lesquels nous supposons d'ailleurs toutes choses égales quant au savoir et à la méthode dans la chaire, quant à l'aptitude et à l'attention dans l'auditoire), le cours développé produira généralement des examens beaucoup plus satisfaisants que le cours à qui le temps aura interdit un grand nombre d'explications désirables.

Et qu'on ne donne pas à l'expression de notre pensée un sens ridicule, en nous supposant l'intention de dire que les élèves du cours développé sauront plus de choses que les élèves du cours abrégé, ce qui serait une niaiserie; car il est bien évident qu'en deux, trois ou quatre années, on doit voir plus de matières qu'en une seule. Ce que nous disons, c'est que d'un côté les questions seront comprises et les réponses catégoriques, tandis que de l'autre, il y aura souvent embarras dans l'intelligence et plus encore dans l'expression. Comment en serait-il autrement? Le cours développé peut embrasser tout autant de doctrine que le cours abrégé quant aux principes généraux et à la philosophie du droit (il doit même en embrasser davantage); mais il explique, avec une étendue interdite à ce dernier, les règles qui découlent de ces principes; il en fait l'application à de nombreuses hypothèses; il discute et résout les questions que ce travail fait surgir; surtout, il ne demande pas à l'attention, au jugement et à la mémoire, plus qu'ils ne peuvent accorder; il sait que, pour arriver à la science, on doit marcher non d'un pas rapide, mais d'un pas assuré, c'est-à-dire avec une certaine lenteur, et en laissant aux facultés intelligentes le temps nécessaire pour s'exercer sans que leur vigueur naturelle soit altérée par la fatigue. C'est en suivant cette route qu'on parvient à coordonner et à graver dans les esprits la véritable science, et qu'on les met en situation de soutenir honorablement l'épreuve des examens. Un cours trop élémentaire, ne pouvant solliciter par autant de moyens l'organisation intellectuelle, ni soutenir la mémoire par des points de rappel aussi nombreux, ne laissera que des traces vagues et fugitives pour la plupart, au milieu desquelles l'examinateur aura bien de la peine à établir une série logique de questions. Il lui arrivera plus d'une fois de se voir dérouté lui-même par l'insuffisance du candidat, insuffisance qui, du reste, ne sera ni la faute de l'élève ni la faute du professeur dont il aura suivi les leçons, mais sera celle du temps refusé à l'un et à l'autre.

Si l'on prenait en ce moment la peine de franchir

quelques pages pour en feuilleter quelques autres, on trouverait dans le chapitre VI, ci-après, une classification générale des objets qui doivent trouver place dans l'enseignement du droit administratif, laquelle confirmerait par son étendue, ses divisions et ses subdivisions, tout ce que nous venons de dire, et prouverait, de plus en plus, que nous avons eu raison d'assimiler *à une table de matières très-sommairement expliquées* un cours resserré dans les limites de l'année scolaire.

Voici pourtant une objection sérieuse :

Si le cours annuel est repoussé parce qu'il est incomplet au point de vue des développements, le cours bisannuel ou trisannuel ne doit-il pas l'être parce qu'il a le même défaut au point de vue de l'ensemble? L'un fait mention de tout, mais n'approfondit rien; l'autre approfondit une moitié, un tiers, peut-être moins encore, mais laisse le surplus dans l'oubli. Le premier, qui donne une idée superficielle de la science dans sa vaste étendue, ne doit-il pas être préféré au second, qui n'en fait connaître que des lambeaux, et ceux-ci, tout développés qu'ils soient, valent-ils, comme savoir acquis, des notions logiquement résumées dans l'esprit sur chacune des choses qu'un plan général a embrassées?

Nous n'hésitons pas à répondre qu'ils valent beaucoup plus, si l'on tient compte du but auquel doit tendre le cours, de la nature et des résultats ordinaires de l'enseignement juridique, de l'esprit et de la méthode qui auront nécessairement présidé à l'or-

6.

donnance du plan et à sa répartition entre plusieurs années.

Le but, on le connaît : il s'agit de candidats qu'il faut préparer à devenir des sujets pratiques dans l'administration. Sans doute, pour un étudiant bénévole qui n'aurait nulle volonté de se mettre par des fonctions au service de l'intérêt public, mais qui demanderait à nos écoles le complément d'instruction que l'homme du monde ayant quelque valeur personnelle veut acquérir dans les sciences morales et politiques, une teinture générale telle que cent leçons peuvent l'offrir serait très-suffisante. Mais pour le surnuméraire, l'employé, l'auditeur, le sous-préfet, le conseiller de préfecture, elle n'aurait qu'une bien mince utilité. A la première affaire dont le fonctionnaire nouveau venu aurait à s'occuper, il ne trouverait rien d'applicable dans les généralités retenues par sa mémoire; loi ou règlement sur l'hypothèse, principes de juridiction volontaire ou contentieuse, procédure, jurisprudence, tout lui ferait défaut, et pour remplir consciencieusement son devoir, il serait obligé de se livrer à un travail incomparablement plus pénible et plus long que celui du débutant qu'un cours approfondi aurait initié à la matière. Il faut reconnaître cependant que ce dernier n'aurait une supériorité très-marquée que pour les objets développés avec ampleur pendant le temps de ses études. Quant aux autres, il aurait beaucoup à apprendre, mais cependant il serait encore, ainsi qu'on va le voir, l'égal au moins de l'émule que notre supposition vient de lui donner.

Si les facultés de droit ne font pas des administrateurs, elles ne font pas non plus des jurisconsultes, mais elles mettent sur la voie ceux qui aspirent à être quelque jour l'un ou l'autre. Elles ne sauraient embrasser dans leur enseignement toutes les hypothèses et toutes les questions qui peuvent se présenter, et qui sont innombrables; mais en discutant les principales, elles montrent comment les autres doivent être étudiées, de même qu'en classant et en expliquant d'une manière complète les règles d'une matière, elles ouvrent des routes plus faciles pour acquérir l'intelligence de la législation sur d'autres sujets. A l'instruction qu'un professeur a communiquée succède celle qu'on se donne à soi-même, mais à laquelle pourtant ses leçons ne sont pas étrangères. De là vient qu'on a dit, au sujet des cours de droit, *qu'on y apprenait à apprendre*, ce qui n'est vrai que des cours approfondis; car pour les cours resserrés dans de trop étroites limites, on pourrait au contraire dire quelquefois d'eux *qu'on y apprend à s'égarer*. Telle est la nature et tels sont les résultats ordinaires de l'enseignement juridique. Nous y trouvons un nouveau moyen de justifier nos répulsions à l'égard d'un cours qui serait obligé de concentrer, pour ne pas dire d'étrangler, tout le droit administratif dans une centaine de leçons.

A présent, ne faut-il pas tenir compte de l'expérience et du jugement du professeur? Supposera-t-on qu'il en soit dépourvu à ce point qu'ayant divisé en trois années, par exemple, un cours que les étudiants inscrits ne devront suivre que pendant une seule, il ne saisisse pas dans chacune les occasions si fréquentes qui s'offriront de donner à son auditoire quelques notions sommaires sur des objets appartenant aux années suivantes ou à celles qui ont précédé? Il n'en aurait pas prémédité le dessein qu'il y serait amené par la force des choses. On trouve, en effet, très-peu de matières qu'il soit possible d'isoler absolument de toutes les autres dans l'enseignement. Pour faire comprendre le droit sur un objet, il faut souvent l'interroger sur beaucoup de points qui en sont séparés. Voyez les traités des jurisconsultes : ne franchissent-ils pas à chaque instant la limite que leur titre semble avoir posée? C'est que tout est lié dans le droit (1). Tout doit l'être dès lors aussi dans l'enseignement de cette science. Qu'on veuille bien y faire attention d'ailleurs, ces rapprochements qui se produisent inévitablement dans un cours approfondi deviennent impossibles dans un cours abrégé. Ils ne sont là que des sujets de regret : on en comprend l'utilité, on voudrait céder à ce qu'elle a de pres-

(1) Citons, comme exemple, le *Traité des droits d'usufruit, d'usage, d'habitation et de superficie*, ouvrage qui n'a pas moins de neuf volumes, et dans lequel M. Proudhon, sans sortir de son sujet, expose et discute souvent avec étendue, une foule d'articles du Code Napoléon qui appartiennent à d'autres titres.

sant; mais le temps, nécessité plus inflexible, oblige le professeur à se hâter pour atteindre le point extrême de sa carrière; il est forcé de précipiter sa course là où la marche rationnelle des leçons approfondies permet de ralentir ou de hâter le pas, suivant le besoin de chaque chose.

Un cours tel que nous l'entendons est nécessairement précédé d'une *introduction*, dans laquelle se trouve toujours l'aperçu général de tout ce qu'il doit embrasser. Les choses qui dans cette classification appartiennent à l'année courante, sont signalées d'avance à l'attention des élèves, de même que celles qui ont été expliquées dans l'année précédente ou qui le seront dans la prochaine. De cette manière, et en reproduisant à chaque rentrée cette introduction, on établit un lien entre les parties qu'attend un développement immédiat et celles qui ne sont qu'indiquées, mais dont un grand nombre, comme nous venons de le voir, aura place à titre de notions explicatives ou complémentaires dans la division annuelle qui n'est pas celle de leur étude spéciale.

Deux autres avantages doivent encore donner gain de cause à notre système :

Seul, il réserve un cours nouveau aux jeunes gens inscrits pour le doctorat, pendant la quatrième année d'étude qui leur est imposée;

Seul encore, il permet aux étudiants zélés, particulièrement à ceux que la carrière administrative a d'avance conquis, de faire marcher parallèlement, dès le début, l'étude du droit civil et celle du droit administratif, de manière que le démembrement de la science que ces derniers ont spécialement besoin de connaître à fond, soit pour eux l'objet d'un travail sérieux dans toute l'étendue de son vaste programme.

Nous ne terminerons pas ce chapitre sans lui donner pour appui l'exemple et l'opinion des maîtres.

A la Faculté de Paris, M. de Gérando choisissait dans ses *Institutes* quelques matières dont il faisait le sujet de son cours. Il les développait avec une grande étendue, s'entourant de textes et d'autorités. L'année suivante, il faisait un choix différent. Ce n'était que dans une très-longue période que les nombreuses divisions de son ouvrage pouvaient être épuisées. Il semblait avoir adopté ce principe qu'une chose bien faite ou bien sue vaut mieux que beaucoup de choses effleurées.

Après lui, M. Macarel a assigné trois années consécutives à l'enseignement méthodique et complet auquel son prédécesseur consacrait plus de temps encore. Les quatre volumes qu'il a publiés renferment ses leçons écrites pendant les deux premières années. On sait qu'il n'a pu continuer cet ouvrage, auquel manquent les leçons de la troisième.

La période de trois ans paraît avoir été, dès 1838, la pensée d'avenir du ministre qui venait de donner à cinq facultés des chaires de droit administratif.

Voici, en effet, ce que nous écrivait, au mois de novembre 1838, M. Foucart, que nous avions consulté sur l'alternative où nous plaçaient l'apparente exigence des règlements et l'insuffisance d'un cours de cent leçons.

« Au nombre des difficultés que présente notre » mission se trouve celle dont vous me parlez relati» vement au plan du cours, difficulté que je n'ai pas » encore résolue, quoique professant le droit admi» nistratif depuis six ans. Il est certain que le temps » consacré à l'étude de cette science est beaucoup » trop court. *M. de Salvandy, à qui j'en faisais l'ob» servation il y a quelques semaines, est sur ce point » tout à fait de notre avis. Il pense qu'on devrait s'en » occuper pendant trois années.* Mais en attendant la » réalisation de ce projet, la difficulté subsiste. Voici » ce que j'ai fait jusqu'à présent : j'enseigne tout le » droit administratif, d'après l'ordre de mes *Éléments*, » dans l'espace d'une année, parce que je désire faire » connaître l'ensemble de la science à mes auditeurs; » mais je ne donne pas des développements de la » même étendue à toutes les parties de mon cours. » Il y a des matières excessivement minutieuses, qui » fatigueraient sans profit le professeur et les élèves. » Je les traite fort succinctement, me contentant d'ex» poser les principes généraux, et renvoyant pour les » détails à mon livre. J'approfondis, au contraire, les » matières qui ont une grande importance et qui se » prêtent à un développement dogmatique. »

On le voit, le cours conçu d'après ces idées a été incomplet quant au développement, mais un excellent livre a atténué cet inconvénient. En général, et sauf d'honorables exceptions, les étudiants répondent avec assez peu de zèle aux invitations de lire qui leur sont faites, lorsque le professeur se bornant à mentionner une matière renvoie aux lois et aux auteurs. Une leçon à écouter a plus de chance qu'une lecture à faire : tant de choses peuvent fermer le volume ou l'empêcher de s'ouvrir! Cependant, si l'ouvrage indiqué est du professeur lui-même, c'est-à-dire de l'examinateur dont on aura prochainement à subir les investigations, l'oreille se prête mieux à l'avis, la situation personnelle donne une sanction à la déférence, le mérite de l'œuvre fait ensuite aisément une habitude de celle-ci.

Quelques professeurs ont suivi l'exemple de M. Foucart. D'autres ont préféré celui de MM. de Gérando et Macarel. Il n'est pas besoin de dire que nous avons été de ces derniers.

Dans le cours de l'année 1839, et vers le début de notre enseignement, un savant magistrat de la cour de cassation vint, en qualité d'inspecteur général, visiter la faculté de Grenoble (1). Dans un entretien particulier qu'il voulut bien nous accorder, nous lui fîmes part de la question que nous nous

---

(1) M. le conseiller Bérenger, aujourd'hui l'un des présidents de la cour.

étions posée et de la solution que nous avions cru devoir lui donner. Il nous approuva pleinement, et nous dit qu'il ne comprenait pas qu'un cours de droit administratif, limité à un an et même à deux, pût atteindre le but de son institution.

Cette opinion paraît s'être maintenue depuis parmi les principes de l'inspection générale.

En preuve, nous pouvons citer deux passages de la brochure remarquable que publiait M. Laferrière, après le retrait du projet de loi de 1848. Il considérait, à la vérité, la question sous un autre aspect, mais ses expressions n'en sont pas moins une haute autorité pour notre sentiment.

M. Laferrière disait, en effet, page 7 :

« Le cours de droit administratif, qu'*il n'est pas* » *possible de renfermer en une seule année*, a été des- » tiné aux élèves de la troisième année seulement. » Cette vicieuse répartition a comprimé les effets de » l'enseignement spécial. »

Et page 9 :

« *Il est de toute impossibilité qu'un cours de droit* » *administratif s'accomplisse en une année*; et tous » ceux qui pratiquent l'enseignement savent que, » *pour les jeunes gens, les livres ne peuvent entièrement* » *remplacer les avantages de l'enseignement oral* (1). »

---

(1) *De l'enseignement administratif dans les facultés de droit.* Nous avons déjà parlé du projet de loi de 1848 et de l'écrit de M. Laferrière. (Voir ci-dessus p. 51, 52, 68 et 69.)

Nous nous reprocherions d'avoir trop longuement discuté notre avis, tant il nous semble évident, si, depuis quelque temps, l'administration centrale de l'instruction publique ne paraissait disposée à préférer le cours annuel. Nous avons dû, en pareille circonstance, redoubler d'efforts afin de la détromper. Une longue et persévérante enquête s'est ouverte, dès 1819, sur l'enseignement des lois administratives. Elle n'est pas close, il s'en faut, et c'est le droit, nous devrions dire le devoir, de ceux qui ont notre position, que de verser dans cette enquête le tribut de leur expérience, sans y appréhender l'inflexibilité du parti pris. Elle s'offre à nos yeux comme un réservoir où nulle idée juste ne doit s'égarer; la vérité peut y attendre plus ou moins longtemps le moment de sa manifestation sous l'égide du pouvoir, mais ce moment doit infailliblement venir.

Nous agirons avec la même indépendance si, dans la suite de ces pages, nos convictions intimes se refusent à des systèmes en faveur auprès de l'autorité supérieure. Sauf la forme de l'expression, qui, nous l'espérons, sera toujours convenable, nous ne déguiserons ni n'affaiblirons jamais notre pensée, et nous croirons par là témoigner au ministre éclairé qui a le département de l'instruction publique, le seul respect qui puisse le flatter, celui de la confiance.

CHAPITRE QUATRIÈME.

FAUSSES IDÉES.

Les trois chapitres précédents nous ont retenu dans les avenues de notre sujet. Le dernier n'a pu offrir qu'un intérêt de transition.

Prêt à poser le pied sur le sol où les lois administratives attendent un enseignement en rapport avec l'intérêt général, nous sommes arrêté de nouveau : un encombrement d'idées très-divergentes provoque notre attention.

On sait que tout auteur, qu'il soit dans le vrai ou dans le faux, appelle toujours *idées justes* celles qui lui appartiennent, comme il appelle invariablement *idées fausses* celles d'autrui quand il ne les adopte pas. Nous demandons la permission d'user du même privilége; laissant, du reste, toute latitude au lecteur pour appliquer en sens inverse ces expressions, s'il croit que nous nous sommes trompé, et ne maintenant à leur égard que la sincérité de notre conviction.

Naturellement, c'est par les *idées fausses* que nous devons commencer : il faut déblayer le terrain. Elles eront l'objet du chapitre actuel.

Dans le chapitre suivant, nous préciserons les *idées* que nous considérons comme *justes*, pour en faire immédiatement la base de l'organisation nouvelle que nous avons conçue.

Sous le titre d'idées fausses, nous n'entendons point discuter tous les systèmes qui nous semblent mal fondés : ce serait à n'en pas finir. Nous ne voulons parler que de quelques tendances qui nous étonnent par leur excentricité, et nous effraient par la facilité avec laquelle plusieurs nous ont paru se propager. Quoique réduite ainsi, la matière exige une certaine ampleur d'explications.

Des innovations ne sont pas toujours des améliorations. Quelquefois ce qu'on détruit avait plus de valeur que ce qu'on veut édifier. Dans ces occasions, *faire mieux* devrait être le principe; *faire autrement* est beaucoup plus fréquemment la devise. Est-ce parce que l'un est moins facile que l'autre? peut-être; mais, à coup sûr, cela tient essentiellement à cet amour de la nouveauté qui est un des traits saillants de notre caractère national. Où s'adressent les applaudissements de la foule? Inspiration de la conscience qui ne recherche que ce qui est utile et vrai, *faire mieux* n'est pas un moyen constamment certain de les obtenir. Séduction de la vanité qui s'inquiète peu de la légitimité du succès pourvu qu'elle y parvienne, *faire autrement* offre souvent plus de chances de renommée.

Que dans le domaine des lettres, poëtes et prosateurs se partagent en divers camps et arborent des bannières différentes, qui peut s'en alarmer? Chacun n'est-il pas libre d'y cueillir à son gré la fleur qu'il préfère ou le fruit qui convient à son goût? Toucher le cœur, plaire à l'esprit, ravir l'imagination, voilà ce qu'on s'y propose, et, si l'on arrive, qu'importe la route suivie? Des réputations trop promptes à se faire s'éteindront dans un prochain oubli; d'autres, plus lentement conquises, seront aussi plus durables; c'est l'affaire de ceux qui écrivent. Quant à ceux qui lisent, cette variété dans la production est l'avantage de tout le monde, en ce qu'elle offre aux intelligences et aux sentiments divers un aliment qui leur est approprié. Le sage seul sait tirer parti de tout, et trouve l'*utile dulci* dans ce mélange lui-même. Un abus cependant doit être réprimé, et la loi n'a pas à ce sujet failli à son devoir : c'est celui qui porterait atteinte à l'ordre public et à la morale (1).

---

(1) Il en est un autre qui, pour être du domaine exclusif de la critique, n'en est pas moins dangereux : c'est l'altération de la vérité dans l'histoire. Nous ne parlons pas des romans historiques, dont le titre doit suffire pour qu'on se tienne en garde, mais des livres qui, sous un titre sérieux, bouleversent les jugements du présent, égarent ceux de l'avenir, réhabilitent ou calomnient des caractères qui sont une leçon donnée par le passé.

Mais le droit et son enseignement admettent-ils un semblable arbitraire ?

Le droit n'a que des principes inflexibles ou qui doivent l'être. Si la jurisprudence qui les applique offre des contradictions, il les subit en les déplorant comme un mal inhérent à la faiblesse de l'esprit humain, et de tout temps on a vu le législateur, ne pouvant tarir absolument au sein des tribunaux la source de l'antagonisme, s'attacher du moins à le combattre dans ses effets. L'uniformité de la législation fut un des principes de la régénération française en 1789; la mise en œuvre de cette grande pensée a été le Code Napoléon; les moyens de ramener la jurisprudence à l'unité sont les degrés de juridiction, la cour de cassation, le conseil d'État, les lois sur le conflit. Cet ensemble d'institutions atteste l'importance du but vers lequel elles gravitent incessamment, sans qu'il leur soit donné de l'atteindre jamais d'une manière absolue.

Cependant, dire que les règles du droit sont inflexibles, ce n'est pas dire qu'elles sont immuables. Les lois naturelles offrent seules ce caractère que leur a imprimé le principe providentiel dont elles sont une émanation. Les lois d'institution humaine ont la mobilité des besoins auxquels elles doivent répondre, et se modifient à mesure que ceux-ci sont transformés. Du reste, cette observation n'altère en rien l'inflexibilité des lois positives, tant que la puissance à laquelle il appartient d'apprécier leurs rapports avec l'intérêt général ne les a pas abrogées.

Quant à l'enseignement, il faut reconnaître qu'il ouvre différentes voies et que plusieurs méthodes, de même que plusieurs associations de chaires, peuvent également conduire à de bons résultats. Mais, lorsqu'il s'agit d'apporter des changements à son organisation, on ne doit perdre de vue ni la nature de la science qu'il est chargé de propager, et qui vient de nous montrer des principes inflexibles, ni l'influence qu'un tel caractère doit exercer sur les moyens de la répandre. Ce sujet n'est pas de ceux qui appartiennent aux caprices de l'esprit ou aux écarts de l'imagination. Le jugement, dans ce qu'il a de plus logique et de plus sévère, doit présider aux innovations; il n'est permis ici de *faire autrement* qu'à la condition de *faire mieux*.

Il en est cependant des projets sur cette matière comme il en est, quant à la doctrine elle-même, des opinions des professeurs, des livres des jurisconsultes et des décisions des tribunaux. Partout, en présence d'une science qui a l'unité de la justice pour fondement et pour but, on voit se produire des contradictions et jusqu'à des sectes : sabiniens et proculéiens des temps anciens, sensualistes et spiritualistes des temps modernes, adeptes (et adeptes passionnés) de cent systèmes intermédiaires.... Quand le droit, malgré sa nature positive, offre de telles oppositions lorsqu'il s'agit de l'interpréter, comment la forme à donner à l'enseignement de ses principes

7

n'ouvrirait-elle pas une porte plus large encore à des déviations qui sont ici moins énergiquement repoussées; chez nous surtout, et à cette époque d'engouement pour les innovations radicales que nous venons de signaler ?

Nous assistions un jour à un acte public : la thèse était détestable par la forme autant que par le fond; quant à l'argumentation, elle ne put amener le candidat à balbutier l'apparence d'un raisonnement sur des questions qu'il avait posées en dehors, tout à la fois, des notions du droit et de celles du bon sens. Un professeur refusa cependant de se prononcer pour l'ajournement; il trouvait la justification de cette indulgence dans le fait que, parmi les questions posées, il en était une qui lui paraissait nouvelle et qui prouvait une certaine hardiesse d'opinion dont il savait gré au candidat; c'était quelque chose d'inattendu qui le séduisait. Nous devons dire que ce professeur unissait à beaucoup de savoir un talent très-élevé. Ailleurs, il n'eût pas porté un semblable jugement; mais, dans l'intimité et dans le huis clos de la délibération, il se laissait aller à ce penchant irréfléchi pour les nouveautés qui, sur le terrain du droit, est d'autant plus dangereux que des hommes de mérite, comme on vient de le voir, ne s'en garantissent pas toujours.

Il ne faut pas donner à cette anecdote une portée trop sérieuse. Mais la disposition d'esprit qu'elle fait entrevoir s'est manifestée dans des circonstances plus graves, et pourrait avoir des résultats plus regrettables.

N'est-ce pas à elle, en effet, qu'il faut attribuer ceci, que dans toutes les circonstances où il a été question de perfectionner l'enseignement du droit, on s'est préoccupé du *superflu* beaucoup plus que du *nécessaire?*

Quoique le sens de ces deux expressions n'ait pas besoin d'être expliqué, nous dirons que, pour la plupart des chaires qu'on a eu le projet d'ériger, nous entendons le mot *superflu* d'une manière relative. Tel enseignement n'a ce caractère à nos yeux que parce que tel autre que nous considérons comme indispensable n'existe pas. Quand on aura institué celui-ci, nous changerons peut-être d'avis à l'égard de celui-là; mais jusqu'à ce moment nous voulons trouver dans la marche des améliorations une gradation rationnelle et concordante. Nous n'admettrions pas, en agriculture, qu'une terre fût ensemencée avant d'avoir été labourée; de même nous ajournons telle ou telle amélioration dans l'enseignement du droit, parce qu'elle est proposée avant le temps où elle sera un véritable progrès. En l'état, elle ferait rétrograder la science au lieu de la faire avancer, par cela seul qu'en prenant la place de choses qu'il est plus urgent de lui accorder, elle les écarterait pour un temps plus long.

Ainsi, par exemple, tant que le droit administratif et le droit criminel ne recevront pas dans les facultés un enseignement complet, d'autres chaires créées le seraient aux dépens du *nécessaire*, dans lequel il est impossible de ne pas classer ces deux objets en première ligne. Les facultés en 1845, la haute commission des études juridiques en 1846, l'exposé du projet de loi de 1847, et les considérations réunies dans les précédents chapitres, ont mis ce point si fortement en lumière qu'il serait sans utilité d'ajouter à son évidence.

Quand il aura été pourvu à ces deux objets, d'autres se présenteront peut-être qui prendront alors le même caractère et qui devront, à leur tour, faire ajourner des améliorations moins utiles ou moins urgentes.

En un mot, nous voudrions que toutes les fois qu'une initiative, partie n'importe de quel point, aura suggéré un projet sur cette matière, la science et l'autorité se fissent la question suivante : Y a-t-il quelque chose de mieux à faire? et que la réponse fût toujours donnée sous l'influence de la distinction que nous venons d'établir entre le *nécessaire* et le *superflu*.

En suivant cette marche, on entrerait dans le progrès par la voie large de l'ensemble, et non par l'étroit sentier du détail; on arriverait plus vite et mieux aux derniers compléments du nécessaire, et l'on pourrait ensuite ouvrir l'accès à l'enseignement de quelques connaissances considérées, jusqu'à ce moment, comme accessoires, lesquelles cesseraient alors seulement d'appartenir au superflu pour se classer au rang des choses essentiellement utiles.

Mais ici se trouve un écueil, et peut-être ne l'éviterons-nous qu'en resserrant dans des limites fort étroites les améliorations que nous venons de faire entrevoir.

Supposons que toutes les chaires indispensables à une organisation complète des facultés de droit soient créées; supposons encore, ce qui a moins de vraisemblance, que la situation financière, mettant à la disposition du pouvoir des ressources suffisantes pour doter ces établissements de nombreux cours accessoires, il les ait poussés jusqu'au luxe; quel beau texte pour neuf discours de rentrée, et que de gens, en les écoutant, battraient des mains! C'est que dans un siècle tout préoccupé de spéculations, d'entreprises et d'améliorations matérielles, il y a encore, par un heureux contraste, de nobles aspirations dirigées vers les perfectionnements qui appartiennent à l'ordre moral.

Serait-ce cependant avec raison qu'une telle mesure exciterait l'enthousiasme?

Nous ne le croyons pas, et voici ce qui nous empêcherait de le partager :

Ainsi que nous l'avons dit précédemment (1), il faut proportionner les études au temps que la jeunesse peut leur consacrer. Nous ajouterons que si, dans la période qui leur est assignée, elle trouve chaque journée surchargée de leçons, elle en profi-

(1) Chap. III. (Voir ci-dessus p. 78.)

tera moins, parce qu'au delà d'une certaine limite, l'attention fatiguée ne saurait se soutenir. D'un autre côté, des travaux différents en ressentiront un préjudice, parce que le temps que ce surcroît d'audition aura exigé leur manquera. Enfin, l'intervalle nécessaire au repos entre les divers exercices de l'étudiant devra s'augmenter, parce qu'après avoir été trop longtemps enfermé avec des professeurs, il aura besoin, avant de s'enfermer avec des livres, de se donner plus de récréation.

Ceci, pour être bien compris, a peut-être besoin d'exemples.

Admettons que chaque faculté de droit, arrivée à une organisation complète, ait *douze chaires* consacrées à des démembrements de la science également indispensables ; chaque professeur ayant à faire trois leçons par semaine, le nombre total de celles-ci dans le même intervalle sera de trente-six, ce qui fera, en supposant une répartition égale entre les étudiants de première, de seconde et de troisième année, douze leçons par semaine ou deux leçons par jour pour chaque catégorie et pour chaque élève. Ces deux leçons exigeront trois heures séparées par un intervalle. Trois heures par jour d'assiduité et d'attention, cela n'a rien d'exagéré, et les aptitudes médiocres elles-mêmes pourront y suffire quand elles seront secondées par de la bonne volonté. L'intervalle des deux leçons laissera à l'étude individuelle le temps dont elle a besoin. A notre avis c'est la mesure la plus convenable du partage à faire ici. Nous considérons qu'en dehors de l'école chaque leçon, pour être véritablement profitable, doit donner lieu à plusieurs heures de travail, sans parler encore d'autres occupations qui ont aussi besoin de temps.

Supposons néanmoins des chaires plus nombreuses et trois leçons par jour au lieu de deux. Elles exigeront quatre heures et demie d'attention et des efforts de mémoire plus grands, en même temps qu'elles raccourciront les intervalles que le repos et le travail de cabinet auront à se partager. Cependant quelques élèves, unissant beaucoup de zèle à une heureuse organisation, sauront mettre à profit des sources plus abondantes d'instruction. Mais ce sera trop pour la masse des étudiants, et ce n'est pas en vue de quelques aptitudes privilégiées, mais en vue du grand nombre, que les écoles publiques supérieures doivent être instituées. Qu'on ne s'inquiète pas des intelligences d'élite : avec les moyens d'instruction tels qu'ils sont organisés pour tout le monde, avec les ressources qu'elles trouvent en elles-mêmes et avec celles que les livres mettent à leur disposition, elles sauront se frayer la route et arriver au but que la nature leur a permis d'ambitionner, en les dotant plus libéralement que le commun des hommes. On voudra bien observer que lorsque nous parlons de trois leçons et de quatre heures et demie d'audition, comme excédant les facultés d'attention et de mémoire de la généralité des étudiants, il s'agit de leçons écoutées d'un bout à l'autre sans distraction et avec fruit, et non d'une assistance corporelle que des appels peuvent constater, tandis que celle de l'esprit et du jugement échappe à toute espèce de contrôle. Nous avons vu des étudiants qui auraient pu, dans la même journée, faire constater leur présence à une demi-douzaine de cours et en sortir sans avoir la tête fatiguée, mais aussi avec toute la somme d'ignorance qu'ils y auraient apportée.

Allons plus loin cependant, car les divers systèmes d'amélioration successivement imaginés ont fait mention de tant de connaissances à enseigner dans les facultés de droit, que nous devons être excusable de franchir, par une dernière supposition, les limites que la raison a posées : ajoutons donc quelques chaires encore, et admettons qu'elles imposeront aux étudiants une quatrième leçon. Ils auront alors à *subir* six heures d'audition par jour. Ici nous affirmons, avec assurance, que la bonne volonté de ceux qui en auront le plus échouera devant cette exagération, au grand préjudice, non pas seulement de l'instruction promise par cette quatrième leçon, mais encore de celle que les autres devraient donner. Puis, au dehors des amphithéâtres, que deviendra l'élève ayant moins de temps et trop de lassitude intellectuelle pour le bien utiliser? Que deviendront les rédactions, la lecture des auteurs, les conférences, la préparation des examens, etc.?..... Demandez au magistrat qui a siégé pendant trois heures, ce qu'il se sentirait capable de faire au sortir de l'audience, si, chaque jour de l'année, on doublait la durée de celle-ci; tenez compte de la différence des situations, des devoirs et des personnes, et gardez-vous d'exiger d'un âge auquel bien des légèretés doivent être pardonnées, ce que le sentiment d'une grande responsabilité morale pourrait à peine inspirer au dévouement de l'homme mûr, depuis longtemps initié à la science et aux difficultés de son application.

Voici maintenant un détail.

Que de gens s'inquiètent peu des détails quand une idée les a subjugués! Nous ne nous adressons ici qu'aux personnes qui savent comment fonctionnent les institutions universitaires: elles comprendront l'importance de celui-ci.

Si, au lieu de deux leçons que chaque étudiant des trois catégories devra journellement écouter, il y en a quatre, comment s'y prendra-t-on pour distribuer entre les heures des six jours de la semaine une somme totale de soixante-douze leçons, de manière à éviter des chevauchements entre les vingt-quatre qui seront obligatoires pour une même catégorie?

Et les chevauchements ne seront pas les seuls écueils de la situation: il faudra éviter encore la succession immédiate de la leçon qui va commencer à celle qui vient de finir, et arranger les choses de telle sorte qu'entre les quatre leçons journalières il y ait une heure d'intervalle, sans quoi l'attention de l'élève, lassée en sortant de l'une, ne pourra se continuer en entrant à l'autre, et alors il aura recours à un remède très-connu et très-usité : il lira un roman, ou bien son oreille cessera d'écouter.

Ce n'est pas tout : dans l'intervalle des leçons se place un repas, après lequel un peu de distraction hygiénique est nécessaire. Est-ce trop d'une heure pour ce double objet? Certes, les étudiants trouveraient que ce n'est pas assez. Tenons-nous-en cependant à cette mesure, et comptons.

Six heures pour les quatre leçons, quatre heures pour les intervalles qui devront les séparer, une heure pour la vie matérielle, total *onze heures*. Maintenant ouvrons les amphithéâtres, même en hiver, à sept heures du matin, et fermons-les à cinq heures du soir, nous ne trouverons que *dix heures*, et pour les obtenir, il aura fallu peut-être faire violence, au milieu d'un autre personnel que celui des étudiants, à des habitudes et à des convenances pour lesquelles l'âge et la santé commandent souvent de justes égards. Quoi qu'il en soit, déficit de temps, *une heure!* Nous plaindrions sincèrement les doyens à qui on imposerait l'obligation de surmonter cette difficulté. Ils ne le pourraient qu'en réduisant à une demi-heure les intervalles nécessaires entre les leçons, à l'exception d'un seul qui aurait à pourvoir, tout à la fois, au délassement de l'attention, au repas du matin et à l'exercice sanitaire.

On voudra bien remarquer de nouveau que les heures réparties entre les leçons quotidiennes ne sont pas, dans notre pensée, des heures de désœuvrement et de dissipation. Nous avons déjà indiqué les travaux indépendants de l'audition des cours que les élèves ont à s'imposer, et l'on sait qu'une étude est souvent le délassement d'une étude différente. Mais si ces intervalles sont réduits de moitié, ils se trouveront à peu près perdus pour les occupations intermédiaires : les étudiants seraient à peine rentrés chez eux, que l'heure de la leçon suivante les rappellerait à l'école de droit.

Dans le projet de loi de 1847, on semble avoir voulu surmonter les difficultés qui viennent d'être signalées, en proposant d'instituer dans les facultés de droit deux catégories de cours, savoir : des *cours fondamentaux* et des *cours spéciaux*.

Les premiers, au nombre de dix (1), devaient être *obligatoires* pour la licence, dont les études, à l'avenir, auraient exigé *quatre ans* au lieu de *trois*.

Les seconds, à peu près égaux en nombre (2), ne devaient point être imposés pour ce grade. Ils ne l'auraient pas même été tous pour le doctorat, dont les études devaient se prolonger un an de plus. Le projet réservait à des règlements universitaires de

(1) On n'en compte que neuf dans le texte du projet; mais, dans l'exposé des motifs, le ministre annonçait que le droit administratif serait divisé en plusieurs cours.

(2) On n'en compte que huit dans le texte; mais l'exposé des motifs indique des matières susceptibles d'être divisées en plusieurs cours.

déterminer quelles parties de l'enseignement spécial *seraient obligatoires dans chaque faculté pour le doctorat.*

Il y aurait donc eu, dans chaque faculté, si ce projet avait été converti en loi, une vingtaine de cours dont la moitié seulement, imposée aux aspirants à la licence, les eût *obligatoirement* beaucoup moins surchargés, à raison de la durée plus longue de leurs études, que les deux leçons quotidiennes auxquelles notre système les assujettirait. Dans le fait, ils eussent été trop peu occupés par les *cours fondamentaux* (sept à huit leçons au lieu de douze par semaine que nous proposerions), et le projet paraît avoir beaucoup compté sur leur empressement à suivre les *cours spéciaux* qui, cependant, ne devaient être pour eux que *facultatifs*.

Quant à nous, qui pendant près de vingt ans avons vécu au milieu d'élèves en droit, et qui avons à peu près constamment remarqué entre eux le même mélange et la même proportion d'aptitude, de zèle, de travail, de mollesse, d'insouciance et de dissipation, nous croyons être dans le vrai quand nous affirmons que la très-grande majorité des étudiants, après avoir fait aux premières leçons des cours spéciaux quelques apparitions inspirées par la curiosité, et plus ou moins longtemps renouvelées à raison du sujet enseigné ou du talent des professeurs, aurait fini par ne plus y paraître. Des hommes d'un mérite réel, entourés de quelques jeunes gens avides de connaissances, qui par leur petit nombre eussent constaté l'isolement de la chaire, se seraient ainsi trouvés dans une position comparativement blessante, et l'on se serait vu plus tard dans la nécessité d'aviser aux moyens de leur créer un auditoire moins libre d'accorder ou de refuser sa présence. Peut-être quelque chose d'analogue s'est-il fait ailleurs depuis lors (1).

Il faut le reconnaître, dans tous les degrés de l'instruction publique, il y a tendance à dépasser le but de chaque institution. Dans l'enseignement supérieur, l'idée encyclopédique se mêle plus ou moins à tous les projets. On ne fait pas attention que dans les grandes écoles publiques, où toutes les sciences sont enseignées (nous ne pouvons citer en ce genre que le collége de France), l'auditoire est composé d'hommes de tous les âges, parmi lesquels sont des savants aimant à nourrir leur esprit d'études nouvelles, et des assistants libres de choisir les connaissances qui sont pour eux un objet de prédilection, ou dont leur position particulière leur fait un besoin; tandis que dans les facultés, et spécialement dans celles de droit, l'auditoire est généralement composé de jeunes gens de seize à vingt ans, ayant un but marqué dont il ne faut pas qu'ils soient détournés par des études que nous aurons le droit d'appeler parasites, du moment où elles empiéteront sur le temps nécessaire à des études indispensables. Or, ces dernières peuvent

---

(1) Voir décret du 10 avril 1852, art. 13, et décret du 22 août 1854, art. 7.

former un nombre de cours, véritablement fondamentaux, suffisant pour absorber tout celui qui est à la disposition des étudiants. Il ne s'agit pas pour eux *d'apprendre beaucoup*, mais *d'apprendre bien*, et essentiellement d'apprendre ce qui est impérieusement exigé dans la carrière qu'ils veulent embrasser.

Répétons, au surplus, qu'à dix-huit ans il n'y a de cours suivis que les cours obligatoires. L'administration supérieure l'a si bien compris, que, dans toutes les facultés, elle veut que l'assiduité soit constatée; elle l'exige même à Paris, où le nombre des étudiants rend la mesure si difficile à exécuter.

Que faire donc si, à la suite des cours actuellement existants, nous voyons se presser en grand nombre, comme pour offrir un complément à l'organisation des facultés de droit, des connaissances dépassant de beaucoup celles qui peuvent y obtenir des chaires?

Nous serons fidèles à la règle précédemment posée touchant le *nécessaire* et le *superflu*, en observant les gradations que nous avons indiquées (1). Ce qui est fondamental conservera sa place ou la prendra, et quant aux connaissances considérées jusqu'à ce moment comme accessoires, et dont l'enseignement est plus ou moins désirable, nous distinguerons celles qui ont un *caractère juridique* de celles qui ne l'ont pas, pour exprimer l'avis qu'on peut faire un choix

(1) Voir ci-dessus p. 99 et 100.

parmi les premières, choix nécessairement très-restreint, mais qu'on ne doit pas créer de chaires *ad hoc* pour les dernières.

Nous entendons par *caractère juridique,* celui qui résulte de ce que l'enseignement a pour objet des principes et des règles obligatoires, dont l'inobservation doit provoquer une répression civile ou pénale qui en est la sanction.

Ainsi, par exemple, le *cours de droit commercial* a ce caractère; un *cours de statistique industrielle et commerciale* ne l'aurait pas.

Il y a cependant une corrélation évidente entre ces deux choses, et l'on ne peut nier que l'enseignement de la seconde ne fût, pour l'enseignement de la première, un utile auxiliaire. C'est une observation que d'autres exemples analogues à celui-ci donneraient lieu de faire.

Aussi n'avons-nous point écarté l'enseignement des connaissances accessoires dépourvues du *caractère juridique,* mais seulement l'idée de créer pour elles des chaires *ad hoc* dans les facultés de droit. C'est aux chaires normales à se donner elles-mêmes cet auxiliaire sur les points où elles en auront besoin. La science des professeurs fera ici, sans qu'on ait à craindre les inconvénients qui viennent d'être signalés, ce que ne pourrait faire une trop riche organisation des facultés qu'en compromettant l'enseignement essentiel, et en offrant le mirage plutôt que la réalité d'une instruction solide.

Toutes ces considérations présentent un caractère général. Cependant l'enseignement du droit administratif a un intérêt particulier à les faire prévaloir. Il ne peut être florissant qu'avec une organisation qui exigera la création de plusieurs chaires, et il trouverait un obstacle à son perfectionnement dans l'abondance des connaissances accessoires, qui lui ôterait l'espace dont il a besoin.

Rapprochons-nous maintenant davantage de notre sujet, pour repousser d'autres idées non moins fausses, mais d'autant plus à redouter qu'à deux époques différentes elles ont fixé l'attention de l'administration supérieure, et qu'une nouvelle initiative de sa part pourrait les reproduire.

Dans le rapport fait au roi en 1845 (1), M. de Salvandy constatait que le droit administratif, qu'il appelait, par une expression très-juste, un *germe heureux déposé au sein de nos facultés*, n'avait pas pris dans les études *une place suffisante*. Les moyens de la lui donner faisaient surgir différentes questions qu'il présentait sous une forme alternative : appui donné par l'enseignement de quelques autres branches du même ordre de connaissances et d'études; *gradués particuliers dans le droit administratif et politique* à côté des gradués ordinaires; agrandissement

(1) Que nous avons précédemment cité. (Voir ci-dessus p. 45.)

des facultés existantes, ou bien *création de facultés spéciales ;* sciences indiquées comme appartenant au droit public ou comme pouvant y être utilement rattachées, et que l'on rassemblerait en un même faisceau sous l'une ou l'autre de ces deux formes, etc. Mais voulant, avant de prendre un parti, s'éclairer par l'avis des hommes spéciaux, le ministre, afin de leur laisser une entière liberté, ne montrait de prédilection pour aucun de ces moyens dont plusieurs, au surplus, s'excluaient respectivement.

Sans nous expliquer encore nominativement sur les sciences accessoires, dont on a vu que nous étions loin de repousser en principe l'enseignement dans les facultés de droit, nous venons de montrer les impossibilités que pourraient y rencontrer, et les inconvénients que pourraient y produire, des cours trop nombreux. En l'état, et sauf à reprendre plus tard ce sujet, nous n'avons pas autre chose à en dire.

Les idées que nous écartons comme fausses d'une manière absolue, sont 1° le projet d'une ou de plusieurs facultés spéciales de droit politique et administratif; 2° l'institution de grades spéciaux dans cette branche d'enseignement.

Les facultés consultées se prononcèrent, à peu près unanimement sur le premier point, d'une manière négative : Dijon, Grenoble, Paris, Poitiers, Rennes et Toulouse, ne rencontrèrent de contradiction qu'à Strasbourg ; Aix et Caen n'émirent pas d'avis (1).

Quant au second, Grenoble, Paris et Toulouse, repoussèrent les grades spéciaux ; Aix et Strasbourg les accueillirent; Caen, Dijon, Poitiers et Rennes gardèrent le silence (2).

La haute commission avait à se prononcer à son tour. On a vu, dans l'avant-dernier chapitre, qu'elle adopta, en principe, le développement du droit public et administratif dans les facultés existantes, ce qui était la condamnation des facultés spéciales; et que, si elle fut d'avis de la création d'une école des sciences politiques et administratives, cette école devait avoir pour objet de préparer, dans l'intérêt de la haute administration et des assemblées législatives, des candidats pourvus par les facultés de droit d'un diplôme de licencié, diplôme qu'elle n'aurait elle-même délivré en aucun cas, ce qui était la condamnation des grades spéciaux.

Cependant, on sait qu'en 1849 M. de Falloux reprit cette dernière idée, en proposant l'institution de la licence en droit administratif, dans le projet de loi substitué à cette époque à celui de 1848, projet qui, du reste, ne put aboutir à aucun résultat (3).

---

(1) Voir le Recueil des délibérations des facultés de droit imprimé pour la haute commission en 1845. Tableau à la suite, p. 96 et 97. (Voir ci-dessus p. 46.)

(2) Voir *ibid.*

(3) Voir ci-dessus p. 53.

Rien ne nous semble plus antipathique à l'opinion qu'on doit avoir du droit et de son enseignement que le partage de l'un et de l'autre entre des facultés différentes, et que des grades conférés en dehors des diplômes ordinaires, soit par une faculté spéciale, soit par les facultés existantes.

La conséquence d'un tel démembrement et d'une telle innovation serait, en effet, d'amoindrir la science en lui ôtant ce qu'elle a de grand et de beau, c'est-à-dire ce qui doit exciter avec le plus de puissance le désir de la connaître et de l'approfondir. Et, pour opérer une aussi déplorable transformation, il faudrait dénaturer tout d'abord un principe essentiellement fondamental, sur lequel repose l'édifice entier de la législation.

Ce principe est celui des lois romaines, celui de 1789, celui du Code Napoléon, celui de toute notre organisation moderne: ce principe est l'UNITÉ DANS LA JUSTICE !

Qu'on nous pardonne, après l'avoir déjà plus d'une fois invoqué, de le reproduire de nouveau. Nous sentons le besoin de le presser davantage, afin d'en faire jaillir les conséquences fécondantes qu'il promet à notre opinion.

Qu'est-ce que le droit?

C'est la science au moyen de laquelle nous apprenons à discerner ce qui est juste de ce qui ne l'est pas (1).

---

(1) *Ars boni et æqui.* L. 1. ff. *De just. et jur.* — C'est le premier texte des Pandectes.

Ce qui est juste, le droit doit le faire triompher en tout, partout et au profit de qui que ce soit.

Ce qui est injuste, le droit doit le réprimer en tout, partout et contre qui que ce soit.

Grands et petits, intérêts généraux et intérêts particuliers, institutions armées du pouvoir et individus placés sous son empire, gouvernement et gouvernés, une justice impartiale est due à chacun et doit être la même pour tous (1). Si elle avait deux poids et deux mesures, elle ne serait plus la justice, mais le privilége, et souvent un privilége oppresseur; le droit qui promet la justice deviendrait lui-même une déception.

Quand on considère les choses qui, dans l'ordre moral et dans l'ordre matériel, ont besoin de justice, on n'en saurait découvrir aucune où l'autorité du droit n'ait à intervenir. A ce point de vue, on peut dire qu'il est la science universelle. Les principes d'institution divine eux-mêmes ne lui sont pas étrangers. Nulle part cette élévation caractéristique n'est mieux exprimée que dans la définition de la *jurisprudence,* placée immédiatement après celle de la *justice,* au début des Institutes de Justinien. Elle y est comme le frontispice du monument impérissable auquel on a donné le titre de *Corps de droit romain,* depuis qu'il a réuni les Institutes, le Digeste, le Code et les Novelles.

(1) *Justitia est constans et perpetua voluntas jus suum cuique tribuendi.* — C'est le premier texte des Institutes : *De justit. et jur.*

Jurisprudentia est divinarum atque humanarum rerum notitia, justi atque injusti scientia (1).

La connaissance *des choses divines et humaines* : c'est bien, comme nous venons de le dire, la science universelle au point de vue marqué.

La connaissance *du juste et de l'injuste* : c'est bien aussi la science *une*, car il n'y a pas deux justices, quoiqu'il se rencontre souvent des erreurs et des contradictions dans les jugements humains sur le juste et sur l'injuste.

Si le droit s'étend absolument à tout, il y a nécessairement dans son domaine universel des démarcations tranchées qui y font reconnaître des terrains spéciaux et distincts, et, par conséquent, des branches de la science qu'on ne doit pas confondre. En passant de l'un à l'autre, celle-ci peut revêtir des formes différentes, avoir une procédure particulière, admettre des règles qui n'ont leur raison d'être que là et qui seraient sans but ailleurs. Mais sa nature n'est pas changée; son principe fondamental, ses principes essentiels, même ses principes secondaires, tour à tour origines et conséquences, restent invariablement les mêmes. Elle ne cesse pas d'être *une*, d'être grande, d'être belle. Étudiants et hommes d'études ne cessent pas à leur tour d'être attirés et

(1) Inst., *De justit. et jur.* — Les dernières expressions montrent que le mot *jurisprudence* a été pris ici dans son sens le plus large et comme synonyme du mot *droit*, en donnant une portée plus grande encore à celui-ci.

captivés par l'attrait qu'elle reçoit de ce triple caractère.

Isolez par l'enseignement, dans des écoles séparées, une ou plusieurs de ces branches, et tout cela s'évanouira !

Mais la science, alors ainsi rapetissée, peut ouvrir la porte à d'autres dangers.

L'enseignement du droit administratif dans des facultés distinctes n'y produira-t-il aucun sentiment de rivalité ? L'organisation la plus homogène est impuissante à prévenir l'antagonisme dans la plupart de nos institutions judiciaires et universitaires. Que sera-ce quand cette organisation cessera d'être uniforme ? Il faudrait ignorer ce qu'est l'esprit de corps dans les institutions, ce qu'est le désir de se donner plus de relief dans les individualités, pour ne pas pressentir l'effet funeste qu'aura sur le droit en général, et sur ses divisions en particulier, la séparation des deux enseignements. D'un démembrement de la science l'enseignement spécial voudra faire une science à part, et dans ce but, peu satisfait des différences offertes par la nature des choses, il en créera de nouvelles. Peu à peu les principes s'altéreront ; à la place du *droit administratif*, procédant avec l'inflexible impartialité du droit commun dont il partage les doctrines culminantes, il est à craindre qu'on ne professe le *droit pour l'administration*, plus élastique dans l'intérêt de celle-ci, moins équitable, moins protecteur dans l'intérêt des adversaires qu'elle aura rencontrés. Les lois resteront les mêmes, soit; mais l'esprit de leur interprétation se sera modifié rapidement. N'en fût-il pas ainsi, l'opinion publique alarmée ne manquera pas de le supposer : pour elle on aura déchiré le bandeau qu'une ingénieuse allégorie place encore sur les yeux de la justice.

Ne laissons pas sans réponse une observation qui pourrait atténuer ce que nous venons de dire.

Cette observation, la voici :

Qu'on l'enseigne dans les établissements actuels, ou qu'on lui donne pour interprètes des établissements qui s'en occuperont exclusivement, le droit administratif sera partout une branche de la science générale, très-distincte du droit commun, et les professeurs qui en seront chargés céderont tout autant dans les premiers que dans les seconds à la tentation d'y trouver une science à part, et de se donner une satisfaction d'amour-propre en cherchant à faire école dans l'école elle-même.

Nous répondons :

Les professeurs qui appartiennent à une même faculté ont entre eux des relations de tous les jours. Les assemblées et les délibérations d'intérêt commun, les examens et les thèses, les concours et les distinctions à décerner, sont autant de circonstances qui, rapprochant les personnes, tendent à rapprocher les opinions. D'individu à individu, l'esprit de corps, et ajoutons l'appréciation de l'avantage personnel, inspire la conciliation. De faculté spéciale à faculté générale, ce sera tout l'opposé. Nous ne prétendons cependant pas nier qu'une même école ne puisse offrir des systèmes bien opposés et des susceptibilités quelquefois fâcheuses; mais ce sont là des inconvénients passagers plutôt que des dangers durables, et ces inconvénients se rencontrent dans toutes les institutions qui réunissent plusieurs personnes : dans les tribunaux, dans les conseils délibérants, comme dans les facultés. L'esprit de corps survit aux individus, tandis que les individus, quand ils ne se sont pas modifiés par conviction, emportent avec eux bien souvent leurs doctrines particulières, et toujours leurs rivalités personnelles.

Les partisans du système des facultés spéciales reconnaissent qu'il faut à l'administrateur des études juridiques, puisqu'il applique les lois; mais, disent-ils, *ces études ne sont pas tout à fait celles du jurisconsulte*, car l'administrateur agit sur un tout autre terrain; si le droit civil, le droit commercial, le droit public, sont des objets d'enseignement communs, *il est vrai de dire*, allègue la même opinion, *qu'ils demandent à être professés tout différemment pour les administrateurs que pour les jurisconsultes, si l'on ne veut pas fausser l'administration* (1).

---

(1) *De l'enseignement et du noviciat administratif en Allemagne*, par M. Édouard Laboulaye. — *Revue de législation et de jurisprudence* (1843, p. 535). — M. Laboulaye cite, pour les combattre, les idées sur ce sujet de M. Hepp, professeur à la faculté de droit de Strasbourg.

Nous pensons, au contraire, qu'en agissant ainsi, c'est le droit que l'on faussera et, par suite, l'administration elle-même poussée hors de la ligne qui doit la faire marcher parallèlement à toutes les institutions de l'État. Une fois qu'elle sera engagée dans cette déviation, si l'on ne peut en prévoir toutes les conséquences, on peut du moins être certain que les conflits d'attribution deviendront beaucoup plus fréquents.

Comme corollaire des idées auxquelles notre conviction se refuse, on lance ce paradoxe : *Bon légiste, médiocre administrateur !*

Oui, si votre légiste n'est absolument que cela ; non, si dans les emplois inférieurs par lesquels il a débuté, il s'est graduellement initié à la pratique administrative, et si, par les études accessoires que tout homme de sens sait approprier à la carrière qu'il a choisie, il s'est donné le complément d'instruction théorique que commandait sa position.

Oui, si par *légistes* vous entendez des hommes ayant contracté l'habitude de considérer les choses par leur côté contentieux, sans s'inquiéter de leur côté économique ou politique ; non, s'ils ont reçu l'enseignement du droit administratif dans nos facultés, où il doit être, et où, de fait, il est exposé sous ses aspects divers. Il nous suffit, en témoignage de ceci, de citer, parmi les publications de l'école, les Institutes de M. de Gérando, et les cours de

MM. Foucart, Laferrière, Trolley et Macarel (1).

Pour rendre notre réfutation complète, usons d'une supposition à laquelle nous avons déjà recouru : mettons en présence deux jeunes fonctionnaires, égaux d'aptitude naturelle, d'instruction première, d'application et de zèle, ayant même lu quelques traités d'économie politique et parcouru quelques statistiques administratives ; mais inégaux en ceci que l'un est légiste, dans le sens complet et vrai de ce mot, et que l'autre ne l'est pas du tout. Ils entrent, le même jour, dans l'administration et sont nommés successivement, aux mêmes époques, conseillers de préfecture et sous-préfets. Quatre ans se sont écoulés ; quel sera, nous ne disons pas le meilleur administrateur (il n'est pas encore temps de faire cette question), mais le plus avancé dans l'intelligence et dans l'exercice de l'administration ? Le légiste, à coup sûr, car il aura donné à la pratique administrative tout le temps que son émule aura été contraint de lui dérober, pour acquérir sur le droit en général, et spécialement sur le droit administratif, les notions qui lui manquaient, et dont il a été forcé de reconnaître l'impérieuse nécessité.

En raisonnant comme nous venons de le faire,

---

(1) L'établissement d'une *faculté des sciences politiques et administratives* a eu en sa faveur l'opinion de M. Macarel (*Éléments de droit politique*, p. 510). La dernière de ses publications (son cours) n'en est pas moins une preuve de ce que nous venons de dire sur l'enseignement du droit administratif dans nos écoles.

nous ne cessons pas d'être bien convaincu qu'il faut à l'administrateur d'autres connaissances que celles du droit. Mais nous plaçons le droit en première ligne, parce qu'il est le fondement sans lequel elles ne sauraient fructifier. Et quand nous disons *le droit*, on sait que ce n'est pas seulement des lois administratives que nous entendons parler : nous aurions bien mal exprimé jusqu'ici nos pensées, s'il n'était pas établi maintenant qu'on ne connaît bien la législation dans une de ses branches qu'après l'avoir étudiée dans toutes, et que toutes sont nécessaires à l'administrateur comme elles le sont au barreau et à la magistrature judiciaire. C'est, en effet, ce qui a dû ressortir de la plupart des considérations précédemment exposées, et particulièrement de notre premier chapitre. Comment un tribunal prononcera-t-il avec connaissance de cause sur un déclinatoire élevé par la préfecture s'il connaît mal le droit administratif ? Comment, à son tour, un préfet élèvera-t-il le conflit, par un exercice sage et discret de son pouvoir, s'il ignore le droit civil ? Les exemples ici se présenteraient en foule, et prouveraient de plus en plus que l'une et l'autre législation, fréquemment associées dans leur application, doivent l'être d'abord dans leur enseignement.

En justifiant notre éloignement pour les facultés spéciales, nous l'avons également justifié pour les grades spéciaux qui seraient conférés par elles, ou qui le seraient par les facultés ordinaires. Toujours, amoindrissement de la science et, de plus ici, amoindrissement du diplôme ; ce qui serait vrai non-seulement pour le diplôme spécial, lequel ne certifierait pas l'étude du droit commun, mais encore pour le diplôme ordinaire, lequel cesserait de certifier l'étude du droit administratif.

Et qu'on n'abuse pas envers nous du fait que beaucoup de diplômes délivrés certifient, en réalité, très-peu de savoir, surtout en droit administratif! Cette observation ne prouverait autre chose, si ce n'est que, dans les examens, l'indulgence est poussée trop loin, que l'enseignement est, sur beaucoup de points, trop faiblement organisé, et que nous avons raison de demander qu'il le soit d'une manière complète en ce qui concerne le droit administratif.

Trouve-t-on quelque chose de plus concluant dans cet autre fait, maintes fois allégué, que, sous les anciennes universités, il y avait des docteurs en *droit civil* et des docteurs en *droit criminel?*

Il y avait même encore des docteurs *en droit canon* et des docteurs *in utroque jure;* il y avait aussi des *maîtres ès arts,* et, dans certains pays, *des chevaliers ès lois;* tout cela existait effectivement autrefois. Mais en 1789 le principe de *l'unité dans le droit* effaça ces bigarrures (1). Pourquoi les rétablir aujourd'hui

(1) Nous ne parlons que de 1789. La révolution française exagéra plus tard et pervertit les principes de cette époque célèbre; écoles et grades disparurent, comme tant d'autres institutions, dans un cataclysme général.

que le principe continue de subsister? Ce serait une contradiction manifeste. A la vérité, les idées que nous avons jusqu'à ce moment combattues sont aussi, pour la plupart, la dénégation du même principe. C'est une chose digne d'observation que, quand on veut faire du nouveau, l'esprit de système produit de tels égarements que le maintien des choses fondamentales n'inspire nul souci!

La porte une fois ouverte aux diplômes spéciaux, où s'arrêterait-on? Des gradués en droit commercial seraient une nouveauté tout à fait dans le goût du jour. On accueillerait avec la même faveur le rétablissement des gradués en droit criminel, car, lorsque les choses sont assez vieilles pour être oubliées, elles sont nouvelles pour ceux qui ne les ont jamais connues. On finirait par avoir des bacheliers, des licenciés et des docteurs, dans toutes les divisions et subdivisions de la science, et ce deviendrait chose assez compliquée que de constater les titres d'un docteur complet, avec cette monnaie du diplôme unique qu'elle aurait remplacé.

Combien tout cela serait pauvre et mesquin!

Les idées que nous avons jusqu'à présent écartées sont, pour la plupart, des importations germaniques.

Ce n'est pas nous, certainement, qui pousserons l'exagération de l'esprit national au point de n'admettre que des systèmes dont l'origine flatterait l'orgueil du pays. Sur ce terrain nous sommes franchement partisan du libre échange. Mais il est des conditions d'acclimatation qu'on doit vérifier avant de faire des emprunts exotiques.

Il nous semble qu'à ce point de vue, on ne peut poser une règle commune à toute espèce de science, ni surtout accueillir les institutions d'enseignement avec la même facilité que les connaissances qu'elles ont pour but de propager.

Certaines sciences, par leur caractère absolu d'exactitude et de réalité, sont les mêmes partout : les mathématiques, l'astronomie, l'histoire naturelle. D'autres, avec des principes communs généralement acceptés, offrent cependant des différences nombreuses et capitales, suivant les pays divers qui les voient se modifier sous des influences nationales : la philosophie, la politique, le droit.

Il est positif qu'on peut aussi bien acquérir les premières chez une nation que chez une autre, du moins parmi celles qui se tiennent au courant des progrès de l'esprit humain. Un problème de géométrie est absolument le même à Berlin, à Vienne ou à Saint-Pétersbourg, qu'à Paris, à Londres ou à Philadelphie; un savant illustre, après avoir étudié chez un peuple étranger les éléments des sciences naturelles, a pu créer en France la plus instructive et la plus magnifique collection qui soit dans le monde entier, sur l'anatomie comparée, sans que personne ait songé à s'étonner d'y voir se développer des germes dont la semence avait été répandue ailleurs.

En est-il ainsi des sciences morales et politiques?

Ne parlons que du droit, et nous allons reconnaître qu'il faut, quant aux travaux étrangers, établir quelques distinctions.

S'il s'agit des législations qui appartiennent à l'histoire des temps les plus reculés, et qui, dépourvues de toute autorité actuelle d'application, ne sont invoquées nulle part, même comme raison écrite, on peut très-certainement s'en occuper partout et au profit de tous avec le même fruit, et si cette étude produit un livre utile dans l'intérêt de la science, chaque pays devra l'accueillir sans lui demander d'où il vient, si ce n'est pour en louer l'auteur et pour féliciter la contrée qui l'a vu naître.

Il en sera de même des législations plus modernes, ou des législations contemporaines, qui ne touchent, par aucun côté, au droit européen. Les Persans, les Chinois, les Américains qui descendent des peuplades primitives ont leurs lois; elles peuvent être l'objet de très-grands travaux et de très-curieuses dissertations, profitables en tout pays à l'étude de la philosophie de l'histoire et à celle de la philosophie générale du droit comparé.

En nous rapprochant du droit national en vigueur chez les divers peuples de la grande famille européenne, nous rencontrons les lois romaines, source originelle où la plupart d'entre eux ont puisé les principaux éléments de leurs codes, où d'autres ont accepté des modifications à leurs coutumes. Il en est qui, sur beaucoup de points, conservent encore au droit romain une partie de son ancienne puissance. Il en est qui le consultent comme *raison écrite*, et qui lui restituent de fait la même autorité quand les lois du pays font défaut, ou lorsqu'il aide à trancher des questions douteuses. Il n'en est pas (du moins parmi les nations chrétiennes) où il ait été et où il soit absolument sans influence. Ainsi mêlé plus ou moins partout à la législation locale, il imprime à celle-ci, mais il en reçoit en même temps, un cachet particulier, qui ne peut être semblable nulle part; d'où il suit que, quand on veut l'étudier dans un but d'utilité pratique et nationale, c'est principalement chez soi, dans les livres et dans les décisions appartenant au pays, qu'il faut chercher les lumières dont on a besoin. Qu'on puisse, qu'on doive même les chercher ailleurs, quand on a dessein d'approfondir, à l'aide du travail si éminemment philosophique de la comparaison, la substance fondamentale du droit général, qui oserait le contester? Mais si l'on veut, en définitive, mettre au service de sa patrie, par l'exercice des fonctions publiques ou par celui des professions juridiques, les connaissances ainsi acquises, c'est l'enseignement national qu'il faut prendre pour point de départ comme pour but de retour.

On voit que ces réflexions n'altèrent en rien la reconnaissance due aux travaux étrangers, et l'hommage spécial que doivent obtenir ceux des jurisconsultes et des professeurs allemands.

Elles ont une portée plus directe du moment où il est question des lois du peuple auquel on appartient.

Il n'y a plus ici de différence à faire entre le savant qui n'a d'autre but que la science et qui l'étudie pour elle-même, et l'homme qui l'étudie pour devenir avocat ou magistrat. On se rirait de celui qui, voulant connaître le Code Napoléon, préférerait aux facultés de France l'université de Tubingue ou celle de Munich, comme de l'étudiant du Wurtemberg ou de la Bavière qui choisirait Paris ou Toulouse pour s'y familiariser avec les lois de sa patrie.

Et si, à la place du Code Napoléon et du droit commun, vous mettez le droit administratif français, l'étude de la science aux lieux mêmes où elle est née, et qui seuls en reçoivent l'application, devra être une conséquence virtuelle et absolue de sa nature spéciale. Le droit commun offre, en tout pays, une foule d'hypothèses et de règles analogues et souvent identiques. Le droit administratif est essentiellement un droit local, répondant aux besoins d'une organisation publique sur laquelle il s'est modelé; on ne saurait admettre, dès lors, qu'avec la pensée de l'utiliser chez soi, il fût raisonnable de l'étudier de préférence chez des peuples étrangers, où une organisation différente en a fait aussi un sujet exclusivement national. Ceci soit dit sans préjudicier aux investigations scientifiques qui peuvent répandre de vives lumières sur les grands principes, et suggérer à la puissance organisatrice des modifications utiles. On ne doit pas perdre de vue que nous écrivons dans l'intérêt de la jeunesse, et d'un enseignement mis à sa portée, avec un but ultérieur d'application pratique.

Nous nous sommes incliné devant la science des jurisconsultes et des professeurs d'outre-Rhin. Mais nous maintenons notre éloignement pour le système qui a présidé à l'organisation de leurs écoles, de quelques-unes du moins.

Il faut que nous fassions à ce sujet un aveu qui, s'il n'est pas de nature à nous concilier la faveur des savants, prouvera du moins qu'on doit nous accorder celle que mérite la bonne foi.

Nous n'avons jamais voyagé en Allemagne, nous ne connaissons pas la langue du pays, ses riches publications nous refusent par conséquent leurs trésors, et c'est à peine si les souvenirs, pour la plupart effacés, de quelques exposés législatifs, de quelques rapports officiels, ou de quelques articles de revues, ont laissé dans notre esprit un aperçu fort incomplet des institutions dont il s'agit.

S'il était question de les apprécier dans les États où elles prospèrent, nous nous récuserions nous-même. Une connaissance approfondie de leurs institutions serait alors nécessaire ; il faudrait, en outre, s'être mis au courant du droit politique des gouvernements et du caractère national des populations.

Mais nous raisonnons dans l'hypothèse où l'on voudrait introduire ces institutions en France, et il suffit que, sur un petit nombre de points, elles nous aient fait craindre une atteinte portée à des règles que nous considérons comme fondamentales, pour que nous soyons autorisé à les repousser.

Ainsi, plusieurs pages de ce chapitre viennent de faire voir que le principe si grand et si fécond de l'unité dans le droit, et par suite dans l'enseignement, serait menacé, si l'on créait en France des facultés spéciales de droit politique et administratif, et si cette branche d'enseignement avait ses gradués particuliers. Eh bien, l'idée de ces innovations a été empruntée au royaume de Wurtemberg et à celui de Bavière. Il y a eu deux *facultés d'administration* dans le premier, l'une faisant partie de l'académie fondée à Stuttgart, l'autre créée au sein de l'ancienne et célèbre université de Tubingue; cette dernière subsiste seule aujourd'hui. Une autre *faculté d'administration* appartenant à la Bavière est établie à Munich. Il semble que nous pourrions raisonner à leur égard comme nous l'avons fait hypothétiquement au sujet de nos écoles, et que les considérations applicables à celles-ci le seraient également en Allemagne, car l'unité dans la science et dans l'enseignement du droit est, à nos yeux, un principe universel. Mais nous venons d'avouer qu'il nous est interdit de franchir le Rhin; tout au plus pouvons-nous, sur la rive française, être la sentinelle d'une douane officieuse qui n'a d'autre arme que la persuasion.

Naturellement nous y avons pour consigne de signaler toute tentative, et même toute insinuation, dont le but serait de faire admettre des systèmes qui, comme les deux précédents, ont été l'objet de nos attaques. Au gouvernement seul le pouvoir de prohiber.

Nous avons montré l'inconvénient des cours trop nombreux; c'est une observation générale et qui s'applique à tous les ordres de facultés. Or, le luxe de ceux-ci est poussé à tel point dans quelques facultés allemandes, que plusieurs chaires doivent manquer nécessairement d'auditeurs. A Berlin, par exemple, le nombre des professeurs, dans la *faculté de philosophie*, s'élève à *plus de cinquante* (1); dans celle de droit il y a *vingt cours*. Il y en a *treize* à Tubingue dans la seule faculté des sciences politiques et administratives (2).

---

(1) *De l'esprit et de l'organisation des facultés allemandes*, par M. L. A. Warnkœnig, professeur à l'université de Tubingue. (Voir *Revue des cours publics* du 8 juillet 1855, p. 72; l'article est extrait de la *Revue trimestrielle* publiée à Bruxelles.) — Il est bon d'observer que la faculté de philosophie de Berlin est en quelque sorte une faculté générale, par opposition à celles de théologie, de droit et de médecine; elle comprend notamment un enseignement administratif. Il n'y a pas en Prusse de facultés d'administration comme dans le Wurtemberg et dans la Bavière. (*De l'enseignement et du noviciat administratif en Allemagne*, par M. Ed. Laboulaye. — Voir *Revue de législation*, 1843, p. 546.)

(2) Nous nous en rapportons, sur ces deux derniers points, au té-

Pour ne parler que de l'enseignement du droit, une des causes qui ont accru le nombre des cours dans ces établissements, c'est la réunion aux sciences proprement juridiques de celles qui n'ont pas ce caractère. Quelque appui que les secondes puissent offrir auxpremières, nous avons pensé qu'elles ne devaient pas avoir de professeurs *ad hoc* dans les facultés de droit. On a dû apprécier nos motifs.

Mais le nombre des cours et ce mélange lui-même tiennent encore à d'autres causes, auxquelles il n'est pas sans intérêt d'apporter maintenant une sérieuse attention.

Les gouvernements de l'Allemagne accordent à leurs universités une liberté presque illimitée à un triple point de vue :

Liberté pour l'enseignement.

Liberté pour les professeurs individuellement.

Liberté pour les étudiants.

L'enseignement est libre, en ce sens que tout homme qui a obtenu d'une université le diplôme académique (1) auquel est attachée la présomption

---

moignage de la faculté de droit de Strasbourg, que sa position frontière et ses relations naturelles mettent en situation d'être parfaitement renseignée sur les établissements étrangers qui se trouvent dans son voisinage. (Voir sa délibération du 8 mai 1845, p. 78 et 79 du Recueil imprimé à cette époque pour la haute commission des études de droit.)

(1) Il faut distinguer en Allemagne les examens subis aux universités pour obtenir les *grades académiques*, des examens que l'administration fait subir aux candidats qui aspirent à des fonctions pu-

d'une science suffisante pour instruire (*venia legendi*) peut s'instituer lui-même professeur, non pas à titre officiel, comme les professeurs ordinaires ou extraordinaires des facultés, mais à titre privé (*privatim docens*), et ouvrir, dans les universités elles-mêmes, des cours faisant concurrence aux cours officiels, avec le but, souvent avoué, de les déconsidérer et de les faire tomber. A cela peut être attaché l'avantage de tenir en haleine les titulaires des cours ordinaires, en les obligeant à se mettre constamment au courant des progrès de la science, et à ne ralentir jamais les efforts dont ils ont besoin pour se préserver d'une humiliante infériorité. Mais que d'inconvénients et de désordres peuvent s'attacher à ces luttes, où le gain est un stimulant non moins fort que l'amour-propre, et où le succès est dû quelquefois beaucoup plus à l'intrigue et à la *camaraderie* qu'au savoir et au talent!

Les professeurs sont libres individuellement, en ce sens que, s'ils sont obligés de faire des leçons sur la matière pour laquelle ils ont été spécialement institués, ils peuvent en faire sur d'autres et les varier à leur gré. La concurrence que leur enseignement

---

bliques. Celle-ci s'inquiète peu des premiers; ce qui fait que les grades académiques ne sont communément recherchés que par les jeunes gens qui veulent se livrer à l'enseignement, exercer la médecine, ou devenir jurisconsultes; encore, pour ces derniers, le diplôme dans les villes libres de l'Allemagne est-il plutôt d'usage que de règle. (Voir *Revue des cours publics*, 1855, p. 103 et 104. — M. Warnkœnig.)

trouve chez les docteurs qui, avec un titre privé, ouvrent des cours publics, ils peuvent à leur tour la faire à ces derniers et se la faire entre eux : c'est une arme offensive et défensive. Et comme les cours de ce genre sont exclusivement payés par les étudiants, il arrive que les professeurs, officiels ou officieux, qui ont conquis une grande réputation, ou qui ont une grande vogue (ce qui n'est pas toujours la même chose), élèvent leurs émoluments à des chiffres qu'on trouverait extraordinaires en France. C'est ainsi qu'à Heidelberg, ville de 13,000 habitants, plusieurs professeurs, il y a quelques années, voyaient leurs traitements ou honoraires de tout genre atteindre et dépasser 25,000 francs, et que l'un d'eux arrivait à 32,000. Nous citons ce fait sur le témoignage de la faculté de Strasbourg (1). Il est permis de supposer que si, dans un tel état de choses, le cours officiel est de nature à n'attirer que peu de personnes, le titulaire ne manquera pas de s'en dédommager par un ou deux cours facultatifs plus fructueux, et que si, dans le nombre, il en est un qui soit négligé, ce sera le premier.

Enfin, les étudiants sont libres de leur côté. On peut même dire qu'ils le sont d'une manière absolue, quant au choix des cours et à l'obligation d'y assister. Tout ce qu'on leur demande, c'est de s'inscrire à un

(1) Voir le Recueil imprimé en 1845 pour la haute commission des études de droit, p. 81.

nombre déterminé de ces cours, sans que tel ou tel leur soit imposé à raison de l'année d'enseignement. Ils font ce choix comme ils l'entendent; quelquefois après avoir demandé l'avis d'un professeur, mais ils n'y sont pas tenus. Aucune mesure n'est prise pour s'assurer de leur assiduité; l'inscription paraît n'avoir d'autre but que d'opérer le recouvrement des honoraires que les professeurs doivent toucher. Nous ignorons ce qu'un régime pareil produit dans les universités allemandes; mais nous avons la conviction qu'en France il détruirait toute régularité logique dans les études, et compromettrait à chaque instant l'ordre intérieur des écoles (1).

En général, nos écrivains, quand ils se passionnent pour les institutions germaniques, ferment les yeux à tous les inconvénients qu'elles auraient chez nous, et même à ceux qu'elles ont dans les pays où elles sont établies.

---

(1) En Angleterre on attache peut-être moins d'importance encore à la fréquentation des cours. C'est à peine si le droit y est enseigné dogmatiquement; on devient jurisconsulte par la pratique. Pour être magistrat ou avocat, un examen est nécessaire, mais ce n'est pas devant des professeurs qu'il est subi. Pour y être admis à Londres, un certificat « constatant que, pendant un certain nombre d'années, » *on a dîné, quatre ou cinq fois par an*, dans des espèces d'auberges » établies sous la surveillance des délégués de la corporation des » avocats, est plus nécessaire que des certificats d'assiduité, plus » même que les grades conférés par les universités; aussi on ne de- » mande pas en Angleterre, comme chez nous : *Où avez-vous fait* » *votre droit?* mais bien : *Où avez-vous mangé vos trimestres?* » — (*Mémoire sur l'organisation de l'enseignement du droit en Hollande*, par M. Blondeau, membre de l'Institut de France et du conseil royal de l'Université, p. 3.)

Les écrivains allemands subissent moins l'influence de cette prévention, et, tout en faisant l'éloge de ce qui leur appartient, ils n'en dissimulent pas les imperfections.

En preuve de ceci, nous pouvons citer un savant professeur de l'université de Tubingue, M. Warnkœnig.

Examinant les effets de la concurrence dans l'enseignement universitaire allemand, il s'attache d'abord à faire voir ce qu'elle offre d'utile; mais il reconnaît ensuite qu'elle a son côté désavantageux.

Voici le résumé de ce qu'il dit à ce sujet :

La concurrence que les jeunes docteurs font à leurs anciens maîtres leur obtient quelquefois, par des moyens que la délicatesse ne saurait avouer, *une vogue peu méritée*. Souvent leurs anciens compagnons d'étude, appartenant à une société dont ils ont eux-mêmes fait partie, mettent tout en œuvre pour servir leurs intérêts en leur procurant des élèves, *fût-ce même par une espèce d'enrôlement*. On a vu quelquefois *les cours d'un célèbre professeur abandonnés*, et les auditeurs affluer à ceux d'un nouveau docteur *dont on se promettait des merveilles*. M. Warnkœnig trouve le remède à ce mal dans la circonstance que, si le jeune coryphée improvisé ne justifie pas la réputation qu'on lui a faite artificiellement, il est bientôt dédaigné, *et les jeunes gens reviennent au maître dont ces intrigues les avaient éloignés*. Mais, en attendant, elles ont eu deux résultats fâcheux dont il convient :

1° Une perte pécuniaire que le professeur injustement décrié réparera difficilement dans la suite; 2° des travaux mal commencés sous la direction d'un docteur superficiel, et dont les élèves se ressentiront souvent à la fin de leurs études.

En ce qui concerne la concurrence entre les professeurs titulaires, M. Warnkœnig avoue qu'elle ne s'est pas toujours faite avec noblesse et courtoisie, et que *les rivaux sont rarement amis*. Elle déconsidère alors les professeurs : *les procédés dictés par l'avarice et dépourvus de délicatesse nuisent aux yeux des élèves à ceux qui les emploient*. Il mentionne à ce sujet qu'on a vu, il y a quelques années, *des exemples de concurrence vraiment scandaleux*; entre autres à Heidelberg, de la part d'un professeur décédé depuis et qu'il nomme, dont certains cours étaient spécialement dirigés contre plusieurs de ses collègues, *qu'il couvrait de ridicule en prodiguant des plaisanteries du plus mauvais goût*; à tel point que le gouvernement dut intervenir (1).

L'impression que tout cela doit produire, c'est qu'en Allemagne on fait aussi bon marché de la dignité de l'enseignement que de l'utilité pratique des études.

Quant à ce dernier point, le dédain y est en quelque sorte arrivé à l'état de principe.

---

(1) Voir *Revue des cours publics* précédemment citée. — (5 août 1855, p. 103.)

« L'esprit des universités allemandes, dit le pro- » fesseur que nous venons de citer, est aujourd'hui » partout le même. On les considère comme de grandes » institutions de la science libre et indépendante, » *dont le but n'est pas de former des praticiens*, mais » des hommes d'une instruction étendue et profonde, » et eux-mêmes amis des sciences (1). »

Développant cet aperçu, M. Warnkœnig nous apprend que ces universités ne sont pas des établissements destinés à enseigner aux élèves la profession d'avocat, de médecin, etc.; *qu'on y enseigne la science pour elle-même*; qu'il est indifférent qu'un cours soit obligatoire ou qu'il n'ait qu'une importance scientifique; que les professeurs enseignent selon leur goût, et que, *bien qu'un grand nombre ne donne que des cours utiles sous le rapport pécuniaire*, il y en a d'autres cependant qui se vouent à l'enseignement de *branches peu lucratives*; que le caractère de l'enseignement universitaire en Allemagne est le mouvement scientifique; que l'esprit des universités est celui de la liberté et de l'amour *désintéressé* de la science (2).

Il y a un abîme entre ce point de vue et le nôtre. Nous sentons le prix de la science philosophiquement étudiée, et nous honorons l'amour *désintéressé* qu'elle inspire. Mais nous la voulons, avant tout, utile dans son application et telle que doivent aussi

(1) Voir *Revue des cours publics*. — (8 juillet 1855, p. 72).

(2) Voir *Revue des cours publics*. — (8 juillet 1855, p. 72. — M. Warnkœnig.)

la vouloir le gouvernement qui la fait enseigner, la magistrature et l'administration qui attendent d'elle le personnel de leur recrutement, les professions dont elle féconde l'existence, les citoyens et les particuliers qui ont besoin de doctrines à leur portée, et que les systèmes d'un avocat nourri d'élucubrations nuageuses satisferaient médiocrement quand ils iraient le consulter sur le rapport d'un fait à un principe. Il en est de l'ordre moral comme de l'ordre physique, c'est l'utilité des choses qui en mesure l'importance : l'électricité messagère de la pensée n'a-t-elle pas une auréole plus brillante encore que celle qui rayonne de ses phénomènes purement naturels ?

Nous avons dit les motifs qui nous inspiraient une grande défiance de nos impressions, en abordant un sujet pour nous aussi nouveau et aussi peu connu que celui qui vient d'être traité.

Ce sentiment nous domine encore, et nous autorise à rechercher un appui dans les paroles d'un ministre qui avait fait étudier ce même sujet, et qui l'avait étudié personnellement avec une haute supériorité de vues.

Voici ce que disait M. de Salvandy, en présentant à la chambre des pairs le projet de loi de 1847, dont nous avons fait connaître la destinée historique (1) :

« Nous ne pensons pas qu'une institution des univer-
» sités d'Allemagne, celle des *privat docenten*, des pro-

(1) Voir ci-dessus p. 48.

» fesseurs libres qui se posent en face du professeur titu-
» laire et lui disputent, par l'éclat du talent ou par la
» contrariété des méthodes, son auditoire, puisse être
» heureusement introduite parmi nous. *Nos mœurs,*
» *nos idées répugnent à cet état de choses.* Si cette lutte
» s'établissait au sein de la faculté même sous les aus-
» pices et sous l'autorité de l'université, où seraient le
» respect, l'ordre et la discipline? Quel serait le cours
» obligatoire? *Quelle serait la limite des efforts permis à*
» *la rivalité des théories et à la liberté des maximes?*
» Quels avantages compenseraient pour le maître,
» mûri et refroidi par les années, ceux que la jeu-
» nesse de son émule trouverait auprès d'un jeune
» auditoire dans la communauté de leurs sentiments
» et de leurs idées ?.... L'enseignement contradic-
» toire dans les facultés serait un désordre vain et
» stérile. Il ne produirait pas même du talent (1). »

Ce langage était frappant de vérité sous le gouvernement parlementaire. Comment le serait-il moins sous un gouvernement où le pouvoir est de droit, et a la volonté d'être de fait, plus fortement constitué?

Il faut le dire, les systèmes empruntés à l'Allemagne auraient trouvé moins d'accueil en France, si on ne les y avait introduits sous la protection d'un nom célèbre, celui de Georges Cuvier! Tel est le prestige des grandes renommées, que souvent on

---

(1) Séance de la chambre des pairs du 9 mars 1847. — (*Moniteur* du 10 et du 12, p. 468 et 483 à 487.)

baisse la tête devant elles, sans se croire le droit de discuter ce qui ne fut, quelquefois peut-être, qu'une pensée fugitive échappée au génie dans un de ses moments de distraction, ou à la mémoire du cœur dans ses retours vers le passé du premier âge.

Né à Montbéliard, où il fut élevé d'abord, Cuvier continua plus tard ses études dans les États du duc de Wurtemberg, et par la munificence de ce prince. La faculté d'administration de l'Académie de Stuttgart existait alors, et, parmi les branches de l'enseignement qu'elle donnait, se trouvait *une chaire d'histoire naturelle.* Cette chaire détermina son choix. Rentré en France, le jeune caméraliste s'éleva rapidement au plus haut rang dans l'opinion du monde savant. Il n'oublia jamais ni le pays qui avait accueilli ses premières ardeurs pour les sciences, ni l'école où il avait reçu les éléments de celle qui le captiva toute sa vie, et il paraît que, devenu membre du conseil d'État, il exprima le désir de voir introduire en France une institution analogue à celle dont il avait suivi les cours en Allemagne. Le ministre qui présentait, en 1848, le projet de loi dont nous avons fait mention, et qui fut si mal accueilli par l'Assemblée constituante, a même dit, dans l'exposé des motifs de cette proposition, qu'un projet d'ordonnance présenté par Cuvier en 1820, sur le même objet, était demeuré enseveli (1).

(1) Séance du 31 août 1848. (*Moniteur* du 1er septembre, p. 2254.)

Quelques années auparavant, un académicien que nous avons déjà cité, M. Laboulaye, rappelant cette autorité, s'était exprimé ainsi : « Qui oserait déclarer impolitique, ou inutile, une institution qui a » pour elle le sanction de la prudence et du génie » de Cuvier (1) ? »

Il fut un temps où l'on ne jurait en France que par Aristote, et où ces mots : *Le maître l'a dit*, avaient la force d'un argument.

Nous ne comprendrions pas aujourd'hui l'exhumation d'un pareil élément de dialectique, surtout dans l'hypothèse.

Cuvier a été le plus grand zoologiste et le plus grand géologue de ce siècle. Mais il s'agit de l'enseignement administratif.

Il a participé aux travaux du conseil d'État, où il ne pouvait être un homme médiocre. Mais son autorité comme administrateur ne saurait être assimilée à celle qui lui appartient comme naturaliste.

En fût-il autrement, un nom, quelque célèbre qu'il soit, ne peut être opposé à un raisonnement qu'autant que, dans le développement d'une opinion personnelle, il offre un raisonnement contraire.

Certes, quand nous combattons, au sujet des institutions germaniques, un écrivain tel que M. Laboulaye, nous avons le sentiment profond de notre

---

(1) *De l'enseignement et du noviciat administratif en Allemagne.* (*Revue de législation et de jurisprudence.* — 1843, p. 561.)

infériorité. Il a vu et il a pu lire, avantages qui nous sont refusés ; mais notre conviction, que des raisons modifieraient peut-être, ne saurait fléchir quand il se retranche *in verba magistri*, et que l'autorité du maître qu'il invoque se réduit au nom que celui-ci a porté.

Voilà un chapitre bien long ; le suivant sera peut-être plus court. Pour établir des idées justes il ne faut pas les mêmes efforts que pour repousser des idées fausses. On ne prouve guère, d'ailleurs, qu'une chose n'est pas dans le vrai, sans prouver en même temps qu'une autre y doit être placée. C'est ce qui nous est arrivé dans le cours des précédentes considérations. Nous leur devrons, à l'ouverture du chapitre qui va se présenter, de n'avoir qu'à poser un petit nombre de vérités démontrées et à déduire de celles-ci un petit nombre de conséquences évidentes, ce qui formera plusieurs objets distincts. Cependant, à la suite du dernier, des détails se présenteront en assez grand nombre, et il en est qui exigeront quelques pages d'explications.

CHAPITRE CINQUIÈME.

IDÉES JUSTES. — LEURS CONSÉQUENCES. — ORGANISATION NOUVELLE.

Nous posons en fait, et nous croyons avoir prouvé, que le droit administratif et le droit civil ont une importance égale; qu'on ne peut bien connaître le premier sans l'associer au second; que l'intérêt public et l'intérêt privé ont besoin de l'un autant que de l'autre.

Conséquences. — C'est dans les facultés actuelles que l'enseignement du droit administratif doit être donné et amélioré. L'amélioration doit essentiellement se trouver dans un développement proportionnellement égal à celui que reçoit l'enseignement du droit civil ou du Code Napoléon.

Nous posons en fait, et nous croyons avoir prouvé, que le droit administratif embrasse, au point de vue des matières qu'il régit, des principes qu'il applique et des textes dont il exige l'étude, un sujet non moins vaste que le droit civil.

Conséquences. — L'enseignement du droit administratif doit obtenir dans les facultés autant de temps et autant de chaires que l'enseignement du Code Napoléon; et comme une longue expérience a montré que l'organisation de ce dernier est bonne dans son principe et dans ses résultats, nous ne voyons rien de mieux à faire que de rendre entière l'assimilation. Il y aurait donc, si nos idées étaient accueillies, trois professeurs faisant chacun, en trois ans, un cours complet de droit administratif. A chaque rentrée scolaire, un des trois cours s'ouvrirait pour les étudiants de première année, pendant que les étudiants de seconde et de troisième trouveraient la continuation du même enseignement dans les deux autres.

Cette organisation est bien simple. Nous convenons qu'elle n'offre rien de neuf, et ce sera peut-être son plus grand défaut aux yeux de bien des gens; nous n'inventons pas, nous empruntons; mais inventerions-nous davantage si, au lieu de puiser à des sources françaises, nous transplantions des institutions étrangères? C'est pourtant à ces dernières que sont dus les divers systèmes successivement préconisés dont nous pensons que la fausseté est actuellement évidente.

Nous posons en fait, et nous croyons avoir prouvé, qu'afin de conserver aux cours indispensables le temps dont ils ont besoin, il ne faut leur donner pour complément ou pour appui, 1° parmi les connaissances qui offrent un caractère juridique, que des cours ayant à s'occuper d'objets absolument placés en dehors des chaires normales, et ne pouvant trouver dans celles-ci un espace naturel et suffisant; 2° parmi les connaissances dépourvues de ce caractère, que des notions rattachées dans tous les cas aux chaires normales, lesquelles auront à en mesurer l'étendue par l'intérêt même de l'enseignement qui leur est attribué.

Conséquences. — Elles se résument, pour nous, dans l'obligation qui nous est imposée de dire à présent notre opinion sur quelques matières appartenant à ces deux ordres de connaissances, et sur les moyens de les rattacher à l'enseignement général du droit par l'une ou l'autre des voies que nous venons d'ouvrir. Nous présentons un système nouveau d'organisation; il faut qu'il soit complet, soit à l'égard de ce qu'il nous paraît exiger impérieusement sous la forme de l'enseignement cathédral *ad hoc*, soit à l'égard de ce qu'il ne peut admettre que par fusion.

Tout d'abord les connaissances juridiques présentent à la pensée le *droit constitutionnel.*

Une ligne de démarcation sépare deux grandes catégories d'intérêts que régit le droit, et établit pour lui deux grandes divisions.

Au droit privé ou civil, les intérêts particuliers.

Au droit public, les intérêts généraux.

Ces intérêts généraux, sous lesquels s'abritent une foule d'intérêts particuliers, le droit les rencontre à l'extérieur et à l'intérieur des nations.

A l'extérieur il les protége, soit par des principes d'équité commune que la raison a fait admettre, pour les particuliers comme pour les États, partout où l'esprit de l'homme a reçu la culture de la civilisation, et qu'on appelle *droit des gens* (1); soit par le droit *international*, lequel embrasse deux éléments, savoir : les règles du droit des gens applicables aux rapports de peuple à peuple, et les dispositions résultant des traités ou des actes qui déterminent leur situation respective, et qu'on peut appeler *droit écrit international* (2).

A l'intérieur, le droit public se divise en trois branches : le *droit constitutionnel*, le droit administratif et le droit criminel (3).

---

(1) *Jus gentium est quod gentes humanæ utuntur*. L. 1. § 4. ff. *De justit. et jur.* — Le droit des gens ne s'applique pas seulement à l'extérieur; la plupart de ses notions servent encore de fondement au droit national.

(2) Ces définitions, d'autres qui ont précédé, d'autres qui suivront, sont du domaine des cours plutôt que d'un ouvrage tel que celui-ci. Nous ne les donnons cependant pas sans motif; elles préparent, pour la plupart, les considérations dans lesquelles nous nous sommes proposé d'entrer. Celle du *droit des gens* et du *droit international* nous dispensera bientôt d'autres explications, quand nous aurons à parler d'une chaire à établir sur ce double sujet.

(3) Nous n'hésitons pas à placer le *droit criminel* parmi les branches

Le droit constitutionnel détermine l'organisation du corps politique, caractérise la nature du gouvernement, règle sa forme, répartit les pouvoirs publics et assigne aux citoyens la part qu'ils ont à prendre à la gestion des affaires du pays.

On voit, par cette définition, que ce n'est pas comme connaissance accessoire qu'il peut être permis de considérer le *droit constitutionnel;* car il est en quelque sorte la pierre fondamentale sur laquelle sont plus ou moins établies les divisions nombreuses de la science générale du droit. Il en est une, parmi celles-ci, à l'égard de laquelle il est véritablement *principium et fons;* on a nommé le *droit administratif.*

Ce n'est donc pas une question à poser que celle de savoir si le droit constitutionnel doit être enseigné dans nos facultés.

Mais doit-il y être l'objet d'une chaire spéciale?

En 1845 nous répondions affirmativement à cette question (1). Aujourd'hui nous la résolvons négativement.

Avons-nous donc changé d'opinion sur la nécessité d'initier la jeunesse des écoles de droit à la législation politique intérieure?

---

du *droit public intérieur*. En l'état, et sauf ce qui se passe à la faculté de Paris, on lui consacre à peine quelques leçons à la suite du cours de *procédure civile*, c'est-à-dire d'une branche du *droit privé* à laquelle sa nature ne l'associe nullement.

(1) Notre opinion fut alors développée dans la délibération de la faculté de droit de Grenoble du 17 mai 1845. — (Recueil des délibérations imprimées pour la haute commission des études de droit, p. 36.)

En aucune façon; mais les événements ont marché, la situation s'est modifiée, et ce qu'elle eût peut-être exigé alors, elle ne l'exige pas dans les circonstances actuelles. Le droit constitutionnel doit être enseigné, mais il n'a plus besoin de l'être sous la même forme et avec la même étendue.

Expliquons-nous :

En 1845, la France était en plein gouvernement parlementaire. Belle théorie! s'il avait été donné à un pouvoir obéi de dire aux passions : « Vous n'irez pas plus loin! » Nous ne craindrons pas d'avouer qu'elle eut longtemps nos plus consciencieuses sympathies, et que c'est avec amertume et regrets que, de déception en déception, nous en sommes venu à nous avouer l'absence, au sein de nos populations, d'un élément vital, sans lequel elle ne saurait avoir une application durable.

Quel est cet élément? Existe-t-il ailleurs?

La condition indispensable du gouvernement parlementaire, c'est l'attachement sincère aux institutions politiques uni à l'amour désintéressé du pays; c'est, si l'on veut encore, la fierté nationale assise sur ce double fondement.

Passez le détroit, et vous observerez ce sentiment se révélant, en général, jusque dans les classes les plus infimes de la société publique. Vous verrez l'homme des derniers rangs populaires s'étonner, s'indigner presque, si l'on vient à lui demander quel est le maître de cet antique château, quelle famille habite ce magnifique hôtel, à quelle maison appartient cette brillante livrée! Au besoin il vous indiquera l'origine, et peut-être vous fera l'histoire des maîtres titrés et opulents de tant de richesses. Il en parlera même avec orgueil, car la splendeur de cette caste si haut placée relativement à lui, et qui serait ailleurs un objet d'envie et de haine, jette sur son pays un éclat dont il est flatté. C'est, au surplus, une des institutions politiques de sa patrie, et le respect de toutes est la vieille et persévérante foi sociale des populations britanniques. Ajoutons que l'aristocratie anglaise, soigneuse de maintenir ses priviléges, ne l'est pas moins de veiller aux libertés nationales et aux intérêts populaires, et que l'éducation et l'instruction de ses fils, dirigées dans cet esprit, conservent aux générations qui se succèdent dans son sein une valeur intellectuelle et patriotique qui les tient à la hauteur de sa mission constitutionnelle.

Est-ce là l'esprit français?

Ne parlons pas de l'aristocratie nobiliaire qui, transformée depuis Richelieu et Louis XIV, avait vu la plupart de ses priviléges, mais surtout son influence féodale, s'évanouir lorsqu'elle fut abolie en 1789. Elle a pu avoir sa raison d'être dans d'autres temps; aujourd'hui son importance se réduit à des souvenirs glorieux attachés à quelques familles historiques; sa reconstitution, comme corps dans l'État, serait un contre-sens : rêve dangereux, mais heureusement impossible à réaliser, de quelques vieillards nés à la fin du dernier siècle, et de qui Louis XVIII dirait, maintenant surtout, qu'*ils n'ont rien oublié ni rien appris.*

Mais voyons si la condition dont nous venons de donner un exemple, parmi ceux que peut offrir une nation voisine, se reconnaît en France à des traits différents.

Le caractère français présente, sans contredit, un éclatant faisceau de nobles qualités : le courage militaire, l'amour de la gloire, la puissance des souvenirs qu'elle évoque, le premier élan des sentiments généreux, le culte des beaux-arts enfantant des merveilles, n'est-ce pas là un magnifique patrimoine national? Parmi les peuples civilisés, bien peu oseraient élever la prétention de nous égaler sous ces rapports divers; aucun n'a celle de nous surpasser.

Dans cet ensemble, cependant, ne se trouve pas l'élément vital du gouvernement parlementaire: l'attachement aux institutions fondamentales. Et, loin de là, c'est peut-être le point sur lequel se fait plus particulièrement remarquer cette légèreté, cette inconstance, si souvent reprochées aux Français.

Légèreté, inconstance, et nous ajoutons à regret, passions jalouses des supériorités sociales de naissance, de fortune, de fonctions publiques et même de talents; désir de les abaisser pour s'élever soi-même; sympathie pour les utopies qui, par le bouleversement, peuvent opérer leur ruine et offrir aux aspirations de l'envie quelques chances de s'approprier les débris d'une révolution!

Dieu nous garde de dire que ce mauvais esprit soit celui du peuple français dans sa généralité! Mais il est trop vrai qu'une partie de la population en est malheureusement imprégnée, et qu'elle a mis plus d'une fois à la disposition d'agitateurs ambitieux, une foule de voix et une masse de bras d'autant plus à redouter, pour l'ordre établi, que la presse et la tribune avaient préparé avec plus de licence et d'audace le moment de l'explosion, et que la portion saine, prise souvent à l'improviste et terrifiée par la violence, avait été moins capable de la repousser.

Les deux alinéa précédents ont été dictés, pour ainsi dire, par soixante ans d'histoire contemporaine.

Libertés concédées, libertés conquises par la raison publique, libertés obtenues par la pression d'un danger pour le pouvoir, libertés servant de prétexte à l'émeute si ce nom doit leur être conservé, attaques de la tribune, débordement impuni de la presse, bouleversements, jours d'anarchie, telle est la gradation qu'on a pu observer à plus d'une phase de cette période, sans que jamais le respect des institutions ait été un contre-poids suffisant dans la balance. Aux réformateurs de la veille ont toujours immédiatement succédé les réformateurs du lendemain, trouvant que leurs prédécesseurs n'étaient pas allés assez loin; et tandis qu'au delà de notre frontière maritime, la baguette d'un constable suffit presque toujours pour dissiper de formidables *meetings*, chez nous un banquet, une réunion en apparence inoffensive, peuvent inopinément déterminer un mouvement insurrectionnel, contre lequel échouera la force militaire de nombreux bataillons.

Où en serions-nous aujourd'hui si le prestige du nom le plus illustré des siècles modernes n'avait opposé à un torrent de doctrines dissolvantes la barrière de son immense popularité, et si le génie, pour la seconde fois associé à ce nom, n'avait trouvé en soi les moyens de fonder le pouvoir que demandait la situation, sur les décombres amoncelés par une révolution impuissante à reconstruire?

La différence que cette digression vient de constater, entre l'état politique de 1845 et l'état actuel, a dû faire pressentir le motif pour lequel nous demandions une chaire de droit constitutionnel que nous ne demandons plus.

N'était-ce pas le moment de propager et de défendre les saines théories politiques que celui où elles étaient sapées de toute part? Quand la jeunesse, passionnée par le talent d'orateurs ambitieux, séduite par les sophismes d'écrivains et de journalistes peut-être plus à redouter encore, cédait, presque partout, à l'entraînement de discussions qui savaient trouver un écho dans de généreux sentiments, tout en préparant les plans subversifs qui en étaient l'arrière-pensée, devait-on négliger ce moyen de lui faire entendre des principes fondamentaux trop ouvertement méconnus? Les facultés de droit, où on la trouvait nombreuse et occupée d'études au milieu desquelles le droit constitutionnel ne figurait que comme un oubli, n'étaient-elles pas des centres d'enseignement où un tel sujet pouvait ramener à des idées vraies des esprits déviés pour ne pas les avoir comprises, des cœurs égarés pour n'avoir été sollicités que d'un côté? Sans doute il eût fallu qu'une semblable mission fût confiée à des hommes de beaucoup de talent, et, peut-être encore, de plus de loyauté politique; chose difficile, quant à ce dernier point, dans un moment où, pour les esprits ardents et avides de succès, les chances étaient dans les rangs de l'opposition bien mieux que dans ceux des défenseurs de l'autorité. Toutefois, difficulté ne veut pas dire impossibilité.

En résultat, cependant, à quoi cette mesure eût-elle abouti? A rien, nous devons l'avouer maintenant que de graves événements se sont accomplis : il était déjà trop tard en 1845, et, d'ailleurs, des digues autrement puissantes que celles-là eussent été nécessaires. Le fond de notre pensée n'en avait pas moins alors un point de départ rationnel, et ce n'est pas sous l'influence de faits ultérieurs qu'il serait équitable de la juger, en se reportant au moment où elle nous suggérait l'opinion que, depuis, nous avons dû abandonner.

Le gouvernement parlementaire est tombé. Les ministres, responsables seulement envers l'Empereur, ne sont plus absorbés et incessamment menacés dans leur existence politique par les discussions de la tribune. Des orateurs pris au sein du conseil d'État, *pour chaque projet de loi*, représentent le pouvoir impérial auprès du corps législatif. Affranchis désormais de toute préoccupation, touchant les questions de majorité auxquelles était attachée la conservation des portefeuilles ministériels, les fonctionnaires qui en ont le dépôt peuvent se livrer exclusivement à l'étude et à l'expédition des affaires. La tribune a des limites, la presse est contenue. Huit millions de suffrages ont intronisé le chef de l'État. Son gouvernement est fort.

En comparant les deux situations on voit que la première eût exigé, pour l'enseignement du droit constitutionnel, de courageux athlètes, dont le professorat aurait été une incessante occasion de luttes énergiques contre les mauvaises doctrines, et que la seconde demande simplement une exposition de principes qu'on peut notablement restreindre sans inconvénients.

Réduit ainsi, le droit constitutionnel ne nous semble exiger qu'une douzaine de leçons, consacrées d'abord à des notions historiques sur les divers régimes politiques qui ont gouverné la France, depuis les temps immédiatement antérieurs à 1789 jusqu'à nos jours; puis à une exégèse rapide de la constitution du 14 janvier 1852 et des sénatus-consultes des 7 novembre même année, 25 décembre suivant et 17 juillet 1856.

Il serait honteux, pour un homme du monde, d'ignorer l'histoire contemporaine de son pays à ce point de vue, et, pour un étudiant en droit, de ne pas connaître le code fondamental de l'organisation des pouvoirs, lequel d'ailleurs est étroitement lié à l'une des branches principales de l'enseignement offert par les facultés. Mais une chaire spéciale n'est plus nécessaire.

Avons-nous besoin de dire maintenant que c'est au début de l'enseignement du droit administratif que doivent se placer les leçons dont nous venons de parler? Elles pourront y prendre place dans une introduction qui aura peut-être aussi quelques objets préliminaires à embrasser.

Parmi les différentes branches du droit, il n'en est pas, en effet, qui soient plus naturellement unies que le droit constitutionnel et le droit administratif; tellement qu'il est souvent difficile de fixer le point où l'un finit et où l'autre commence. Le premier est la doctrine culminante dont le second est le développement et souvent la procédure. Quoi de plus constitutionnel que le principe suivant lequel aucun impôt ne peut être établi sans le concours des délégués de ceux qui doivent le payer? Quoi de plus administratif que la rédaction des rôles de contribution, le recouvrement et la centralisation des recettes, l'ordonnancement et le payement des dépenses et toutes les règles de la comptabilité? N'est-ce pas au droit constitutionnel qu'appartiennent la garantie légale de la propriété, l'exception apportée à ce principe dans le cas d'utilité publique, et la nécessité alors d'une juste et préalable indemnité (1)? Cependant, les formes à suivre pour consommer l'expropriation n'étaient-elles pas entièrement administratives en 1800 et en 1807? N'ont-elles pas été administratives et judiciaires en 1810? Et, depuis lors, les lois de 1833 et de 1841, en donnant lieu de distinguer, dans la procédure actuellement suivie, une période administrative, une période judiciaire et une période mixte, n'ont-elles pas confié à l'administration le soin de faire observer la plus grande partie de leurs dispositions? La législation électorale, qui a son point de départ dans les sommités constitutionnelles, pourrait-elle être appliquée sans les rouages administratifs mis à sa disposition? Les exemples se pressent pour rendre évidente l'intime liaison de ces deux branches du droit, et pour montrer que l'enseignement sommaire de la première, tel que nous venons d'en apprécier l'utilité actuelle, doit précéder, dans un même cours, l'enseignement de la seconde, qui lui réservera, d'ailleurs, de fréquentes explications complémentaires communes aux deux sujets (2).

(1) Ce principe, formulé par la plupart de nos constitutions, l'est aussi par le Code Napoléon (art. 545), ce qui ne change pas sa nature.

(2) Cette accumulation de preuves peut paraître inutile, et nous avons besoin de la faire excuser. Elle est due à une objection à laquelle nous avons été dans le cas de répondre en d'autres circonstances : on voulait nous persuader que nous pouvions alléger notre cours en laissant le droit constitutionnel aux professeurs de Code Napoléon, qui avaient en effet quelques occasions d'en parler. Mais quelle différence! Changez la nature ou la forme du gouvernement,

Nous devons à présent marquer, à côté du double enseignement constitutionnel et administratif, la place d'une chaire à l'égard de laquelle notre opinion s'est déjà fait entrevoir.

Cette chaire aurait pour objet le *droit des gens* et le *droit international*, tout à la fois; deux parties de la science aussi naturellement unies que celles qui viennent de nous occuper, et qu'il serait, dès lors, peu rationnel de séparer.

L'institution des légations et celle des consulats ont besoin de sujets versés, en même temps, dans le *droit national* et dans le *droit international*. Il importe donc, au point de vue des intérêts généraux de la France, comme à celui des intérêts particuliers des Français, que les jeunes gens qui veulent embrasser l'une ou l'autre de ces deux carrières, puissent trouver dans les facultés où ils étudient le premier, les moyens d'étudier le second (1).

Ce n'est pas seulement à l'extérieur qu'ils seront appelés à servir leur pays et leurs concitoyens : les travaux qui les attendent doivent aussi porter à l'in-

---

et tout aussitôt le droit administratif éprouvera de radicales transformations, pendant que le Code Napoléon continuera d'être l'immuable loi des intérêts privés, ou du moins ne recevra que sur un petit nombre de points des modifications dues beaucoup plus à une expérience produite par le temps qu'à une nouvelle organisation des pouvoirs. A part l'abolition du divorce, voyez quel est le caractère des changements apportés à ce code depuis le consulat.

(1) Cela ne saurait suffire encore; mais c'est ailleurs que dans les facultés qu'ils devront se familiariser avec d'autres connaissances. (Voir à ce sujet le chap. XI ci-après.)

térieur des fruits abondants, car les bonnes relations politiques et commerciales y seront toujours une riche source de prospérité. Mais ces relations pourraient être compromises par l'ignorance ou par l'inhabileté des agents de la mère patrie. Nous n'avons pas besoin de nous étendre davantage pour faire comprendre la nécessité d'un enseignement que nous désirons voir ajouter à celui du droit administratif, dans lequel il ne serait possible de lui donner qu'une place insuffisante.

Irons-nous plus loin dans cette voie? Non, car nous ne devons pas oublier que nous avons posé la limite du nombre de chaires que peut avoir une faculté de droit, si l'on veut que ses cours soient suivis. Nous ne devons pas oublier, non plus, qu'une place doit être laissée à l'enseignement du droit criminel demandé depuis si longtemps. En réclamant, pour la législation administrative, les développements qui lui sont nécessaires, nous ne voulons point les obtenir au détriment d'autres branches qui ont aussi leurs légitimes prétentions.

Cependant nous ne quitterons pas cette partie de notre discussion sans jeter un coup d'œil rapide sur l'enseignement proposé de quelques connaissances se rattachant, plus ou moins, soit à celui du droit administratif, soit à d'autres, et auxquelles le caractère juridique ne saurait être refusé. Nous regretterons moins l'impossibilité de leur ouvrir des chaires, quand nous aurons constaté que ces connaissances ne seront pas, pour cela, bannies de nos écoles.

Le *droit maritime* est enseigné, en partie par le professeur de droit commercial, et en partie par le professeur de droit administratif expliquant le régime sanitaire des provenances extérieures, les épaves, la grande pêche, etc. Il sera complété par le professeur de droit des gens et de droit international exposant la législation qui régit les consulats.

Les chaires de droit administratif et la chaire de droit criminel se partageront l'exposé sommaire de la *législation militaire*. Les premières assigneront à la force publique sa place comme institution nationale, ses devoirs comme moyen d'action, ses limites comme danger; elles indiqueront les modifications que l'état de guerre et l'état de siége peuvent apporter à ces limites; elles expliqueront la procédure du recrutement, les règles relatives au logement des troupes, et les rapports de l'autorité civile avec l'autorité militaire. La seconde fera connaître les dérogations qu'apportent au régime pénal d'application commune, l'institution des juridictions militaires, et les lois répressives auxquelles est soumis le Français qui a passé sous les drapeaux. Quant aux règlements qui déterminent la hiérarchie des chefs, leur autorité, leurs devoirs et la discipline, on les enseigne à Saint-Cyr, à Saumur et dans les écoles régimentaires, et ils sont en dehors des attributions naturelles des facultés de droit.

C'est dans les facultés de théologie que le *droit ecclésiastique* doit être essentiellement exposé. Nous ne pouvons disconvenir qu'il offre un grand nombre d'objets par où il touche à notre ancien droit civil, et que, s'il fallait l'étudier à ce point de vue, il ouvrirait un champ trop vaste pour être parcouru, comme labeur accidentel, dans un des cours existants; mais il nous semble qu'il doit suffire aujourd'hui de donner l'intelligence de ses rapports avec nos institutions politiques et sociales. Les chaires de droit administratif, ayant à traiter des cultes, ne rattacheront-elles pas à ce sujet le concordat de 1801 et les articles organiques de 1802, la déclaration du clergé de France de 1682 et la substance des vieilles libertés de l'Église gallicane, enfin un résumé des règles de gestion qui s'appliquent aux fabriques, aux presbytères, aux menses épiscopales et capitulaires, et aux biens de tous les établissements religieux? Cet enseignement ne sera pas complet sans doute, mais il offrira les choses les plus utiles à connaître. D'ailleurs, si rapidement qu'elles soient expliquées, elles donneront lieu à l'indication des autorités principales, et puisqu'il est reconnu que tout ce qui se rattache à la science du droit ne peut être enseigné dans nos facultés, il faut bien laisser aux livres la mission complémentaire qui leur appartient sur beaucoup de points.

Le *droit coutumier*, considéré comme l'une des origines nationales de la législation présente, a été avec raison mentionné, dans l'exposé des motifs du projet de loi de 1847, parmi les connaissances qu'il est utile d'associer à l'enseignement général du droit. Mais est-il nécessaire qu'il soit développé *in extenso*, et serait-il exact de dire qu'on a dédaigné, jusqu'à ce moment, les lumières qu'il peut répandre sur le droit actuel ? Nous croyons, au contraire, que dans toutes les facultés il a été, de la part des professeurs de Code Napoléon, un objet de constantes études et d'explications qui ont été pour leurs cours aussi instructives que pleines d'intérêt. A notre avis, c'est la meilleure manière d'utiliser les notions historiques. Nous aurons, plus tard, occasion de parler de celles-ci en les considérant sous un aspect plus général (1).

Le rapport fait au roi en 1845 semblait isoler des chaires existantes notre *régime financier*, qu'avec raison M. de Salvandy trouvait si vaste et si nouveau. Nous ne pensons pas que rien doive être changé à son égard. Ce sujet appartient tout entier, par les sommités au droit constitutionnel, par les détails de l'assiette, de la perception, de l'emploi et de la comptabilité, au droit administratif, dont on ne l'a pas détaché jusqu'à ce moment. C'est une matière à laquelle il convient de consacrer un semestre et même au delà.

(1) Voir ci-après chap. VII.

On voit par ces explications que, dans l'organisation que nous proposons, aucune des branches juridiques de la science générale des lois ne manquera d'organe dans les facultés, sans pour cela que la limite raisonnable des créations de chaires soit dépassée (1).

Un dernier sujet sollicite notre attention : il embrasse les connaissances qui, dépourvues du caractère juridique, ont été plus d'une fois désignées comme pouvant être, pour le droit administratif, d'utiles auxiliaires.

Nous sommes dispensé de revenir sur les motifs qui ne nous permettent pas de les accueillir comme objets de chaires spéciales ; mais nous avons à nous expliquer à l'égard de plusieurs.

Parmi celles que signalait le rapport au roi, de 1845, il en est une dont il a été fréquemment question depuis cette époque ; nous voulons parler de l'*économie politique* (2).

Nous sera-t-il permis, à son occasion, de nous citer une dernière fois ?

---

(1) La substance des trois pages précédentes avait trouvé place, en 1845, dans la délibération plusieurs fois mentionnée déjà de la faculté de Grenoble. — (Voir le recueil imprimé pour la haute commission des études de droit, p. 37 et 38.)

(2) L'économie politique a figuré parmi les cours *spéciaux* du projet de loi de 1847.

Voici le langage que nous tenions devant la faculté de Grenoble, et qu'elle consignait dans sa délibération du 17 mai 1847 :

« Science de faits et non de lois, de systèmes et » non de principes acceptés et sanctionnés ; forcée de » se plier à la mobilité des uns et de subir la contra- » diction des autres, l'économie politique, dans ses » recherches et dans ses vues sur la richesse sociale, » manque du caractère essentiel qui est commun à » toutes les branches du droit, savoir : une base » fixe formée par la réunion de règles qu'on ne sau- » rait enfreindre sans encourir punition ou redresse- » ment. Accidentellement utile au législateur dans » l'œuvre de la loi, à l'administrateur dans l'œuvre » de la gestion, on peut admettre des circonstances » où elle aide à préparer le droit, d'autres où elle se » donne la mission de le critiquer ; on n'en saurait » trouver aucune où elle ait le pouvoir de l'écarter, » de le faire fléchir, ou d'en interpréter la volonté. » Du moins ne parvient-elle à le modifier qu'en agis- » sant sur les convictions du législateur lui-même. » Tant que le législateur n'a pas remplacé les lois en » vigueur par des dispositions nouvelles, le droit » reste debout et maintient, dans leur inflexible au- » torité, les principes qui le constituent. Sans doute, » un professeur de droit administratif, discutant le » principe de la liberté de l'industrie, lui opposant » comme exception les brevets d'invention accordés » à des particuliers et les monopoles attribués à l'ad-

» ministration, traitant des monnaies, des douanes,
» et, en général, des impôts, aura plus d'une occa-
» sion de fortifier, par des considérations empruntées
» aux livres des économistes, les motifs de la loi
» enseignée, ou de combattre leurs doctrines dans la
» critique qu'ils auront faite des prescriptions législa-
» tives. Mais il ne peut résulter de là que l'économie
» politique, qui n'appartient pas au droit, doive être
» *spécialement* enseignée dans nos facultés. Autant
» vaudrait dire qu'il faut y ériger des chaires de phi-
» losophie, parce que le droit a sa philosophie, ou
» des chaires de morale, parce que nos lois consacrent
» souvent des principes qui appartiennent à la mo-
» rale. L'économie politique trouvera la place qui lui
» appartient, comme enseignement public, au sein
» de ces établissements qui, tels que le collége de
» France, sont institués dans de très-grandes cités
» pour y offrir les connaissances qu'on n'enseigne
» nulle autre part, et pour y être en même temps une
» sorte de décoration publique et un moyen d'y fixer
» des hommes supérieurs (1). »

Peut-être des réflexions poussées plus loin et suggérées par le but final de cet ouvrage, nous conduiront-elles, plus tard, à reconnaître qu'il faut encore l'enseigner ailleurs (2); mais nous répétons qu'on ne

(1) Voir le recueil des délibérations imprimées pour la haute commission des études de droit, p. 38 et 39.

(2) Voir ci-après chap. XI.

peut lui attribuer des chaires spéciales dans les facultés de droit.

Du reste, le passage qui vient d'être transcrit a simplement noté, par des indications qu'il eût pu multiplier, quelques points où l'enseignement du droit administratif sera conduit à interroger la science économique. Il serait aisé de montrer qu'elle répandra un vif intérêt sur les matières auxquelles on la rattachera. Quiconque s'est pratiquement occupé d'instruction publique, doit savoir que tout ce qui porte un caractère épisodique anime la leçon du professeur et stimule l'attention de l'élève en piquant sa curiosité. On ne doit pas craindre, dès lors, que cette science soit négligée dans les facultés de droit. Elle y offrira d'ailleurs plus d'une occasion de rectifier de faux jugements.

Donnons quelques lignes à cette dernière idée.

On vient de dire que l'économie politique a des sectes et des systèmes qui sont fréquemment en désaccord. Ses doctrines, étudiées à des époques différentes, ne se concilient pas toujours. Quelquefois, quand ses organes les plus accrédités paraissent unanimes sur une opinion, cette opinion, accueillie dans une contrée, est repoussée dans une autre. Qui ne sait, par exemple, qu'en matière de douanes, la question du *libre échange* a trouvé à Bordeaux et dans les pays de vignobles une masse de prosélytes qu'elle eût vainement demandée à Mulhouse, à Saint-Quentin et aux autres pays de filatures. A quoi cela tient-il?

A des intérêts locaux différents : le propriétaire de vignes exporterait une plus grande quantité de vins, s'il ne rencontrait, à l'étranger, des tarifs qui en élèvent le prix pour le destinataire. Il considère ces tarifs comme ses ennemis. Tout au contraire, d'autres tarifs protégent le filateur contre une trop facile importation de produits manufacturés ailleurs, à l'égard desquels il ne pourrait, en ce moment encore, soutenir la concurrence quant au prix, si celui-ci n'était haussé pour ces produits, au moyen des taxes appliquées à leur entrée en France. Quelquefois même les tarifs ont été trouvés insuffisants, et la prohibition les a remplacés quant à certains objets. Tarifs et prohibitions sont ici vus avec faveur.

Mais quand on étudie la législation douanière dans son principe, à l'origine de la législation française(1), et dans l'application graduellement modifiée de ses tarifs pendant plus de soixante ans, on reconnaît qu'elle a procédé avec la pensée d'aplanir pro-

(1) Loi des 2-15 mars 1791; loi des 6-22 août suivant; Rapport du comité de l'assemblée nationale du 23 avril précédent. — L'assemblée se trouvait en présence de quatre systèmes : 1° prohibition absolue; 2° liberté absolue; 3° réciprocité; 4° tarifs et prohibitions spéciales calculés dans le but de soutenir la fabrication française, en combinant l'intérêt industriel avec l'intérêt fiscal. Le premier de ces systèmes appartenait à l'Espagne; le second était préconisé par quelques économistes; le troisième l'était par l'Angleterre, qui en eût exclusivement recueilli les fruits à cette époque; le quatrième avait pour lui l'opinion de Colbert et un commencement d'expérience. Ce fut celui que l'assemblée préféra.

gressivement les obstacles mis à l'importation (1) à mesure que notre industrie aurait moins besoin d'être protégée, et se rapprocherait davantage du moment où, rivalisant victorieusement avec la fabrication anglaise, le maintien des douanes ne présenterait plus qu'une question d'impôt. En sorte qu'il est vrai de dire que, si l'on arrive un jour à ce double résultat, on l'aura conquis par les lois qui ont été si souvent attaquées. Avec la liberté commerciale des frontières on possédera des manufactures françaises ne redoutant de concurrence, ni dans une exposition comparative où elles se protégeront alors elles-mêmes par la supériorité de leurs produits, ni sur le marché où l'abaissement des prix leur vaudra des débouchés avantageux. Qui oserait dire que ce moment est bien éloigné, quand on voit les prohibitions remplacées maintenant par les taxes, et les taxes à leur tour modifiées dans le même esprit?

A ces exemples de faux jugements à rectifier, dans les systèmes absolus inspirés par l'économie politique, on en pourrait ajouter, en bien plus grand nombre, où tantôt elle offre de solides arguments pour démon-

(1) A l'*importation* et à l'*exportation*, car la libre sortie des choses essentielles à l'industrie nationale aurait été pour elle un préjudice non moins réel que la libre introduction des marchandises étrangères. Le législateur devait se préoccuper aussi des subsistances et attribuer au gouvernement un grand pouvoir sur cet objet, à raison de la mobilité des circonstances qui exigent, suivant les temps, des mesures différentes.

trer la sagesse de la législation administrative, et tantôt suggère d'utiles idées pour l'améliorer. Les uns et les autres prouveraient, de plus en plus, qu'elle se mêlera nécessairement dans de fréquentes occasions à l'enseignement du droit administratif. Au surplus, ce qu'il ne pourra faire, les livres le feront.

Devons-nous parler actuellement d'autres connaissances qui, dépourvues aussi du caractère juridique refusé à celle qui vient de nous occuper, ont cependant, à différentes époques, figuré dans des projets qui voulaient le perfectionnement auquel nous prétendons arriver, mais qui le voulaient par d'autres moyens?

Est-ce dans les facultés de droit que doit trouver un professeur spécial l'*histoire des traités et de la constitution des États*, dont il est fait mention dans le rapport au roi du 20 février 1845? Quelques notions sommaires, appartenant à ce sujet, pourront sans doute trouver accès dans la chaire à créer de *droit des gens* et de *droit international;* mais l'enseignement approfondi doit avoir sa place ailleurs; si elle n'existe pas, il faut la faire (1).

Convient-il de classer dans les mêmes écoles l'étude des différentes *statistiques* pour lesquelles le décret du gouvernement provisoire, du 7 avril 1848, n'instituait pas moins de *cinq chaires* que, du reste,

(1) Voir ci-après chap. XI.

il ne leur attribuait pas (1)? Évidemment l'enseignement juridique ne peut toucher que très-accidentellement à cet ordre de connaissances. La matière appartient à l'administration et non au droit administratif, et c'est ailleurs encore qu'elle sollicite des professeurs spéciaux (2).

Nous ne pouvons mieux résumer ce chapitre qu'en plaçant ici le tableau des différentes chaires qu'à notre avis une faculté de droit doit réunir pour être complète, dans le sens de nos précédentes observations.

Ce tableau maintient ce qui existe, ajoute ce qui est indispensable, pourvoit au *nécessaire* et rejette le *superflu* (3).

Droit romain.	2 chaires.
Code Napoléon.	3 —
Procédure civile.	1 —
Droit commercial.	1 —
Droit administratif.	3 —
Droit des gens et droit international.	1 —
Droit criminel.	1 —
	12 chaires.

(1) *Statistique* de la population; *statistique* de l'agriculture; *statistique* des mines, usines, arts et manufactures; *statistique* des travaux publics; *statistique* des finances et du commerce.

(2) Voir ci-après chap. XI.

(3) Voir ci-dessus, p. 99 et 100.

Douze chaires : c'est le nombre au delà duquel nous avons montré que, par la répartition à faire entre les trois années d'études, il y aurait surcharge pour les étudiants. On se souvient que nous n'admettons que des cours obligatoires (1).

Serait-ce trop ouvertement s'éloigner du sujet particulier de cet ouvrage, que d'y consigner quelques observations concernant les deux chaires qu'on trouve en tête de notre tableau? Nous craignons moins ce reproche, il faut le dire, que celui d'incompétence qui nous atteindrait à juste titre. L'enseignement du droit administratif n'est susceptible de se rattacher aux lois romaines que dans de rares occasions; cependant, ces occasions se rencontrent. Mais nous avons depuis si longtemps concentré nos études, à peu près exclusivement, sur des principes d'origine toute française, que c'est à peine si nous nous croyons autorisé à manifester une simple opinion, relativement à la forme donnée à l'enseignement actuel du droit romain. Si donc nous ne sommes pas arrêtés par cette réflexion, nous espérons qu'on

(1) Voir ci-dessus, p. 101 à 110. — Il doit être entendu que le nombre de douze chaires, que nous considérons comme normal pour les facultés des départements, sera dépassé à Paris, où l'affluence des étudiants oblige de doubler un grand nombre de cours, et où des circonstances qu'il n'est pas besoin d'énumérer en ont fait admettre d'autres, lesquels n'auraient pas ailleurs la même utilité.

nous en tiendra compte et qu'on nous en épargnera de plus sévères.

Dans toutes les facultés de France, sans exception, le droit romain n'eut pendant longtemps qu'une seule chaire. D'après la loi du 22 ventôse an XII, il devait y être exposé *dans ses rapports avec le droit français :* le principe de l'*utile* dominait la pensée législative. Cette pensée fut-elle fidèlement suivie? On enseigna les *Institutes de Justinien :* c'était ce qu'on pouvait faire de mieux; mais on ne s'occupa presque pas des *rapports* que la loi avait indiqués, et peut-être verrons-nous, dans un instant, que cela n'était pas possible pour la chaire établie. D'un autre côté, on suivit, pas à pas et un peu servilement, tous les sujets renfermés dans le livre, parmi lesquels il en est qui n'offrent aucune relation avec les institutions de nos sociétés modernes. Comme points historiques, il suffit qu'on ait une idée sommaire de ceux-ci; comme moyens d'arriver à l'intelligence de certaines matières, quelques-uns veulent plus d'attention, mais sans qu'il soit nécessaire de leur consacrer beaucoup de temps.

Les années s'écoulèrent : on eut un jour l'heureuse idée de placer à côté de l'enseignement élémentaire des *Institutes* un enseignement plus approfondi; mais cette idée ne fut appliquée qu'à la faculté de Paris. La chaire instituée reçut le titre de *chaire de Pandectes;* peut-être qu'un titre moins spécial lui aurait mieux convenu, car il est évident qu'elle ne devait pas être limitée par le Digeste, et que le Digeste lui-même était trop vaste pour qu'elle pût en embrasser toutes les parties. Elle semblait avoir pour objet d'exposer successivement de grands sujets de la législation romaine variés chaque année, et de familiariser les étudiants avec le *Corpus juris*, dont les *Institutes* renferment la substance abrégée. C'est ainsi, du moins, qu'un savant professeur, titulaire pendant plus de vingt ans de la chaire dont il s'agit, en comprit le but (1).

Depuis, et récemment, la mesure des deux chaires a été généralisée; toutefois, dans un tout autre système : elles se partagent aujourd'hui un même enseignement. En réalité, il n'y a qu'un cours prolongé pendant deux ans, et auquel, par conséquent, il a fallu attribuer deux professeurs, afin que chaque année le cours fût pris à son commencement. Les *Pandectes* n'ont de chaires spéciales nulle part; celle de Paris a été supprimée, et le professeur qui l'occupait a été appelé à l'une des deux chaires nouvelles.

Eh bien, il nous semble (puisque nous avons la témérité de le penser, pourquoi nous blâmerait-on de le dire avec bonne foi, en exprimant de nouveau la défiance que nous avons ici de notre jugement?), il nous semble qu'il eût mieux valu laisser les choses comme elles étaient à Paris, et les prendre pour type de ce qui devait être établi dans les autres facultés.

(1) M. Pellat, aujourd'hui doyen de la faculté.

Enseigner simplement les Institutes de Justinien à l'ouverture des études juridiques, c'est débuter dans le droit romain comme on débutait à Rome même du temps de cet empereur, et comme le faisaient, longtemps avant son règne, Gaius et d'autres jurisconsultes célèbres; c'est puiser la substance de ce droit à la source où il fut le mieux résumé pour le peuple qui recevait directement l'application de ses principes; c'est en offrir le tableau général à un autre peuple qui a d'autres lois, mais qui les a principalement conçues et perfectionnées sous son influence.

Interroger ensuite les Pandectes, le Code, les Novelles, et, de nouveau, les Institutes sur des sujets choisis parmi ceux qui offrent le plus d'intérêt à notre époque; y joindre les lumières que peuvent fournir les monuments législatifs de l'antiquité romaine, et les interprètes les plus recommandables de tous les temps, c'est ouvrir à des esprits élevés la voie et le goût des grandes études et des grands travaux; mais, ce qui nous touche essentiellement, au point de vue qu'on sait être le nôtre, c'est habituer de jeunes légistes à feuilleter le corps de droit romain, à y trouver promptement les textes dont ils ont besoin, à les lire, à les comprendre dans la langue originale, à s'élever à la philosophie de la loi sans abandonner la route littérale, et à se rendre compte de l'ordonnance de cette vaste compilation où se trouvent tant de raison, d'équité et de morale. Nous avons vu souvent, à des concours d'étudiants de troisième année, ou à des thèses de licence, des élèves cités parmi les meilleurs, éprouver beaucoup d'embarras, soit à trouver une loi dans le *Corpus*, soit à en traduire le texte et à se faire une juste idée de sa portée. C'était l'habitude et non l'intelligence qui leur manquait. Un enseignement organisé à l'exemple de celui qui excite nos regrets, leur eût donné l'une, en offrant à l'autre un champ plus facile à explorer. Cet enseignement féconderait surtout la récente institution des *conférences*, l'une des meilleures pensées de l'administration centrale de l'instruction publique.

En écrivant ce qu'on vient de lire, nous n'avons pu mettre en oubli la disposition, citée quelques pages plus haut, de la loi de l'an XII : « Le droit romain sera professé *dans ses rapports avec le droit français.* » Mais l'application du principe doit s'appuyer actuellement sur des considérations mûries par l'expérience, et s'entendre autrement que dans l'origine. Du moment où il fut décidé que le cours de droit romain appartiendrait à la première année d'études (et c'était sa place naturelle), on ne pouvait charger le professeur d'expliquer les rapports dont il s'agit à des élèves qui ne les auraient pas compris, n'ayant encore aucune teinture de droit français. Le cours de droit romain, par la place qu'on lui assignait, devait être élémentaire; dès lors le cadre des Institutes était le sien; et non-seulement le cadre, mais toute la doctrine, sauf quelques retranchements. Cependant, l'organisation générale des écoles de droit allait, par la nature des choses, atteindre dans d'autres cours le but que la loi s'était proposé. Les chaires de Code Napoléon ne tardèrent pas, en effet, à s'emparer du trait d'union recommandé par le législateur de l'an XII, et eurent l'avantage de trouver autour d'elles un auditoire préparé à cet enseignement comparatif. Quel est le professeur de droit civil qui négligerait ce moyen de répandre plus de science et plus d'intérêt dans ses leçons? Nous pensons que cet esprit méthodologique doit être entretenu et fortifié. A notre avis, la modification de l'une des chaires actuelles de droit romain, devenant une chaire de droit approfondi, telle qu'elle existait naguère à la faculté de Paris, ne changerait pas l'état de la question. Nous n'avons pas besoin, pour faire comprendre qu'elle aurait un but tout spécial, de reproduire les observations auxquelles elle vient de donner lieu.

CHAPITRE SIXIÈME.

PLAN RAISONNÉ.

Tant que le droit administratif n'aura qu'une chaire dans chaque faculté, on ne s'occupera probablement pas d'un plan uniforme pour l'enseigner. Le moment paraîtrait effectivement mal choisi : il peut appartenir aux travaux actuels de préparer les matériaux de cette mesure, mais ce n'est pas pour une situation provisoire qu'elle doit être prise.

Il en serait autrement si des bases plus larges et un cadre plus complet donnaient à cet enseignement une organisation analogue à celle qu'a présentée le dernier chapitre. Ce n'est plus un essai que l'on ferait alors, et l'on ne saurait avoir la pensée de fonder d'une manière définitive, sans reconnaître la nécessité d'un plan officiel.

A un point de vue général, il est désirable que, dans toutes les écoles de droit, la doctrine soit exposée avec les mêmes divisions et subdivisions, et sous l'influence des mêmes principes de classification. Mais,

12.

dès l'instant qu'une branche essentielle de cette doctrine, confiée jusqu'à présent à un seul professeur, devra être exposée en plusieurs années par des professeurs successifs qui tous feront le cours entier, le plan commun deviendra une règle impérieuse; règle qui ne sera, du reste, que l'extension à l'enseignement des lois administratives, du principe général d'uniformité qui plane sur la législation, et qui préside partout à l'enseignement du droit civil.

Nous écrivons dans la prévision de cet instant. Supposons qu'il soit arrivé.

Qu'un élève, en terminant la première année de ses études, soit dans la nécessité de passer d'une faculté dans une autre, comment les continuera-t-il pendant la seconde année quant au droit administratif?

Si les matières sont classées différemment suivant les écoles, bien plus, suivant les cours et au gré de chaque professeur, il ne trouvera pas, dans l'enseignement du professeur arrivé à cette seconde année, la suite logique de ce qu'il aura vu lui-même jusque-là. Cette suite, d'après l'ordre auquel son esprit s'est accoutumé, aura peut-être ses éléments répartis dans trois cours, et il ne les suivra pas à la fois. En eût-il la possibilité, qui sait s'il n'y rencontrerait point trois plans différents, ce qui ferait quatre, en comptant celui du professeur quitté. Il se perdra dans ce dédale.

Qu'un élève, sans s'éloigner de la faculté où il a

fait une année de droit, soit obligé, par une maladie ou par toute autre cause, de suspendre ses inscriptions durant le même espace de temps, il trouvera, quand il voudra les reprendre, son professeur de droit administratif au commencement de la troisième année du cours, alors qu'il aurait besoin de le trouver au commencement de la seconde. A la vérité, il aura la ressource d'un autre professeur atteignant celle-ci ; mais si ce dernier a sa classification à lui, le lien logique échappera encore à l'étudiant, livré à des perplexités analogues à celles qui viennent d'être pressenties.

Nous avons dit ailleurs (1) que beaucoup de zèle et une heureuse organisation peuvent surmonter bien des obstacles; mais nous avons ajouté que ce n'est pas pour les sujets privilégiés que les mesures générales doivent être prises. Le plan commun est dans l'intérêt du grand nombre. Il faut l'adopter encore pour ôter un motif au découragement et un prétexte à l'insouciance et à la paresse. En se livrant à la revue des avantages qui seront très-probablement la conséquence de son adoption, on lui donnera place parmi les moyens de rendre plus facile l'étude de la science, et, par conséquent, de la populariser davantage ; on reconnaîtra qu'il ne doit pas moins tendre à l'uniformité des épreuves qu'à celle des études, et qu'à son aide, des disparates quelquefois

(1) Voir ci-dessus, p. 103.

observées entre différentes facultés, dans l'appréciation des candidatures, s'effaceront en grande partie.

Nous ne prétendons certainement pas que, sous des rapports différents, il doive rendre uniforme la manière d'enseigner, et nous serions loin de le vouloir si la chose était possible. Les connaissances humaines trouvent dans l'inégale répartition des dons naturels de l'esprit et du jugement, chez les maîtres comme chez les élèves, un fait heureux qui, diversifiant les moyens de propager la culture intellectuelle, accélère ses progrès : c'est la loi de Dieu! Seulement, nous disons que, parmi les auxiliaires qui n'ont pas cette sublime origine, aucun ne peut être plus utile que l'enseignement des mêmes matières, dans le même ordre et aux mêmes époques d'étude.

Si le droit administratif avait, comme les autres branches de la science générale à laquelle il appartient, son code spécial, le plan du cours devrait être celui du code lui-même, fût-il défectueux dans quelques parties de l'ordonnance des matières. Il y a, en effet, plus d'inconvénients à s'écarter de l'ordre adopté par la loi, quoique défectueux, qu'il n'y aurait de profit à en adopter un autre, quoique meilleur. Ceci n'a pas besoin d'être discuté : nous raisonnons toujours en vue de l'application pratique à faire au sortir des écoles.

Mais l'avantage que les chaires de droit civil trouvent si bien dans le Code Napoléon, et que les autres chaires trouvent aussi dans les codes qui leur correspondent, ou dans les Institutes de Justinien, est refusé au droit administratif.

On peut se demander pourquoi, et nous avons posé déjà la question de savoir si la codification des lois administratives serait utile, et si elle est possible (1).

L'utilité ne saurait être douteuse; mais la possibilité, la durée surtout, nous semblent plus que contestables. Disons mieux : nous les considérons comme des chimères, bien que nous trouvions, parmi les personnes qui ont appelé de leurs vœux cette mesure législative, un maître de la science dont les travaux nous ont fréquemment éclairé.

« Les lois administratives ne sont pas codifiées, et » c'est un grand mal, » dit M. Trolley (2). Il y a là un regret que nous partageons, mais en lui donnant une autre portée. Ce que nous regrettons, nous, c'est que la codification législative ne puisse raisonnablement s'entreprendre. Quelque déblayé que soit le terrain, quelque facilité qu'on y ait maintenant pour s'orienter et pour trouver sa route, grâce aux travaux que cite le savant professeur, nous remarquons

(1) Voir ci-dessus, p. 7 et 8.

(2) *Cours de droit administratif,* préface, p. XIV. (Voir aussi p. III et VI.)

trop de complication dans les rouages législatifs du temps où il a écrit (1844), pour admettre qu'un code aussi volumineux eût pu s'y produire, et nous observons, maintenant plus que jamais, trop de mobilité dans le sol qui aurait à supporter ce vaste monument, pour qu'un long avenir lui fût promis.

M. de Gérando, qui faisait imprimer ses *Institutes du droit administratif* dans les dernières années du gouvernement de la restauration, devait être naturellement conduit par son sujet à s'occuper de cette question. L'*Avertissement* placé en tête de son ouvrage (1) montre qu'il n'a pas osé s'expliquer sur l'idée de *refondre la législation entière par la création d'un code nouveau et systématique*. Il a tacitement reconnu la gravité des objections qu'elle rencontrait, même dans son esprit, en se bornant à constater la nécessité, *pour la science* seulement, d'un recueil coordonné et méthodique des lois en vigueur, et en se proposant pour exemple, dans ce genre de service, Domat et Pothier.

Cette réserve est d'autant plus remarquable que, d'une part, M. de Gérando venait de consacrer de laborieuses années à une codification officieuse, ce qui aurait dû le disposer à voir avec faveur le projet d'une codification officielle; et que, d'autre part, l'organisation du pouvoir législatif, à l'époque où il composait son ouvrage, eût apporté, à un moindre

(1) Pages 2 et 3.

degré qu'en 1844, des entraves à cette dernière, bien que déjà elles fussent à peu près insurmontables pour l'accomplissement d'un semblable dessein.

Il nous paraît, en effet, bien difficile qu'avec les deux chambres instituées par la charte de 1814, le principe de la discussion publique adopté pour l'une d'elles, et l'opposition, souvent hostile, que la loi politique ne pouvait empêcher entre les trois branches du pouvoir législatif, les codes que la France possède eussent été élaborés et fussent sortis victorieux de l'épreuve constitutionnelle. Et cependant les chambres n'avaient que le pouvoir de discuter et de voter; la proposition des lois, réservée exclusivement au roi, ne leur appartenait point; le droit d'amendement direct, qui en est une conséquence, leur était dénié.

Comment une entreprise de même nature eût-elle été menée à bien après la charte de 1830, qui assimilait le pouvoir des chambres à celui du roi quant à la proposition; qui leur attribuait dès lors virtuellement le droit d'amendement direct, dont leurs membres usaient même en plein cours de discussion; qui rendait publiques les séances de la chambre des pairs, comme l'étaient celles de la chambre des députés? Tout cela sous un régime de liberté à peu près absolue pour la tribune et pour la presse. Quiconque se souvient de toutes les lois adoptées, amendées ou rejetées alors, et des discussions interminables auxquelles une simple proposition, un seul article et quelquefois un seul mot servaient d'aliment, n'hésitera pas à reconnaître qu'un projet aussi volumineux que le code administratif, touchant d'ailleurs par tant de points à la politique du gouvernement, n'aurait pas eu les chances de la viabilité.

Il ne faut, pour en être bien convaincu, que se rappeler l'apparition des premiers titres du Code civil sur la scène législative. Certes, la fermeté ne manquait pas à la main qui le présentait, et il y a loin du pouvoir monarchique sous les deux chartes au pouvoir impérial, même à son origine consulaire! Cependant, en présence de l'opposition passionnée qui se manifestait dans la majorité du tribunat, et dans une forte minorité du corps législatif, il parut prudent de retirer les projets (1), et d'attendre que des renouvellements combinés avec le sénat eussent modifié le personnel de ces deux corps, dans un sens favorable à l'adoption.

« Aujourd'hui que le temps a valu à ce Code l'es-
» time universelle, dit M. Thiers, on ne s'imaginerait
» pas toutes les critiques dont il fut l'objet à cette
» époque (2). »

Qu'on lise, si l'on veut s'en faire une idée, les livres XIII et XIV de l'*Histoire du Consulat et de l'Empire;* qu'on se figure, *obligé d'attendre*, ce génie puissant qui devait bientôt imposer ses volontés à l'Europe, et l'on reconnaîtra toujours davantage que,

(1) Message du gouvernement des consuls du 13 nivôse an x (3 janvier 1802).

(2) *Histoire du Consulat et de l'Empire*, t. III, p. 361 et suiv.

sous les deux monarchies qui succédèrent à son gouvernement, mais plus particulièrement sous la seconde, la codification législative du droit administratif aurait infailliblement échoué.

Les obstacles de cette nature seraient maintenant moins à redouter qu'à ces deux époques; mais des considérations d'un ordre différent écarteraient encore le projet, et celles-là auraient de nos jours une autorité décisive, mieux encore que dans aucun temps antérieur.

Ici ce n'est plus des moyens d'édification, mais du fond des choses, que l'impossibilité va sortir.

Une loi (nous l'avons dit plus d'une fois déjà) doit répondre à un besoin. Si elle n'y répond pas, ou si elle y répond d'une manière fausse, il faut l'abroger et la remplacer par une autre. Si elle y répond imparfaitement, il faut la compléter. Et comme c'est en vue d'un avenir incertain que les lois sont faites; comme leurs prévisions ne sont fondées que sur la connaissance de la société actuelle et de ses intérêts présents, intérêts que le principe, progressif et rétrograde, tout à la fois, de la perfectibilité humaine doit modifier quelque jour sur des points plus ou moins nombreux, il s'ensuit qu'une loi sage aujourd'hui, demain, dans dix ans, peut rencontrer un moment où elle deviendra un contre-sens et où il faudra la changer.

Ceci est vrai pour toutes les branches du droit; mais combien diffèrent cependant à cet égard le droit civil et le droit administratif!

Ce n'est qu'à de très-longs intervalles que le droit civil voit se modifier quelques-unes de ses théories. Les intérêts qu'il régit sont les intérêts propres de l'individualité réelle, ou les intérêts qui se rattachent directement à cette individualité, laquelle a dans sa nature plus de choses immuables que de choses subordonnées aux chances de la perfectibilité. Aussi voyons-nous, dans les principes positifs du droit civil, un grand nombre de règles qui ont traversé les siècles sans altération, et que des peuples, purement historiques désormais, ont léguées à d'autres qui les appliquent maintenant. Le Code Napoléon renferme une foule d'articles qui sont la traduction de lois romaines, ou qui reproduisent des dispositions empruntées aux coutumes de la vieille France.

En est-il ainsi dans le droit administratif, principalement occupé d'une individualité fictive? Les temps, les lieux, les peuples, la politique, la civilisation, les sciences, les arts, l'agriculture, l'industrie, une foule de circonstances signalant le progrès et quelquefois la décadence des institutions publiques, impriment aux lois qui doivent répondre aux besoins généraux un caractère d'incertitude, quant à leur durée, qui ne permet d'appliquer à aucune les probabilités d'existence dont les lois civiles ont la garantie. L'administration est un domaine sans cesse fouillé dans tous les sens à des profondeurs indéterminées. On y procède souvent par voie d'essai, et, quelquefois, le moment qu'on avait cru le plus propice pour une loi définitive, bien plus, cette loi elle-même, adoptée après de longues expériences et une élaboration jugées complètes, n'ont été que la veille d'un système radicalement opposé, commandé par des faits nouveaux jusqu'alors imprévus.

Combien de fois les dispositions principales de la loi de 1842, sur les chemins de fer, ont-elles été appliquées? Quelle loi cependant fut précédée d'un plus grand nombre de projets, et donna lieu à des discussions plus longues et plus animées? Quoique mutilée par les nécessités de la pratique administrative, dans plusieurs de ses dispositions, elle est debout encore, mais pour être, dès sa naissance, un exemple de la mobilité dont nous venons de parler : l'exécution par les compagnies, qu'elle n'admettait que comme exception, est devenue la règle générale; l'exécution par l'État, qu'elle établissait comme règle générale, est devenue l'exception; ses tracés ont fait place à d'autres; les faits l'ont tuée, bien qu'elle vive toujours! On ferait actuellement une loi nouvelle sur ce sujet, qu'il faudrait avant peu d'années la remplacer par une autre, tellement se multiplient les voies ferrées, tellement sont rapides les améliorations qu'elles reçoivent de procédés nouveaux, tellement s'agrandit le cercle des influences réservées à ce moyen de locomotion. Les esprits les plus aventureux dans leurs conjectures n'osent assigner des limites à un tel horizon. Ce n'est pas seulement, en effet, par les lois réglementaires dont les chemins de fer ont besoin qu'ils seront longtemps une cause de variations dans le droit administratif, mais encore par les modifications sans nombre qu'ils apporteront aux relations commerciales, industrielles et politiques, de l'extérieur et de l'intérieur. Pour ne parler que des dernières, croit-on que, lorsqu'un réseau général de *railways* couvrira la surface du territoire français, les circonscriptions judiciaires, administratives, militaires, et les institutions qui leur correspondent aujourd'hui, ne subiront aucun changement? Il y a dans les chemins de fer un avenir immense de mouvements administratifs, dont le pressentiment suffirait aujourd'hui pour ajourner l'idée d'un code spécial, si elle n'était écartée d'une manière absolue par la réunion d'une foule de considérations qui s'unissent à celle-là.

Sur un terrain différent, le dernier chapitre, en traitant une question tout autre que la question actuelle, a rappelé trois procédures successivement adoptées, dans la sphère législative, concernant l'expropriation pour cause d'utilité publique depuis le Consulat; toutes trois essentiellement différentes, quant aux principes et quant aux formes (1). En présence des entreprises d'intérêt général qui se produisent en si grand nombre partout, est-on certain que la loi de 1841 soit le dernier mot de cette législation particulière?

---

(1) Voir ci-dessus, p. 157 et 158.

Ailleurs encore, les lois de 1831 et de 1837 sur l'administration communale, celles de 1833 et de 1838 sur l'administration départementale, ne sont plus ce qu'elles ont été dans l'origine. Leur date n'est cependant pas ancienne, mais elles ont traversé des temps de révolution et n'en sont sorties que méconnaissables (1). Leur sort est, au reste, celui de toutes les lois qui touchent à l'organisation des pouvoirs, et beaucoup de lois administratives sont dans ce cas.

En dehors de la politique, d'autres germes de transformations successives dans les choses feront éclore, graduellement, des besoins différents qui demanderont de nouvelles règles. Les hommes nés à la fin du siècle dernier ont assisté à de bien grandes découvertes, principalement dans les sciences physiques. Mais ces découvertes n'étaient alors qu'à l'état de théories; elles excitaient la curiosité sans qu'on pût entrevoir les résultats qu'elles auraient plus tard. Ceux de ces hommes qui vivent encore sont arrivés à l'époque des applications utiles. Les conquêtes dues chaque jour au génie de l'invention et qui excitent l'admiration générale par leur rapide succession sont, pour eux surtout, un sujet inépuisable d'étonnement, quand ils les rapprochent de leurs vieux souvenirs. L'art exploite la science au profit de géné-

(1) Une de ces lois (celle du 21 mars 1831) a même été abrogée, mais un grand nombre de ses dispositions se retrouvent dans une loi nouvelle du 5 mai 1855.

rations nouvelles, et force, pour ainsi dire, les lois à le suivre dans sa marche accélérée.

C'est partout que se produit ce rapide essor; mais c'est principalement dans les moyens de féconder le commerce, l'industrie manufacturière, l'agriculture. Après les voies nouvelles de circulation qui leur sont un si puissant auxiliaire, il faut citer le gaz prodiguant la clarté non-seulement à nos villes, à nos manufactures et aux brillants étalages de nos riches commerçants, mais encore à l'humble atelier de l'artisan le plus modeste! l'électricité avec sa miraculeuse télégraphie et, peut-être bientôt, avec ses phares, soleils resplendissants au milieu des nuits, sécurité des populations agglomérées et de la navigation! la vapeur étendant, chaque jour davantage, l'action de sa force motrice! Il faut se pénétrer de l'esprit qui anime, à notre époque, l'administration redonnant la vie à d'anciens projets ou accueillant de nouvelles idées dans l'intérêt des produits de la terre : le reboisement des forêts, le drainage, l'acclimatation des fruits et des animaux étrangers, l'endiguement de ces cours d'eau qui ont produit naguère de si terribles désastres, tempérés cependant par de hautes consolations et par l'initiative personnelle du chef de l'État sur les moyens d'en prévenir le retour (1)!

(1) Lettre de l'Empereur au ministre de l'agriculture, du commerce et des travaux publics, du 19 juillet 1856.

Non, ce n'est pas dans le siècle qui nous rend spectateurs de tant et de telles choses, et qui nous en prépare une foule d'autres, qu'il est permis de songer à un code administratif officiel. On en promulguerait à peine le dernier chapitre qu'il faudrait refondre le code tout entier. Il aurait le sort (si l'on veut bien tolérer une comparaison prise dans les familiarités de notre enseignement) de l'opération cadastrale, laquelle, n'étant pas encore terminée dans tous les départements, avait besoin d'être refaite dans ceux qui la virent commencer.

La nature a des périodes de saisons fertiles, et d'autres où elle est avare de ses dons. L'esprit humain, après avoir beaucoup produit, peut avoir aussi des temps de stérilité ou de repos, pendant lesquels, le progrès s'arrêtant dans les faits, le mouvement est suspendu dans les lois. A supposer qu'un tel moment arrive, on pourra peut-être alors codifier le droit administratif; jusque-là ce serait témérité d'y songer.

Cette question étant épuisée, revenons à l'objet du présent chapitre.

Le plan d'un cours, comme celui de tout autre ouvrage, c'est le bon sens dans les divisions principales ; c'est l'enchaînement logique dans les subdivisions et dans l'arrangement des matières ; c'est partout, en un mot, la clarté que produit l'ordre.

Si, parlant des œuvres de l'imagination, un poëte a pu dire avec vérité que l'ordre en est la puissance et la grâce (*virtus et venus*), à plus forte raison l'ordre doit présider aux travaux didactiques. Parmi ceux-ci nous n'en connaissons pas auxquels il soit plus nécessaire qu'à l'enseignement du droit administratif, par la raison que nulle part il n'y a plus de désordre dans les éléments positifs à classer. Le commencement de ce volume (1) a offert un aperçu du chaos que présentent les textes, innombrables et dispersés, dont un cours de droit administratif doit exposer les principes. Il faut qu'un discernement lent et réfléchi mûrisse l'ordonnance générale de tant de sujets épars; qu'il donne à chaque matière la place qui lui convient; qu'il sache refuser quelquefois à tels ou tels objets, celles dont ils voudraient s'emparer au premier abord, afin de leur en assigner ailleurs d'autres choisies plus judicieusement (2).

Ce travail n'est pas le moins difficile de ceux auxquels un professeur doit se livrer. On est séduit par une idée; elle est simple et semble féconde en moyens de rattacher, par un lien naturel, tout ce que le plan doit comprendre, à un petit nombre de points principaux liés de leur côté logiquement entre

(1) Pages 7 et 8.

(2) *Ordinis hæc virtus erit, et venus, aut ego fallor,*
Ut jam nunc dicat jam nunc debentia dici,
Pleraque differat, et præsens in tempus omittat.
(Hor., *de Art. poet.*)

eux. On se livre au développement de cette idée en y apportant la passion qu'inspire à l'homme d'étude la mise en œuvre de ce qu'il considère, avec satisfaction, comme une découverte précieuse pour les devoirs qu'il doit remplir. Puis, vient un moment où surgissent, à côté des avantages qu'on avait espérés, de graves inconvénients qui n'étaient pas prévus. Il faut renoncer à un labeur déjà bien avancé et chercher autre chose.

C'est notre histoire personnelle que ces lignes viennent de tracer.

Lorsque nous fûmes appelé, au commencement de 1838, à la chaire qu'on venait de créer à Grenoble, il nous sembla que le fil destiné à nous guider dans le labyrinthe des textes nous était offert par cette triple attribution du pouvoir administratif : *délibération, action, jugement;* qu'ainsi notre cours devait admettre trois divisions principales, savoir : un premier livre traitant des *Conseils administratifs*, un second, des *Agents administratifs*, un troisième, des *Tribunaux administratifs*. Après cela, quoiqu'il ne nous parût pas sans difficulté de faire entrer dans cette division principale, qui était fort simple, le classement détaillé de tout ce que contient le droit administratif, nous pensâmes cependant que nous en viendrions à bout sans trop forcer la nature des choses. Mais avant d'arriver aux points les plus épineux de ce classement, des réflexions survenues un peu tard (assez tôt cependant pour que nous n'eussions pas encore fait fausse route) nous firent reconnaître le danger de nos prémisses par celui de leurs conséquences.

En effet, nous allions morceler, en les séparant par des sujets qui en sont indépendants, des choses qu'il faut voir de suite et sans interruption; par exemple: l'administration départementale et l'administration communale, qui, étudiées d'abord dans les conseils délibérants qui leur appartiennent, auraient été reprises, après un temps plus ou moins long consacré dans le premier livre à d'autres conseils, pour être étudiées de nouveau dans le second, sur tout ce qui concerne les administrateurs du département et de la commune, et les agents divers dont la collaboration leur est nécessaire. Ces observations nous firent renoncer au premier plan que nous avions conçu.

Depuis, la même idée a été accueillie, avec plus de persévérance, par deux professeurs d'un mérite élevé (1). Le succès des ouvrages qu'ils ont publiés n'a pu changer notre opinion, déterminée par la considération d'un fait indestructible. Remarquons encore une fois que ce qui est inconvénient grave dans un enseignement oral ne l'est pas au même degré, ou ne l'est pas du tout, dans un livre.

A la suite de l'échec que nos premières impressions venaient de subir, des réflexions nouvelles nous conduisirent à penser qu'avant de concevoir un plan,

(1) M. Trolley et M. Cabantous. (Voir ci-dessus, p. 58 à 60.)

nous devions préciser rigoureusement nos idées sur la science qu'il allait embrasser, et que l'objet général étant une fois bien défini, les points principaux et les détails de la distribution par livres, titres et chapitres, se trouveraient et se classeraient aisément.

Mais avec un tel but nous devions rejeter toute définition qui, se bornant à signaler un trait caractéristique, ou s'attachant de préférence au brillant et à l'originalité de la forme, n'aurait pas offert le sens exact et complet de l'objet défini, et répandrait d'ailleurs une teinte déplacée de romantisme dans le langage austère du droit. Il nous fallait une définition conforme aux vieilles règles, s'appliquant à tout le sujet et rien qu'à lui : *toti et soli definito ;* une définition à la fois principe et corollaire de l'ensemble général dont elle devait fournir les idées principales.

Voici celle que nous adoptâmes dans ce dessein, et qui a servi de base au plan que nous allons proposer ; notre professorat l'a constamment reproduite.

« Le droit administratif est la science des dispositions générales et réglementaires qui ont pour objet l'organisation du pouvoir administratif, les matières placées dans les attributions de ce pouvoir, et les rapports qu'établit son exercice entre l'intérêt public et l'intérêt privé (1). »

(1) Plaçons en note deux observations sur la première phrase de cette définition : 1° On pourrait dire qu'elle restreint le droit administratif à la simple connaissance des textes ; mais le mot *science* ré-

On remarque ici trois choses : un pouvoir, ses attributions, des intérêts que son exercice met en présence.

S'ensuit-il qu'il faille diviser le cours en trois livres limitativement circonscrits par ces trois choses ?

Ce serait s'exposer à de nouveaux inconvénients, peut-être plus sérieux encore que ceux qui viennent d'être observés. Non, notre définition doit fournir les idées essentielles d'un plan, sans se l'assujettir d'une manière absolue. Au lieu de lui donner des entraves, il faut qu'elle le rende facile ; elle sera le principe, il sera la conséquence ; mais la conséquence libre dans ses développements, à la charge de respecter l'harmonie qui doit régner entre le point de départ et ses déductions.

Ainsi, l'organisation du pouvoir administratif devra certainement être l'entrée en matière du cours ; mais, comme ce pouvoir ne serait que très-imparfaitement compris si on l'étudiait seulement dans son

---

pond à cette objection ; il embrasse les divers éléments qui la constituent elle-même : la lettre morte et la lettre philosophiquement comprise et pratiquement appliquée. 2° On peut prétendre qu'il suffisait de mentionner les lois, sans donner, à leur suite, une place spéciale aux règlements, lesquels n'ont pas la même puissance. Nous répondrons, en nous répétant ici, que si les règlements d'administration publique ne doivent jamais l'emporter sur les lois, ils les égalent en autorité toutes les fois qu'ils s'unissent à elles comme auxiliaires. Quant à la place qu'ils occupent dans la définition, elle ne leur est donnée qu'à raison de l'importance toute spéciale que leur reconnaît le droit administratif. Sur ce point nous renvoyons à ce qui a été dit ci-dessus, p. 8 et 9.

organisation, il faudra bien s'occuper en même temps de ses attributions; non de toutes, il s'en faut, mais de celles qui ont le caractère le plus général et le plus propre à faire apprécier sa mission et son importance. Tel sera donc le sujet du premier livre.

Quant aux autres attributions, elles s'offriront, et en très-grand nombre, à mesure que le plan mettra en scène les matières qui les ont rendues nécessaires. Elles seront alors d'autant plus facilement saisies que, d'une part, le pouvoir à qui elles appartiennent sera connu dans son organisation, en même temps qu'on l'aura vu fonctionner dans des cas nombreux; et que, d'autre part, l'étude simultanée de l'attribution et de la matière qui en est le siége, et que le droit régit encore sous d'autres rapports, présentera deux sources d'instruction devenues l'une et l'autre, par leur réunion, plus profitables à l'intelligence.

Maintenant, les matières placées dans les attributions du pouvoir administratif ne formeront-elles qu'un seul livre? Il aurait une étendue démesurée, en même temps que la nécessité d'y séparer celles que groupe tel ou tel caractère commun, pris dans l'analogie des intérêts, n'y serait pas assez nettement dessinée. D'un autre côté, on réduirait les divisions principales, toujours peu nombreuses et faciles à retenir, ce qui obligerait à étendre les subdivisions et arrière-subdivisions qu'il ne faut pas multiplier sans un besoin absolu, par la raison que la mémoire et le jugement y rencontrent un travail moins aisé. Il sera donc mieux de faire autant de divisions principales qu'on trouvera de matières naturellement rapprochées par le lien que nous venons d'indiquer; et, comme une portion d'entre elles offre des intérêts purement moraux, une autre des intérêts purement matériels, et une troisième des intérêts qui réunissent ces deux caractères, la nature de ces intérêts parfaitement distincts fournira la rubrique de trois livres nouveaux, entre lesquels se répartiront les matières à classer.

La définition à laquelle notre plan se rattache mentionne, avec raison, comme un des principaux objets du droit administratif, les rapports que l'exercice de l'administration établit entre l'intérêt public et l'intérêt privé; ce qui semblerait indiquer, à la suite des livres précédents, la place d'un cinquième livre consacré aux tribunaux administratifs, à leur juridiction contentieuse et aux cas nombreux de leur compétence particulière. Telle avait été notre première pensée; mais nous n'eûmes pas besoin de longues réflexions pour reconnaître que, dans un cours oral, nous devions les repousser. En premier lieu, les tribunaux administratifs ont leur place invariablement marquée dans le premier livre, lequel serait incomplet si l'organisation, qui en est le sujet principal, voyait rejeter à la fin de l'enseignement celle des juges qui ont dans leur domaine le contentieux de l'administration : le pouvoir dont ces juges sont revêtus est, en effet, un démembrement du pouvoir administratif lui-même. En second lieu, une exposition des cas où les tribunaux administratifs sont appelés à juger, isolée des matières qui les font surgir, occasionnerait d'abord une perte de temps considérable, en ce qu'après avoir étudié le droit sur ces matières, il faudrait, à la suite d'un intervalle plus ou moins long et pour élucider des *espèces* qui ne seraient pas comprises sans un retour sur le passé, répéter une partie de ce qui aurait été précédemment expliqué. Il y aurait à redouter encore quelque chose de plus grave : ce serait une monotonie insurmontable, mettant au défi la bonne volonté des étudiants les plus courageusement attentifs, après avoir imposé à leur professeur un travail long, aride et rebutant, pour n'obtenir en définitive aucun résultat satisfaisant.

Les tribunaux administratifs doivent donc occuper la place que leur réserve naturellement le premier livre, où l'étude de leurs attributions générales et essentielles, dans la mesure marquée un peu plus haut, les placera sous le jour le plus favorable pour que la pensée législative, au sujet de chaque institution, soit judicieusement appréciée. Quant aux détails de la compétence et aux questions qui peuvent s'élever, c'est pendant le développement des matières à traiter *in extenso* que la nature des choses les fera paraître au moment convenable ; c'est alors que l'intelligence les saisira le mieux, sans qu'il soit besoin ni de classification particulière, ni de répétitions consumant le temps au préjudice des autres parties de l'enseignement; c'est alors encore que le professeur trouvera, dans la diversité des aspects sous lesquels les choses seront présentées, un moyen de soutenir l'attention de son auditoire. M. Foucart, qui le premier a fait imprimer un cours de droit administratif, a procédé ainsi; son exemple a été généralement suivi; nous ne pouvions avoir un meilleur guide.

On ne saurait traiter des tribunaux administratifs sans songer à la *juridiction*, et aux attributs distincts de celle qu'on nomme *volontaire* ou purement administrative (1) et de celle qui est appelée *contentieuse*. Cependant, ce n'est pas en tête de la division consacrée à ces tribunaux que doivent être données les notions, d'ailleurs très-courtes, que la *juridiction* comporte et qui sont communes à deux formes différentes du pouvoir administratif. Il sera beaucoup plus rationnel de les rattacher à l'une des leçons préliminaires qui doivent précéder le cours proprement dit, et qui ont été annoncées sous le titre d'*introduction* (2).

Tout n'est pas fini quant à l'ordonnance générale du plan : nous sommes en présence du pouvoir qui gère les intérêts sociaux et politiques, et des tri-

(1) L'usage lui conserve aussi le titre de *juridiction gracieuse*, mais c'est improprement, à notre avis. Cette désignation remonte à une époque où les actes du pouvoir avaient une physionomie de faveur et de *grâce*, peu en harmonie avec les institutions et les principes actuels.

(2) Page 157.

bunaux qui statuent sur les litiges administratifs; pouvoir et tribunaux ont besoin de moyens d'exécution pour remplir leur mandat. Parmi ces moyens, il en est de spéciaux que les lois ou les règlements ont appropriés séparément à chaque matière, et dont l'étude serait déplacée ailleurs. Il en est de généraux qui s'appliquent, ou peuvent éventuellement s'appliquer à tout, et qui ont le même caractère partout. A ceux-ci, une place distincte est nécessaire : ils seront le sujet d'un cinquième et dernier livre.

Si nous récapitulons actuellement les points où des jalons viennent d'être plantés, l'encadrement général du cours présentera, dans l'ordre suivant, un aperçu des matières, lequel ne les indiquera cependant encore que par masses.

LIVRE I. — *De l'organisation du pouvoir administratif et de ses attributions générales.* — Les divisions que ce livre offrira d'abord seront en relation avec les individualités de l'État, du Département et de la Commune. Le principe de l'unité dans l'administration veut que le droit qui les concerne soit étudié au début dans la région supérieure, puis dans la région intermédiaire, et, finalement, dans la région inférieure; parce que c'est au sommet qu'est placé le pouvoir centralisant, celui qui imprime sa direction au mouvement général, et qui règle l'action administrative dans toute la hiérarchie de ses divers organes. La police se présentera ensuite : instituée pour maintenir l'ordre public, ayant pour caractère principal la vigilance, elle se rattache à l'administration dans les degrés qu'on vient d'indiquer, et offre un sujet susceptible de divisions, sinon absolument semblables, du moins analogues. Les tribunaux administratifs termineront ce livre ; l'ordre observé à leur sujet sera tout autre : c'est par les juridictions inférieures qu'il convient ici de commencer, pour remonter ensuite à celles qui ont le rang le plus élevé ; parce que la demande, ou la plainte, qui est la cause du litige et qui peut donner l'impulsion à des recours successifs, est portée devant le juge du premier degré avant d'arriver au juge supérieur.

LIVRE II. — *Des intérêts moraux dont le pouvoir administratif est appelé à s'occuper.* — On les groupera sous trois catégories à l'aide des caractères suivants : intérêts religieux, intérêts politiques, intérêts intellectuels (1), et le livre aura des divisions correspondantes, traitant des cultes au point de vue

(1) *Intérêts intellectuels.* — Nous n'avons pas trouvé d'expression qui répondît mieux à la nécessité de classification à laquelle nous devions obéir.

de l'administration, des élections, etc., de l'instruction publique, etc.

LIVRE III. — *Des intérêts matériels confiés au pouvoir administratif.* — C'est dans ce livre que doit se distribuer une portion considérable de ce qu'on appelle la gestion économique. D'abord, tout ce qui touche à la propriété possédée ou gérée au profit de tout le monde, ou au profit des individualités fictives que reconnaissent les lois politiques et administratives; depuis le domaine public et le domaine de l'État, jusqu'aux domaines distincts du département, de la commune et des autres établissements publics; depuis les choses placées hors du commerce, depuis celles qui sont affectées à des services d'intérêt général, jusqu'aux mines qui sont, en quelque sorte, la transition de la propriété plus ou moins publique à la propriété purement privée, et qui offrent, dans les concessions qui créent le droit de propriété à leur sujet et dans son régime spécial, de notables dérogations au droit commun. Après cela se placeront successivement, la matière si vaste de la voirie, celle des eaux qui ne l'est pas moins, celle des travaux publics et celle de l'expropriation pour cause d'utilité publique, auxquelles notre époque doit donner des proportions nouvelles, qu'on n'eût pas soupçonnées il y a quarante ans.

LIVRE IV. — *Des intérêts, à la fois moraux et matériels, que le pouvoir administratif dirige, ou dans lesquels il intervient.* — Ce double caractère appartient à l'industrie, aux établissements de bienfaisance, et aux établissements de répression. Le premier de ces trois sujets se développe sous l'influence d'un principe de liberté que limitent, en quelques points, des restrictions favorables en définitive à l'essor du mouvement industriel, et qui est fécondé, sur d'autres, par différentes institutions; il embrassera divers objets étendus. Les hospices et leur administration seront la matière la plus importante du second. Le troisième trouvera, dans les études et dans les essais auxquels donne lieu, depuis plusieurs années, une pensée d'amendement moral, l'occasion de digressions intéressantes.

LIVRE V. — *Des moyens généraux d'exécution dont le pouvoir administratif dispose.* — Nous en distinguons deux : la force publique et les finances; l'un éventuellement nécessaire, l'autre toujours indispensable; tous les deux, comme nous l'avons déjà dit, s'appliquant à toute l'administration publique, sans en rien excepter. L'administration n'offre pas un seul point où l'exécution des lois et des règlements ne soit dans le cas de rencontrer des résistances matérielles, des rébellions ouvertes, qu'il n'est donné qu'à la force de surmonter. L'administration n'a ni institutions ni services qui puissent fonctionner sans argent; on retrouvera ici la gestion économique, mais à un autre point de vue que dans le livre III; c'est aux impôts et à la comptabilité qu'elle aura trait : aux impôts, condition *sine quâ non* de toute organisation; à la comptabilité, garantie de toute gestion fidèle.

Tel est, dans notre esprit, le plan raisonné d'un cours de droit administratif. Tel est, du moins, le tracé des grandes lignes qui doivent embrasser, sans exception, ce qui appartient à cette branche de la science des lois.

Pour compléter ce travail, il faut nécessairement assigner aux divers degrés de subdivisions le rang qui leur appartient dans les cadres préparés.

Si nous faisions, pour les détails, ce que nous venons de faire pour les sommités; si nous rendions compte des obstacles que la distribution des choses nous a présentés, et des moyens à l'aide desquels nous avons appliqué le précepte d'Horace et mis chaque chose en son lieu, il faudrait écrire de nombreuses pages; elles dépasseraient les limites assignées à ce volume et le but que nous voulons atteindre.

Nous nous contenterons de poser quelques règles que nous nous sommes données à nous-même. Elles seront suivies du classement général, lequel aura la forme d'une table de matières, moins les renvois à des pages qui ne sont pas écrites, et présentera le résultat définitif de toutes les considérations renfermées dans le présent chapitre.

PREMIÈRE RÈGLE. — *Chaque matière doit être classée à raison de son point de vue administratif le plus essentiel.* — Il est des matières dont la nature offre plusieurs aspects : les douanes, par exemple, qui ont d'intimes relations avec l'industrie et qui sont un impôt. Mais le premier de ces deux aspects touche plus à des questions d'économie politique qu'à des principes de droit ; tandis que le second touche à des moyens qui sont, pour l'administration, une condition d'existence, et qui doivent être, par conséquent, un des objets les plus essentiels du droit administratif. C'est donc sous le titre *des impôts,* et non sous celui *de l'industrie,* qu'il faut étudier les douanes.

SECONDE RÈGLE. — *Chaque matière ainsi classée doit être exposée sous ses divers aspects, alors même que quelques-uns se trouveraient en dehors du point de vue principal de sa classification.* — Nous venons de citer les douanes : leur place au titre des impôts ne doit pas y restreindre l'étude à ce qui constitue le fondement des taxes et leur perception. Il est évident qu'une fois ce sujet entamé, il y aurait perte de temps et inconvénient pour l'intelligence, à renvoyer à un autre moment l'examen des principes et des questions qui rapprochent les douanes de l'industrie. Citons encore le régime forestier : c'est sous le titre *du domaine de l'État* qu'il convient de s'en occuper, car c'est principalement aux bois domaniaux que le code et l'ordonnance d'exécution de 1827 donnent des règles. Cependant, ce code et cette ordonnance appliquent le régime forestier modifié à d'autres bois : à ceux des communes notamment. Ils contiennent même des règles qui concernent les bois des particuliers. Or, ce serait une anomalie que de refuser à ces portions de la législation forestière une place dans le chapitre qui doit embrasser la plus grande partie de la matière, pour leur en attribuer une autre qui ne leur conviendrait qu'imparfaitement et qu'on aurait peut-être de la peine à trouver.

Troisième règle. — *On ne doit cependant pas s'astreindre, d'une manière absolue, aux deux règles précédentes. Il faut y déroger quand la clarté et la rapidité de l'enseignement l'exigent.* — L'organisation du pouvoir administratif, par exemple, offre trois points principaux où le système électif est appelé à fournir à ce pouvoir des éléments déterminés par la constitution ou par les lois. Outre ces trois points, le même principe est encore appliqué à d'autres institutions.

Faudra-t-il donc traiter des élections législatives en parlant du Corps législatif, des élections départementales à l'occasion des conseils généraux et des conseils d'arrondissement, des élections communales quand sera venu le tour des conseils municipaux ? puis, reproduire de nouveau les principes de la matière, à mesure que se présenteront ailleurs des occasions de les appliquer encore ? Conviendrait-il mieux de choisir une des divisions où il peut être rationnel de parler de la législation électorale, pour l'exposer dans toutes ses applications ? L'un et l'autre partis seront rejetés si l'on fait attention 1° que, partout où il s'agit d'étudier l'organisation administrative, elle peut être complétement exposée et parfaitement comprise, alors même qu'on en aura détaché ce qui concerne les élections, au sujet desquelles il suffira de mentionner le principe général ; 2° que si l'étude de l'organisation n'a rien à perdre dans ce partage, l'étude du système général des élections a beaucoup à y gagner, en ce que les principes appliqués, dans un enseignement non interrompu, à toutes les hypothèses qu'ils régissent, formeront un corps de doctrine mieux apprécié par le jugement et plus aisément retenu par la mémoire que si l'on fractionnait la matière, pour la quitter et la reprendre à des intervalles plus ou moins éloignés; indépendamment des répétitions que ce dernier mode rendrait indispensables, et de la perte de temps qui en serait le résultat. C'est donc avec l'appui d'une considération logique que ce sujet a été placé en entier dans le livre II, où on le retrouvera bientôt en tête des intérêts politiques qu'on y verra figurer.

QUATRIÈME RÈGLE. — *Quand deux administrations analogues se meuvent, parallèlement et par les mêmes agents, dans une même circonscription, il y a avantage pour la clarté de l'enseignement, comme il y a économie de temps, à ne pas les isoler l'une de l'autre sous des titres séparés.* — Pour indiquer la portée des trois règles qui précèdent celle-ci, nous avons réduit les exemples : il était sans utilité de les multiplier. Quant à la règle actuelle, nous en limitons l'application à *l'administration générale*, agissant dans les départements et dans les communes par le moyen des préfets et des maires, administrateurs en même temps, les premiers, des intérêts de la personnalité départementale, les seconds, des intérêts de la personnalité municipale. Si les droits et la fortune de chaque commune et de chaque département sont distincts et indépendants les uns des autres, ils le sont également des droits et de la fortune de l'État. Cependant, ces trois objets se touchent par une multitude de points ; leur gestion présente des traits saillants de ressemblance ; ce sont les mêmes fonctionnaires locaux qui s'en occupent. Il faut donc, au titre de *l'administration départementale*, traiter à la fois des deux administrations (générale et départementale proprement dite). Il faut, de même, associer l'étude de l'administration générale et de l'administration municipale, au titre de *l'administration communale*, dans laquelle cependant le maire n'agit, en ce qui concerne la première, qu'avec une position subordonnée et sous l'autorité du préfet. On a sans doute pressenti que cette étude simultanée n'aura pas pour effet de confondre ce qui est distinct de sa nature, mais fera simplement marcher de concert des choses qui se prêtent un mutuel appui. Le professeur trouvera même, dans leur rapprochement, une plus grande facilité pour montrer en quoi elles diffèrent. Ce qu'il doit éviter, c'est seulement de prodiguer les subdivisions que nous appellerons *tabulaires*, et qui auraient ici l'inconvénient de faire deux traités séparés exigeant plus de temps, alors qu'un seul suffit et assure au jugement et à la mémoire de meilleurs points d'appui.

Les règles que nous venons de poser et d'expliquer achèvent de faire connaître l'esprit dans lequel a été conçu notre plan. Il s'agit à présent de le résumer par un tableau général.

En publiant ce tableau, qui est celui de notre enseignement personnel depuis l'année 1838, nous ne saurions avoir la prétention de le présenter comme type du plan officiel que l'administration centrale pourra être dans le cas d'adopter ultérieurement, et nous espérons qu'on ne le supposera pas. Les sujets nombreux auxquels le droit administratif s'étend ont donné lieu à des classifications différentes. Chaque professeur a eu la sienne, sans s'assujettir à celles de ses collègues. Nous avons fait comme eux, peut-être avec trop de témérité. Nous croyons, cependant, qu'en l'absence d'un code ou d'un plan officiel tenant sa place, tout le monde a eu raison. Sur un tel point, la supériorité est une idée relative : pour l'homme qui enseigne, le meilleur plan sera toujours celui dans lequel il trouvera le plus de clarté, et ce devra être le sien propre ; pour ceux qui l'écoutent, ce plan sera le meilleur encore. On explique mieux ce qu'on a soi-même coordonné que ce qui a été classé par d'autres; on retient plus facilement la leçon d'un professeur parcourant la carrière qu'il a dessinée, que s'il était obligé de s'assujettir à des limitations peu en harmonie avec la nature de son esprit et avec ses idées personnelles.

Mais quand viendra le moment où plusieurs chaires auront à se diviser l'enseignement du droit administratif, ceci devra s'effacer en présence de la nécessité que les premières pages de ce chapitre ont démontrée.

En l'état, nous n'avons d'autre ambition que celle que cet ouvrage a déjà annoncée, lorsqu'il a considéré comme une enquête encore ouverte les actes de l'administration centrale depuis 1819, et les études qui ont précédé et suivi le projet de loi de 1847 (1). Nous ne croyons pas que, parmi les plans connus, aucun soit adopté exclusivement; mais, à coup sûr, ils seront étudiés sans exception, et plusieurs, si ce n'est tous, fourniront leur contingent au travail définitivement adopté. Nous considérons comme un devoir de position de joindre le nôtre aux divers éléments de cette enquête. Nous le faisons sans usurper l'autorité du conseil, mais en usant du droit d'avis qui, dans une pareille hypothèse, appartient non-seulement à ceux qui ont été en situation de méditer longtemps ce sujet, mais encore à quiconque croit pouvoir dire quelque chose d'utile, ne dût-on lui emprunter qu'une seule idée, ne dût-on même lui en emprunter aucune.

INTRODUCTION.

PREMIÈRE PARTIE.

PROLÉGOMÈNES.

Droit. — Ses divisions. — Justice, but final du droit. — Jurisprudence, application du droit. — Loi. — Règlement. — Procédure. — Interprétation de doctrine. — Interprétation de jurisprudence. — Interprétation législative. — Droit administratif. — Gestion économique. — Économie politique. — Pouvoir en général. — Pouvoirs publics. —

(1) Voir ci-dessus, p. 92.

Pouvoir législatif. — Pouvoir exécutif. — Pouvoir administratif. — Pouvoir judiciaire. — Juridiction. — Juridiction volontaire. — Juridiction contentieuse. — Contentieux administratif. — Compétence. — Unité administrative. — Procuration d'action. — Centralisation administrative. — En quoi diffère de l'unité. — Tutelle administrative. — En quoi se distingue de la centralisation proprement dite (1).

SECONDE PARTIE.

APERÇU HISTORIQUE DU DROIT CONSTITUTIONNEL FRANÇAIS.

I. Ancienne monarchie française (2).

II. Révolution de 1789 et constitution des 3-14 septembre 1791.

III. Convention nationale et constitution du 24 juin 1793 (3).

IV. Gouvernement révolutionnaire.

V. Constitution du 5 fructidor an III (23 septembre 1795) et gouvernement du directoire.

VI. Constitution du 22 frimaire an VIII (24 décembre 1799) et gouvernement consulaire.

VII. Sénatus-consultes organiques et gouvernement impérial.

VIII. Transition. — Constitution du 6 avril 1814, improvisée par le sénat, et déclaration royale du 2 mai suivant.

---

(1) Beaucoup de choses que comprennent ces indications sont exposées dans les chaires de droit civil; mais la plupart d'entre elles prendront ici une physionomie particulière, et seront en outre nécessaires pour bien faire apprécier la position relative du droit administratif, au milieu des démembrements de la science des lois. Y a-t-il, d'ailleurs, inconvénient à ce que des notions aussi essentielles que celles que nos prolégomènes mentionnent soient reproduites dans plusieurs cours?

(2) Nous n'entendons ici que la période immédiatement antérieure à 1789.

(3) Utopie qui ne fut jamais mise à exécution.

IX. Gouvernement de la restauration et charte constitutionnelle du 4 juin 1814.

X. Gouvernement impérial des cent-jours et acte additionnel aux constitutions de l'empire du 22 avril 1815.

XI. Transition. — Constitution inachevée, entreprise par la chambre des représentants. — Retour du gouvernement de la restauration.

XII. Révolution de 1830 et charte revisée du 14 août de la même année.

XIII. Révolution de 1848 et constitution républicaine du 14 décembre de la même année.

XIV. Décret du 2 décembre 1851. — Plébiscite des 20 et 21 du même mois et constitution du 14 janvier 1852.

XV. Rétablissement du gouvernement impérial. — Décret du 19 octobre 1852. — Sénatus-consulte du 7 novembre suivant. — Plébiscite des 20 et 21 du même mois. — Sénatus-consulte du 25 décembre suivant. — Sénatus-consulte du 17 juillet 1856 (1).

TROISIÈME PARTIE.

PLAN DU COURS.

Exposition raisonnée, mais très-succincte, de l'ordonnance des matières qui sont classées dans les livres ci-après (2).

---

(1) Il nous paraîtrait convenable d'exposer, dans leur texte même, les divers actes mentionnés aux nos XIV et XV, sauf ceux qui ne sont pas susceptibles d'exégèse. Ces actes forment l'élément littéral du droit constitutionnel de la France actuelle, et l'on ne doit pas craindre que le commentaire rapide que comportera cet exposé ait pour résultat de donner à l'aperçu historique dont il sera la conclusion plus d'étendue que n'en a fait prévoir le précédent chapitre. (Voir p. 156.)

(2) Une leçon suffira pour cet objet.

LIVRE PREMIER.

DE L'ORGANISATION DU POUVOIR ADMINISTRATIF ET DE SES ATTRIBUTIONS GÉNÉRALES.

TITRE PREMIER.

DE L'ADMINISTRATION GÉNÉRALE ET CENTRALE.

CHAP. I. — De l'Empereur (1).

CHAP. II. — Des ministres.

Sect. 1. — Des ministres et du ministère, de l'organisation et des attributions des départements ministériels.

Sect. 2. — Des directions et administrations générales, des chefs de division et des bureaux.

Sect. 3. — Des conseils consultatifs correspondant aux divers départements ministériels.

CHAP. III. — Du conseil d'État (2).

---

(1) Quand ce chapitre se présentera, on aura vu, dans l'*Introduction*, les lois politiques constitutives du gouvernement impérial, et l'on connaîtra les attributions de puissance exécutive et d'administration du chef de l'État. De longs développements ne seront donc pas ici nécessaires; le pouvoir, qui est comme la clef de la voûte, donnera lieu à beaucoup moins de leçons que les divisions suivantes. A la vérité on le retrouvera partout, et d'abord, dans les deux chapitres qui viennent après celui-ci : ils doivent faire connaître la collaboration immédiate d'action et de conseil dont la puissance gouvernementale a besoin, et, en se ramifiant eux-mêmes dans les administrations locales, ils ne cesseront d'offrir sur chaque point l'impulsion de l'autorité centrale appartenant à l'Empereur.

(2) C'est comme conseil politique, législatif et administratif, que le conseil d'État est ici placé. On le retrouvera ci-après, tit. V, comme

TITRE II.

DE L'ADMINISTRATION DÉPARTEMENTALE.

---

tribunal administratif. Les conseils de préfecture donneront lieu à une division analogue.

(1) On n'oublie pas que, dans le cours de ce livre, il ne doit être question que des attributions essentielles et générales. Celles des préfets s'étendent à une foule d'objets, et le plus grand nombre d'entre elles doit s'offrir sous les divisions suivantes. Le titre IV du présent livre embrassera celles qui appartiennent à la police.

(2) Les préfets ont d'autres collaborateurs immédiats que ceux qu'indiquent les trois sections placées sous ce chapitre. Ce sont : 1° les chefs des divers services administratifs (financiers et autres); 2° les chefs du service de la police. Mais ce qui concerne ces divers fonctionnaires est classé plus loin.

(3) Voir la note 2 mise au bas de la page précédente.

§ 3. — Conseillers de préfecture.

Sect. 2. Des secrétaires généraux et des bureaux.

Sect. 3. — Des sous-préfets.

Chap. IV. — Des conseils généraux de département.

Sect. 1. — De l'organisation de ces conseils.

Sect. 2. — De leurs attributions.

Sect. 3. — De la tutelle administrative concernant leurs délibérations.

Chap. V. — Des conseils d'arrondissement (1).

Chap. VI. — De l'administration spéciale du département de la Seine.

TITRE III.

DE L'ADMINISTRATION COMMUNALE.

Chap. I. — Des communes, de leur territoire et de la personnalité municipale.

Chap. II. — Des maires et adjoints.

Sect. 1. — De l'organisation des mairies.

Sect. 2. — Des attributions des maires (2).

Sect. 3. — Des actes par lesquels leur autorité se manifeste et de la réformation de leurs arrêtés.

Sect. 4. Des attributions des adjoints.

---

(1) L'organisation et les attributions sont, pour les conseils d'arrondissement comme pour les conseils généraux, des choses distinctes; mais le sujet ayant beaucoup moins d'étendue pour les conseils d'arrondissement, il nous a paru inutile de diviser ce chapitre en sections. En général, nous évitons les subdivisions quand l'abondance des matières ou la clarté ne les exigent pas.

(2) Ce sont encore les attributions essentielles et générales. (Voir la 1re note mise au bas de la page précédente.)

TITRE IV.

DE LA POLICE ADMINISTRATIVE (2).

---

(1) Ceux de ces fonctionnaires qui appartiennent à la police ont leur place dans le titre suivant.

(2) Quoiqu'il ne doive être traité ici que de la *police administrative*, on comprend que quelques notions succinctes sur la *police judiciaire* sont indispensables, à l'ouverture de cette partie de l'enseignement, pour séparer deux objets intimement liés, quoique distincts, dont l'un appartient à une autre chaire.

TITRE V.

DES TRIBUNAUX ADMINISTRATIFS.

(1) Voir la note 2 au bas de la page 217.

(2) L'ordre logique voulait que les juridictions spéciales que mentionnent les cinq premières sections de ce chapitre y fussent indiquées ; mais les explications qu'elles exigent ne doivent être données qu'en traitant des matières auxquelles ces juridictions s'appliquent. Isolées, elles ne seraient pas comprises.

---

(1) Voir la note 2 au bas de la p. 221.

(2) Les commissions de liquidation ne sont instituées que temporairement. Quelques mots doivent suffire pour en donner une idée.

(3) Voir la note 2 au bas de la page 217.

LIVRE SECOND.

DES INTÉRÊTS MORAUX DONT LE POUVOIR ADMINISTRATIF EST APPELÉ A S'OCCUPER.

TITRE PREMIER

DES CULTES.

TITRE II.

DES ÉLECTIONS, DU JURY, DES PUBLICATIONS PAR LA VOIE DE LA PRESSE, DE LA GRAVURE ET DU THÉATRE.

TITRE III.

DE L'INSTRUCTION PUBLIQUE ET DES ÉTABLISSEMENTS QUI S'Y RATTACHENT.

---

(1) Au point de vue administratif, ce chapitre ne comporte que quelques observations générales sur l'organisation du jury et sur des hypothèses qui appartiennent à une autre branche d'enseignement. Mais, parmi les applications du jury, il en est une qui se lie essentiellement à l'expropriation pour cause d'utilité publique, classée dans le livre suivant (tit. XI), où l'on retrouvera l'institution avec cette application spéciale.

LIVRE TROISIÈME.

DES INTÉRÊTS MATÉRIELS CONFIÉS AU POUVOIR ADMINISTRATIF.

TITRE PREMIER.

DU DOMAINE PUBLIC.

CHAP. I. — Du domaine public national.
CHAP. II. — Du domaine public départemental et communal.

TITRE II.

DU DOMAINE DE L'ÉTAT.

CHAP. I. — Des biens qui en font partie.
CHAP. II. — De sa gestion.
CHAP. III. — De la conservation des bois de l'État, et du régime forestier en général (1).
Sect. 1. — Du régime forestier concernant les bois de l'État, de la couronne et des apanages ou majorats réversibles à l'État.
§ 1. — Délimitation et bornage.
§ 2. — Aménagement.

---

(1) L'ordre adopté dans ce chapitre est, à peu de chose près, celui du code forestier. Il y a toujours avantage, quand on le peut, à se rapprocher des divisions que l'application pratique rencontrera plus tard.

TITRE III.

DU DOMAINE OU DE LA DOTATION DE LA COURONNE ET DU DOMAINE PRIVÉ DE L'EMPEREUR.

TITRE IV.

DU DOMAINE DÉPARTEMENTAL (1).

TITRE V.

DU DOMAINE MUNICIPAL (2).

---

(1) Il ne doit être ici question que de la consistance de ce domaine. C'est sous le titre de l'*administration départementale* que doivent être exposés les principes de sa gestion, qui appartient aux préfets et dont les conseils généraux ont à s'occuper. — (Voir liv. I, tit. II.)

(2) La gestion des biens des communes doit trouver place au titre

TITRE VI.

DU DOMAINE DES AUTRES ÉTABLISSEMENTS PUBLICS.

Chap. I. — Des biens des établissements religieux.
Chap. II. — Des biens des établissements d'instruction publique.
Chap. III. — Des biens des établissements de bienfaisance. — Renvoi (1).
Chap. IV. — De la dotation de l'armée.

TITRE VII.

DES MINES ET DES EXPLOITATIONS PLUS OU MOINS ASSUJETTIES AU RÉGIME DES MINES.

Chap. I. — Des mines.
Sect. **1. — De la propriété en ce qui les concerne.**
Sect. **2. — Des concessions.**
Sect. **3. — Des obligations des concessionnaires.**

---

de l'*administration communale* (liv. I, tit. III); mais les vicissitudes du *domaine municipal*, et les biens qui en font actuellement partie, offriront ici un sujet plein d'intérêt.

(1) Cette matière sera mieux placée dans le livre suivant, au titre des *établissements de bienfaisance*, mais elle devait être mentionnée ici. Nous ferons observer, quant à la division du titre VI, qu'un grand nombre d'établissements publics a des biens. Cependant nous ne pouvions multiplier les subdivisions à leur sujet. D'ailleurs, ceux que ce titre n'a pas classés se rattachent à l'une des trois administrations publiques de l'État, du département et de la commune, qui offriront en temps opportun des occasions de faire connaître l'existence de ces établissements et les principes généraux applicables à la gestion de leur domaine.

TITRE VIII.

DE LA VOIRIE.

§ 2. — Police du roulage.

CHAP. II. — De la petite voirie.

Sect. 1. — De la voirie rurale.

§ 1. — Chemins vicinaux de grande communication.

§ 2. — Chemins vicinaux ordinaires.

§ 3. — Autres voies rurales.

§ 4. — Gestion et police de la voirie rurale.

Sect. 2. — De la voirie urbaine.

§ 1. — Plans généraux et alignements.

§ 2. — Ouvertures de rues nouvelles, suppression de rues anciennes et noms des rues.

§ 3. — Pavé, trottoirs, égouts, numérotage et décoration des maisons.

§ 4. — Droits de voirie.

§ 5. — Gestion et police. — Traverses de grande voirie.

CHAP. III. — De la voirie de Paris.

TITRE IX.

DES EAUX.

CHAP. I. — Des eaux stagnantes.

Sect. 1. — De la mer (1)

§ 1. — Bords ou rivages, lais et relais, dunes.

§ 2. — Épaves de mer.

§ 3. — Ports, havres et rades.

§ 4. — Police maritime.

Sect. 2. — Des lacs, étangs et mares.

---

(1) Ne pouvant considérer comme *eaux courantes* que celles qui ont un cours régulier *déterminé par l'inclinaison du sol*, nous avons dû placer la mer en tête des *eaux stagnantes*, bien que sa masse, perpétuellement agitée par les vents, le soit encore par des courants qui ont une certaine régularité sur divers points.

Sect. 3. — Des marais.

§ 1. — Propriété.

§ 2. — Dessèchement.

§ 3. — Indemnités.

§ 4. — Commissions spéciales.

CHAP. II. — Des eaux courantes.

Sect. 1. — Des cours d'eau naturels.

§ 1. — Fleuves et rivières navigables et flottables (1).

§ 2. — Rivières qui ne sont ni navigables ni flottables, ou qui ne sont flottables qu'à bûches perdues.

§ 3. — Torrents, ruisseaux et sources.

Sect. 2. — Des canaux.

§ 1. — Canaux de navigation (2).

§ 2. — Canaux d'irrigation. — Renvoi (3).

§ 3. — Canaux d'usines. — Renvoi (3).

§ 4. — Canaux de dessèchement. — Renvoi (4).

Sect. 3. — Des ponts et des bacs.

§ 1. — Ponts.

§ 2. — Bacs.

CHAP. III. — De l'irrigation et des usines.

Sect. 1. — De l'irrigation.

§ 1. — Eaux publiques.

§ 2. — Eaux privées.

§ 3. — Canaux d'irrigation.

§ 4. — Drainage.

---

(1) Ce paragraphe peut être considéré comme un appendice au *chapitre de la grande voirie*. On a dit des rivières qu'elles sont « des chemins qui marchent et qui portent où l'on veut aller. »

(2) Encore un appendice au *chapitre de la grande voirie.*

(3) Au chapitre suivant.

(4) C'est à la fin du chapitre précédent, et dans la section consacrée aux marais, que ce sujet, qui ne figure ici que comme simple indication, doit être traité.

Sect. 2. — Des usines.

§ 1. — Eaux publiques.

§ 2. — Eaux privées.

§ 3. Canaux d'usines.

Chap. IV. — De la pêche (1).

Sect. 1. — De la pêche maritime.

§ 1. — Grande pêche.

§ 2. — Pêche sur les côtes.

Sect. 2. — De la pêche dans les lacs, étangs et viviers.

Sect. 3. — De la pêche fluviale.

§ 1. — Droit de pêche exercé au profit de l'État.

§ 2. — Droit de pêche exercé au profit des particuliers.

§ 3. — Conservation et police de la pêche.

TITRE X.

DES TRAVAUX PUBLICS.

Chap. I. — Des travaux des ponts et chaussées.

Sect. 1. — Des projets et de leur approbation.

Sect. 2. — Des travaux exécutés par adjudication.

§ 1. — Adjudications au rabais.

§ 2. — Marchés par séries de prix.

Sect. 3. — Des travaux en régie et de ceux qui sont exécutés par économie.

Sect. 4. — Des rapports de l'administration et des entrepreneurs.

---

(1) Les eaux, considérées dans le premier et le second chapitre au point de vue de leur masse décroissante, dans le troisième au point de vue des portions dérivées qu'elles cèdent à l'agriculture et à l'industrie, s'offrent, dans le quatrième, comme des réservoirs alimentaires.

TITRE XI.

DE L'EXPROPRIATION POUR CAUSE D'UTILITÉ PUBLIQUE.

Sect. 3. — Du payement.

CHAP. V. — Des expropriations exceptionnelles.

Sect. 1. — Des expropriations auxquelles la loi du 3 mai 1841 ne s'applique qu'avec des modifications.

§ 1. — Expropriations urgentes de terrains non bâtis.

§ 2. — Expropriations qui ont pour objet les chemins vicinaux.

§ 3. — Expropriations qui ont pour objet les travaux militaires et ceux de la marine impériale.

§ 4. — Expropriations qui ont pour objet les travaux des fortifications.

Sect. 2. — Des expropriations auxquelles la loi de 1841 ne s'applique pas.

§ 1. — Expropriations implicites (1).

§ 2. — Servitudes d'utilité publique (1).

§ 3. — Expropriations mobilières.

LIVRE QUATRIÈME.

DES INTÉRÊTS A LA FOIS MORAUX ET MATÉRIELS QUE DIRIGE, OU DANS LESQUELS INTERVIENT LE POUVOIR ADMINISTRATIF.

TITRE PREMIER.

DE L'INDUSTRIE.

CHAP. I. — Des limitations apportées au principe de la liberté de l'industrie.

(1) Ces deux paragraphes ne sont ici que de simples indications. D'autres matières auront fourni l'occasion de traiter des choses qui en sont le sujet avant qu'on ait atteint la section actuelle. L'ordre logique voulait cependant qu'ils n'y fussent pas omis. Ils pourront d'ailleurs donner lieu à des rapprochements ou à des résumés utiles.

---

(1) Il est rationnel de classer ici les tabacs comme objet d'un monopole; mais cette matière, si importante au point de vue des ressources financières de l'État, sera mieux comprise au chapitre *des impôts indirects* (liv. suivant). Quoiqu'un monopole soit autre chose qu'un impôt, l'administration des tabacs est confiée à la régie des impôts indirects, et il ne faut pas l'isoler de ceux-ci dans l'enseignement. La même loi fondamentale (du 28 avril 1816) a d'ailleurs placé ces deux matières à la suite l'une de l'autre.

(2) Bien que ce monopole ne doive exiger, dans un cours, que quelques mots, il donne lieu à la même observation que le précédent.

Sect. 1. — De l'uniformité des mesures.

Sect. 2. — Des bourses de commerce, foires, marchés et mercuriales.

Sect. 3. — Des sociétés, chambres et conseils établis dans l'intérêt spécial de l'agriculture, du commerce et de l'industrie manufacturière.

Sect. 4. — Des juridictions spéciales instituées dans l'intérêt commercial.

§ 1. — Tribunaux de commerce (1).

§ 2. — Conseils de prud'hommes.

§ 3. — Consulats (2).

TITRE II.

DES ÉTABLISSEMENTS DE BIENFAISANCE.

CHAP. I. — Des hospices, hôpitaux et établissements analogues.

Sect. 1. — Des biens et revenus des hospices.

Sect. 2. — De l'administration de ces établissements.

Sect. 3. — Des hospices et hôpitaux entretenus aux frais de l'État.

Sect. 4. — Des hôpitaux militaires.

Sect. 5. — Des enfants abandonnés.

Sect. 6. — Des aliénés.

§ 1. — Établissements publics et privés. — Administration des uns et des autres.

---

(1) C'est à la chaire de droit commercial que ce sujet appartient; mais la participation du pouvoir administratif à l'organisation des tribunaux de commerce ne saurait être ici passée sous silence.

(2) Paragraphe à retrancher du moment où une chaire de droit des gens et de *droit international* aura été instituée.

§ 2. — Placements volontaires.
§ 3. — Placements ordonnés par l'autorité publique.
§ 4. — Dépenses.
§ 5. — Surveillance et police.
§ 6. — Gestion des biens et intérêts des personnes placées.

Sect. 7. — Des établissements fondés par la bienfaisance privée.

CHAP. II. — Des bureaux de charité.

CHAP. III. — Des salles d'asile.

CHAP. IV. — Des caisses d'épargne.

TITRE III.

DES ÉTABLISSEMENTS DE RÉPRESSION.

CHAP. I. — Des lieux de prévention.

Sect. 1. — Des maisons de police municipale (1).
Sect. 2. — Des maisons d'arrêt.
Sect. 3. — Des maisons de justice.

CHAP. II. — Des lieux de punition.

Sect. 1. — Des maisons de correction.
Sect. 2. — Des maisons centrales de détention.
Sect. 3. — Des établissements pénitentiaires de l'intérieur et de l'Algérie, et du patronage des jeunes détenus.
Sect. 4. — Des bagnes et des établissements pénitentiaires d'outre-mer.

CHAP. III. — Des dépôts de mendicité.

CHAP. IV. — Des garanties protectrices de la liberté individuelle dans les établissements de répression.

---

(1) Ont été destinées à être à la fois des lieux de prévention et de punition.

LIVRE CINQUIÈME.

DES MOYENS GÉNÉRAUX D'EXÉCUTION DONT LE POUVOIR ADMINISTRATIF DISPOSE.

TITRE PREMIER.

DE LA FORCE PUBLIQUE (1).

CHAP. I. — Des armées actives de terre et de mer.
Sect. 1. — Du recrutement.
§ 1. — Par la voie des appels.
§ 2. — Par la voie des engagements volontaires.
§ 3. — Par la voie de l'inscription maritime.
Sect. 2. — Des rapports de l'autorité civile avec la force armée.
Sect. 3. — Du logement des troupes.
CHAP. II. — De la garde nationale.
Sect. 1. — De son organisation.
Sect. 2. — Du service qu'elle peut être appelée à faire.
Sect. 3. — De la discipilne qui la concerne.
CHAP. III. — De quelques agents spéciaux de la force publique.

TITRE II.

DES FINANCES (2).

CHAP. I. — Des impôts directs.
Sect. 1. — De la contribution personnelle et mobilière.

---

(1) C'est seulement au double point de vue de l'administration et de l'ordre intérieur qu'il en peut être ici question.

(2) On n'a classé sous ce titre que les *impôts* et la *comptabilité publique*. Cependant les propriétés de l'État, des départements, des

§ 1. — Taxe personnelle.

§ 2. — Taxe mobilière.

§ 3. — Répartition.

Sect. 2. — De la contribution foncière.

§ 1. — Biens qu'elle frappe.

§ 2. — Cadastre et répartition.

§ 3. — Taxe des biens de mainmorte.

Sect. 3. — De la contribution des portes et fenêtres.

§ 1. — Ouvertures auxquelles elle est applicable.

§ 2. — Répartition et tarifs.

Sect. 4. — De la contribution des patentes.

§ 1. — Nature et éléments de l'impôt.

§ 2. — Personnes qui y sont soumises.

§ 3. — Mode suivant lequel il est établi.

§ 4. — Obligations et droits des patentables et des patentés.

Sect. 5. — Des redevances sur les mines.

Sect. 6. — De quelques autres droits assimilés aux impôts directs.

Sect. 7. — Des centimes additionnels.

Sect. 8. — De l'administration, du recouvrement et du contentieux des impôts directs.

§ 1. — Administration centrale et administration locale.

§ 2. — Rédaction, sanction et publication des rôles.

§ 3. — Exigibilité et payement.

§ 4. — Voies administratives de contrainte.

---

communes et des autres établissements publics, leurs créances, leurs dettes et leurs budgets sont des éléments financiers. Mais ces divers objets, à l'exception du budget, des dettes et des créances de l'État, qui devront trouver place dans la première section du chapitre IV ci-après, auront été traités dans les divisions précédentes quand on atteindra celle-ci.

(1) Voir ci-dessus note 1re au bas de la page 234.

Si l'on veut bien accorder quelque attention à ce tableau, on reconnaîtra, en premier lieu, qu'aucun sujet ne s'y est installé sans lettres de bourgeoisie, et qu'on ne saurait y faire de retranchements qu'en rendant incomplet l'enseignement dont il est le programme; en second lieu, que l'importance de cet enseignement, déjà mise au grand jour, au point de vue de l'ensemble, par les considérations que renferme le premier chapitre de cet ouvrage, se manifeste ici, au point de vue des détails, par le nombre et la diversité des objets, ainsi que par le rôle de chacun dans l'administration; en troisième lieu, que deux autres chapitres (le troisième et le cinquième) trouvent dans les mêmes détails un nouveau moyen de démonstration, quant à l'impossibilité de resserrer, dans les cent leçons d'une seule année, un cours complet et raisonné.

C'est là ce que verra tout lecteur.

Mais si le même examen est fait par un professeur, un jurisconsulte ou un administrateur, ils donneront à l'importance et à l'étendue des matières des proportions bien plus vastes que celles que leur assignerait un homme moins initié aux profondeurs de la science. Ils comprendront que l'auteur de ces classifications n'a ni voulu ni pu multiplier des indications écrites qu'il appartient à la chaire de compléter sur beaucoup de points; qu'en tête de chaque titre, souvent de chaque chapitre, quelquefois même de telle section ou de tel paragraphe, une place est réservée à des principes généraux, à des notions historiques et à des considérations philosophiques ayant une nature préliminaire, et pouvant exiger fréquemment des développements prolongés, avant que le professeur arrive aux limitations intérieures du tracé et de ses différentes parties; que, parmi les dernières subdivisions, il en est qui en comportent d'autres, réservées à la leçon orale, parce qu'une table de matières, quand elle a épuisé cinq formes différentes de divisions, ne peut aller au delà sans excéder les bornes raisonnables d'un aperçu indicatif lequel, pour être complet, n'a pas toujours besoin d'être long; qu'il ne faut même y descendre aux derniers degrés de ces formes qu'autant que l'enchaînement logique en fait un devoir, et qu'ainsi la plume a dû laisser à la parole le soin de fixer les démarcations dans un grand nombre de cas (1).

Ceux-là nous croiront sans peine aussi, quand nous leur dirons que trois ans ne nous ont pas suffi et qu'il nous en a toujours fallu quatre pour explorer, dans son entier, le périmètre qui vient d'être dessiné. Toutefois, ayant à professer devant un auditoire

---

(1) La distribution d'un plan général a ses exigences. Elles nous ont forcé plus d'une fois de n'ouvrir qu'une simple section, ou même un simple paragraphe, à des sujets qui, pris isolément, seraient de nature à exiger des titres, des chapitres, etc., et fourniraient matière à de longs traités.

renouvelé à chaque rentrée scolaire, nous avons cédé à deux nécessités qu'un précédent chapitre a déjà fait connaître (1) et qui ont augmenté assez notablement le nombre de nos leçons : la première a été de reproduire notre *Introduction* au commencement de chacune des quatre années; la seconde de saisir les occasions qui s'offraient en grand nombre pour ajouter aux choses qui devaient être complétement exposées des digressions succinctes sur celles dont l'étude approfondie était réservée à d'autres temps. Il est presque superflu d'ajouter que si, dorénavant, les étudiants sont appelés à suivre d'un bout à l'autre un cours divisé en plusieurs années, ces répétitions devenant inutiles, trois ans suffiront pour l'enseignement que nous proposons.

Voici, en dernier résultat, comment nous le répartirions entre les trois années :

A la première seraient assignés, avec l'introduction, le premier et le second livre;

A la seconde, le troisième livre et une partie du quatrième;

A la troisième, la fin du quatrième et le cinquième.

(1) Le chapitre III. — (Voir ci-dessus, p. 85 et 86.)

CHAPITRE SEPTIÈME.

MÉTHODOLOGIE.

On a quelquefois donné une grande extension au sens de ce mot, qui est nouveau, en l'appliquant à des dissertations ou à des cours placés dans les avenues d'une science. Accepté ainsi, il peut embrasser une foule de choses (1).

Il conservera néanmoins pour nous sa signification étymologique et restreinte. Le chapitre actuel n'en fera même l'application qu'à un petit nombre d'objets.

La méthodologie traite des méthodes, et, dans l'enseignement, elle doit mettre le professeur sur la voie la plus propre à faire comprendre ce qu'il est chargé d'expliquer. Elle y est l'art d'enseigner.

Sous ce rapport, les deux chapitres précédents (le dernier surtout) ont été de la méthodologie dans une grande portion de ce qu'ils renferment.

---

(1) Nous avons entendu qualifier par cette expression des *cours d'introduction à l'étude du droit* et jusqu'à des *cours d'histoire du droit.*

Mais on ne saurait disconvenir que ce qui appartient plus spécialement aux méthodes se rencontre dans les éléments fondamentaux que toutes sont forcées d'employer, quelque différentes que soient les formes dont elles les revêtent.

Dans l'enseignement du droit, ces éléments sont :

Les textes, ou *l'élément littéral ;*

L'appréciation rationnelle des principes, ou *l'élément philosophique ;*

Les vicissitudes de la loi dans la succession des temps, ou *l'élément historique ;*

L'application du droit par la jurisprudence, ou *l'élément pratique.*

Ces quatre sujets sollicitent ici l'attention. Il faut examiner l'emploi que l'esprit méthodique peut en faire. Nous nous en occuperons exclusivement.

Les textes sont l'expression que la pensée législative a choisie pour se manifester. Le *sens littéral* doit donc être présumé le *sens vrai*, et la présomption, quoiqu'on ne puisse la dire absolue, est d'autant plus puissante que l'organe de la pensée a été plus élevé par la loi politique, plus abondant en lumières par son organisation collective, plus astreint à méditer jusqu'aux moindres mots par le temps qui sépare l'initiative de l'acceptation, et par la discussion qui remplit cet intervalle. La participation du conseil d'État aux règlements d'administration publique offre des garanties analogues pour cette catégorie de textes.

Les textes peuvent être exposés littéralement ou substantiellement.

De là deux méthodes :

La méthode *exégétique*, qui est la lecture de la loi suivie d'explications ;

Et la méthode *dogmatique*, qui s'attache aux principes, sans s'astreindre rigoureusement ni à l'expression de la loi ni à l'ordre adopté par le législateur.

La première est un commentaire, la seconde un traité.

Toutes deux imposent au professeur l'étude consciencieuse des textes : la seconde plus encore que la première.

Il n'est pas à craindre, en effet, que, dans l'exégèse, le professeur néglige les textes, puisque sa méthode doit consister principalement à en donner lecture et à les comparer; il n'est pas à craindre, non plus, que les textes lui fassent oublier d'autres moyens d'instruction, puisqu'en définitive son enseignement est une paraphrase. A qui en demanderait-il les matériaux, si ce n'est à la philosophie des principes, à l'influence des époques qui les ont vus naître et se modifier, aux annales de la jurisprudence ?

Mais le traité, moins esclave des dispositions écrites et plus exposé aux séductions des systèmes, ferait appréhender les égarements que produit quelquefois la liberté de raisonner, lorsqu'elle n'accepte de limites que celles qu'elle se donne à elle-même, si le professeur ne s'était fortifié contre ce danger en se livrant, à l'avance, à une complète et laborieuse étude des textes. Sa méthode, devant les reproduire moins souvent, il faut qu'il les connaisse de manière à ne pas les oublier. S'il se défie de sa mémoire, il doit les revoir avant de commencer ses leçons sur un sujet.

L'un et l'autre mode d'enseignement a ses avantages.

En général, l'école préfère le traité, tandis que le commentaire a de plus nombreux partisans dans les institutions qui ont à faire aux réalités de la vie l'application des règles du droit. Il n'est pas difficile d'en trouver la raison.

Le traité met à la libre disposition du professeur le lien qui doit coordonner des choses éparses; il rend les transitions naturelles et faciles; il se plie aisément à l'emploi des ressources qui appartiennent plus spécialement à tel ou tel esprit; il captive mieux l'attention de l'auditoire appelé à suivre, sans interruption, le développement logique d'une branche de la science, depuis ses prolégomènes jusqu'à ses dernières limites.

Le commentaire, par l'habitude qu'il donne des textes et de leur classification numérique dans les codes et dans les grandes lois, offre à tous ceux qui ont à s'occuper inopinément d'hypothèses et de questions que le courant des faits ne produit jamais avec un ordre rationnel, un moyen prompt d'interroger la pensée législative dans son expression officielle. Pour eux, il économise le temps, en leur épargnant des recherches que souvent il ne leur est pas possible de faire, et en réveillant dans leur esprit, par la lecture d'un seul article, le souvenir des explications auxquelles il donna lieu en d'autres temps.

Pourquoi, lorsque M. Troplong a commencé ses publications sur le Code Napoléon, n'a-t-il pas adopté la forme dogmatique choisie par M. Toullier, dont il annonçait vouloir être le continuateur? C'est que la position de ces deux grands jurisconsultes était différente : l'homme d'application obéissant à d'autres entraînements que l'homme de théorie.

S'il nous était permis d'exprimer ici des préférences, elles seraient annoncées déjà par le but d'utilité pratique dont nous avons fait en quelque sorte le principe dominant de notre ouvrage.

Il nous semble que l'enseignement, par *la lettre commentée*, répondrait mieux à ce but que la méthode rivale : l'application usuelle s'y rattacherait plus naturellement, et en serait en quelque sorte la continuation. Ne serait-ce pas une chose avantageuse que cette intime liaison établie entre la chaire qui proclame les principes, et les circonstances de la vie individuelle ou sociale qui en sollicitent la mise en œuvre?

Nous n'aurions pas de peine à montrer que l'adoption de cette forme serait particulièrement utile à la pratique administrative.

Mais à quoi bon traiter une question oiseuse ?

Il est malheureusement impossible d'adopter le commentaire dans un cours de droit administratif, où l'élément textuel se présente avec une telle abondance que le temps accordé aux leçons ne suffirait pas pour une simple lecture.

Nous ferons cependant une observation : c'est que, si la méthode exégétique est interdite au professeur pour le cours entier, il n'est pas forcé de l'en exclure quand il rencontre quelques-unes de ces matières qui peuvent joindre à un degré d'importance comparativement supérieur l'avantage de trouver dans une loi fondamentale la codification particulière des principes qui régissent son sujet. Si le commentaire ne demande pas plus de temps qu'il n'en aurait donné à l'autre forme de dissertation, pourquoi ne l'adapterait-il pas à quelques leçons ? Loin de craindre les disparates qui résulteraient de là, il devra plutôt s'en féliciter, car l'enseignement le mieux fait, quand il trace un sillon toujours uniforme, ne peut éviter à la longue un peu de monotonie que de semblables coupures atténueraient par intervalles. Il n'est pas d'ailleurs sans intérêt de faire voir qu'il y a pour la chaire deux manières d'enseigner, et pour les étudiants deux manières d'apprendre.

Ceci est, du reste, une affaire de convenance intellectuelle, et n'entrera jamais dans le domaine des règlements. Les règlements, en l'absence d'un code, peuvent imposer un programme général, et même des classifications particulières, mais ils doivent favoriser la diversité des méthodes. Le meilleur moyen pour cela est de laisser chacun maître de choisir la sienne.

Celle du traité aura toujours plus de chances d'adoption dans nos écoles, où elle séduira davantage les esprits vifs et les intelligences secondées par de riches facultés d'improvisation. Mais il est à désirer que le commentaire y conserve des organes.

De tout ce qui précède, il faut essentiellement retenir que la connaissance approfondie des textes est la condition radicale de tout bon enseignement, quelque méthode que le professeur ait adoptée.

Et pourtant, il s'en faut que cette connaissance soit suffisante. On a dit, il y a longtemps, qu'un homme qui saurait toutes les lois par cœur, s'il ne savait que cela, ne serait pas jurisconsulte.

Ce qui fait le jurisconsulte, ce qui doit faire le professeur, c'est le jugement appliqué aux rapports qui existent entre la loi et le besoin social auquel elle doit l'existence; rapports qui offrent une harmonie plus ou moins parfaite, et dans lesquels se trouve ce qu'on appelle communément *la raison d'être* ou *la philosophie du droit*.

Au travail de la mémoire doit succéder le travail

du raisonnement; disons mieux, l'un et l'autre doivent marcher de concert.

Mais c'est au dernier qu'appartient la discussion des questions et tout ce qui, dans le droit, a de la profondeur. C'est là que la distinction suprême du juste et de l'injuste imprime à ses doctrines ce caractère de grandeur, nous pouvons dire de beauté, qui les recommande aux méditations des moralistes aussi bien qu'à celles du professeur, de l'avocat, du magistrat et de l'administrateur.

Cependant, si cet aspect élève la science, il y fait appréhender aussi quelques écueils. Les textes, la rectitude de l'esprit, la sévérité de la conscience les signaleront et les feront éviter.

Qu'on se garde surtout des idées systématiques suggérées par un imprudent désir d'innovations et par l'ambition de s'ériger en chef d'école, ne fût-ce que sur quelques points de droit! Qu'on évite ce rationalisme presque toujours faux qui, pour élever un fragile piédestal à l'amour-propre, ferme la porte aux inspirations de la sagesse et aux droits de la justice.

La justice, cependant, ou du moins l'équité qui s'en distingue par une nuance plus favorable à l'autorité des faits, peut céder quelquefois à des suggestions contraires au texte comme à la rigueur du principe, quand il s'agit de débats particuliers.

Qui ne connaît cette sentence d'un jurisconsulte romain (1) :

(1) Celsus. — L. 17 ff. *De legib. senat. q. consult.*

Scire leges non est verba earum tenere, sed vim ac potestatem?

Ou cette autre qu'on pourrait dire écrite sur les murs du palais :

La lettre tue, l'esprit vivifie?

Avant de professer, nous avons plaidé; ces deux maximes ont souvent frappé notre oreille; eh bien, le barreau ne nous les a presque jamais fait entendre sans qu'elles fussent la préméditation d'une entorse à la loi!

Faut-il en conclure qu'elles sont fausses?

La première exprime une vérité incontestable que nous avons paraphrasée aux deux pages précédentes; mais de quoi n'abuse-t-on pas?

Quant à la seconde, elle est dans sa forme absolue, lorsqu'on l'applique au droit, une atteinte formelle à l'autorité des textes, et, pour ainsi dire, une provocation à les dédaigner. Sous ce rapport, il nous est permis de la trouver dangereuse.

Quoi qu'il en soit, on peut pardonner à l'avocat, que séduit un sentiment d'équité, d'employer l'art du raisonnement à la défense d'une cause mal protégée par l'extrême application du droit, et de s'écrier : *Summum jus summa injuria!* Le professeur n'aurait pas la même excuse, et n'obtiendrait pas la même indulgence.

Un horizon moins resserré découvre un sujet de discussion dont l'intérêt est plus général, et qu'il n'est pas toujours facile de traiter avec convenance, à cause des écarts que la chaleur du raisonnement peut y produire, et des dangers qui en résulteraient.

C'est de la critique de la loi, dans un but d'amélioration ou de réformation, que nous voulons parler : de la critique de bonne foi, sans doute, car pour celle qu'inspire l'esprit de parti ou cette vaine satisfaction de l'orgueil qui vient d'être flétrie, c'est par une autre expression qu'il faudrait la caractériser.

Une loi peut être imparfaite ou radicalement mauvaise, soit parce que les faits qui la rendaient nécessaire n'ont pas été bien compris, soit parce que, bonne à l'époque où elle fut rendue, elle a cessé de l'être depuis que les nécessités qui la provoquèrent se sont modifiées ; soit enfin, parce qu'enfantée dans des moments de troubles politiques, elle a reçu d'eux un germe qui dès son origine l'a prédestinée à des chances prochaines d'abrogation.

C'est le devoir du législateur de veiller sans cesse aux réformes qui doivent s'accomplir dans le domaine des lois, et d'être lui-même le juge le plus sévère de son œuvre.

Mais son action peut être provoquée, et souvent elle a besoin de l'être.

La jurisprudence des tribunaux, les dissertations des jurisconsultes, les comptes rendus de l'administration, l'économie politique, les réclamations de l'intérêt privé, les rapports d'une multitude d'agents qui sont à la disposition du pouvoir, s'offrent à lui de toute part comme un vaste foyer dont il peut accepter la lumière lorsqu'elle est pure.

Quand on voit, dans ce cas, les avant-projets législatifs s'instruire sur tant de points, se pourrait-il que les chaires où l'on enseigne le droit fussent fermées aux discussions de cette nature?

Certainement non, mais il faut apporter sur ce terrain, plus que partout ailleurs, une extrême prudence.

Le principe le plus éminemment moral que doivent inculquer non-seulement les facultés de droit, mais toutes les écoles, c'est que la loi doit être respectée. Ce principe, trop souvent oublié, préviendrait de douloureuses secousses, si la conviction générale en faisait un sentiment et une habitude chez les citoyens.

La désobéissance à la loi est une infraction qu'elle punit. Cela ne suffit pas : il faut que chacun comprenne qu'elle est la sauvegarde des intérêts de tous et le gage de la prospérité commune; qu'à chaque instant on peut avoir besoin de l'invoquer, et que, moins encore par la crainte de la peine qu'entraînerait l'infraction que par un attachement raisonné, on doit aimer la loi pour le bien qu'il lui est donné de faire, et la respecter de cœur, de langage et d'exemple, afin que partout elle obtienne le même hommage.

C'est animé de cet esprit qu'un professeur dira sa pensée tout entière sur des dispositions encore en vigueur, mais qui lui semblent pouvoir être le sujet d'une nouvelle étude législative. Il la dira sans danger, parce que ses paroles, empreintes de modération et de sagesse, en discutant le principe de la loi, sauront maintenir la puissance actuelle de sa volonté. Elles convaincront, mais n'altéreront pas le devoir de l'obéissance. Elles feront naître simplement un vœu d'amélioration; tandis qu'une bouche passionnée insurgerait contre l'autorité du droit par l'exemple de l'hostilité et du mépris, ou même, sans aller aussi loin, par un langage dont la portée serait mal calculée, des âmes jeunes, ardentes et sans expérience.

Il y a de mauvais livres, et la presse quotidienne peut avoir des pages subversives. Mais quelle différence entre le tête-à-tête du lecteur et de l'écrit, et les impressions que produisent, sur un auditoire tel qu'on vient de l'entrevoir, la satire acerbe et véhémente, ou la critique peu mesurée d'une loi! Celui qui parle a autorité pour le faire; ceux qui écoutent, avides de nouveautés et d'émotions, sont réunis en grand nombre autour de lui, se communiquant par le regard les frémissements qu'ils éprouvent; ils s'en entretiennent au sortir de l'école et avant d'y rentrer, pour exagérer encore l'opposition suscitée en eux par des dissertations imprudentes dans la forme, et peut-être téméraires dans le fond!

Nous n'avons jamais aperçu l'ombre d'un tel danger près de nous, grâce à l'excellent esprit des interprètes du droit au milieu desquels nous avons vécu. Mais de ce qu'on ne l'aurait vu se manifester ni là ni ailleurs, il ne faudrait pas le tenir pour impossible. Il était de notre devoir d'en signaler l'éventualité dans un chapitre où nous traitons des éléments divers de l'enseignement des lois; avec d'autant plus de raison que, dans le droit administratif, celles qui se rattachent à la politique sont nombreuses, et que c'est presque toujours par des attaques dirigées contre elles qu'on a profondément agité les masses.

Passer de l'élément philosophique à l'*élément historique,* ce n'est pas changer de sujet; c'est s'occuper toujours du droit enseigné dans ce qu'il a d'essentiellement rationnel; mais du droit interrogé à ses divers âges, pour y trouver les causes de ce qu'il est, non moins que de ce qu'il fut.

Quoi de plus philosophique que cette investigation du passé qui, s'attachant à un principe dès son origine, le suit après avoir pesé les considérations qui en firent alors une règle obligatoire, et, d'époque en époque, constate les différents mobiles des vicissitudes qu'il a subies jusqu'à nos jours? N'est-ce pas constamment le travail de la raison, et ses résultats ne sont-ils pas plus riches quand il franchit le domaine de l'actualité que quand il s'emprisonne dans ses limites?

Aussi avons-nous de la peine à comprendre qu'on

ait quelquefois admis une démarcation tranchée entre l'enseignement philosophique et l'enseignement historique, pour en faire deux objets indépendants l'un de l'autre. A nos yeux le premier serait incomplet sans le second. Nous croyons même que c'est dans celui-ci que se trouvent souvent les meilleurs moyens d'expliquer les causes impulsives de la loi.

Nous sommes donc sincèrement partisan des études historiques. Cependant, nous ne les entendons pas comme on les entend communément. Nous osons douter de l'utilité d'un cours d'histoire du droit, tandis que nous sommes très-convaincu de la nécessité de notions historiques dans toutes les chaires, à mesure que surviennent les sujets différents que ces notions peuvent éclairer.

Que les travaux d'érudition et de philosophie, tout à la fois, qu'exige une histoire raisonnée du droit général, puissent préparer celui qui l'écrit à devenir une des lumières de l'enseignement juridique, qui oserait le nier? Nous l'avons dit nous-même à l'occasion d'un éminent professeur (1).

Mais présenter, sous la forme d'un cours à des étudiants sortant des lycées (2), ces grands tableaux qui font connaître l'influence des faits généraux de la vie des peuples sur leur législation, et, réciproquement, la réaction de leurs lois sur eux-mêmes,

---

(1) Voir p. 57.

(2) C'est, en effet, pour les étudiants de première année que s'ouvrent les cours dont il s'agit dans les facultés où il en existe.

c'est placer, sans transition, l'inexpérience de l'âge qui ne peut se dissiper que graduellement, dans une région tellement élevée que nous ferions violence à notre conviction si nous admettions l'utilité d'une telle chaire dans les facultés de droit.

Il faut confier à l'enseignement universel de chaires plus vastes, et qui n'ont besoin pour se faire entendre de tout le monde sur une foule de points à la fois ni de l'oreille de l'auditeur ni du déplacement de personne, il faut confier aux bibliothèques le soin de répandre la lumière dont ces ouvrages sont le foyer. Mais pour les lire avec fruit, il est nécessaire de connaître déjà l'histoire et le droit. Comment des étudiants qui, pour le plus grand nombre du moins, ne savent l'une que superficiellement et abordent à peine les préliminaires de l'autre, seraient-ils en état d'écouter avec profit pour leur instruction cent leçons successives sur un pareil sujet?

Un cours d'histoire du droit doit être ou ce que nous venons de dire, ou bien, admettant plus de détails, un exposé des différentes matières que le droit embrasse, mais traitant principalement de chacune au point de vue de la variation des lois qui l'ont régie en divers temps.

Dans le premier cas, ce cours est inutile, parce que la science qu'il développe exige plus de maturité et de savoir acquis que n'en a généralement l'auditoire auquel on l'impose.

Dans le second, il est inutile encore, parce qu'il

reproduit ce que d'autres chaires ont dit ou diront, et que ce double emploi doit être évité.

Dans tous les deux, il exige un temps nécessaire à d'autres études, et, sous ce rapport, il n'est pas seulement inutile, mais nuisible.

Indépendamment de ce que notre opinion est bien arrêtée sur ce point, nous nous exposerions à une accusation d'inconséquence si nous en faisions le sacrifice.

On peut se souvenir qu'aux chapitres IV et V, notre système d'organisation a fixé le nombre de chaires qu'une faculté de droit doit atteindre et ne doit pas dépasser (1), et on y a vu le tableau de celles que nous considérons comme nécessaires, lequel s'élève précisément à ce nombre (2). Nous ne reproduisons ni les motifs qui nous ont fait penser qu'une chaire de plus serait un embarras au lieu d'être un avantage, ni les raisons qui ont déterminé la désignation de celles que nous désirons voir maintenir ou créer. On peut lire de nouveau les pages écrites sur ces deux points.

Or, une chaire d'histoire du droit excéderait la limite que nous avons posée; à moins de supprimer, pour lui faire place, une de celles qui sont à nos yeux indispensables.

Il est vrai qu'on peut ne pas accueillir les considé-

(1) Voir p. 99 à 112 et p. 171 et 172.
(2) *A douze.* — (Voir p. 171.)

rations qui ont déterminé notre opinion. Mais nous sommes libre, de notre côté, d'y persister, et nous croyons avoir exprimé des raisons qui nous y autorisent; nous pensons même qu'elles sont de nature à lui concilier, par la réflexion, le suffrage de ceux qui la repousseraient au premier énoncé.

Combien diffèrent de l'enseignement vague, isolé et à peu près arbitraire, du cours que nous refusons d'admettre, les notions historiques qui s'associent à tous les autres éléments d'instruction dans l'étude du droit positif, à mesure qu'il se développe!

L'un, sans s'inquiéter du point auquel sont arrivées les études des jeunes légistes qu'il rassemble, jette au hasard des semences qui tomberont rarement sur une terre convenablement préparée, et qui, sur celles qui ne le sont pas ou qui ne le sont qu'imparfaitement, ne produiront peut-être pas même de simples germes.

Les autres, au contraire, sollicitant l'attention au moment où le sujet qu'elles doivent éclairer est ou va être immédiatement expliqué, seront généralement comprises et retenues.

L'un, parce qu'il n'a pas été et ne peut pas être limité, ouvre la porte à l'esprit de système qui égare souvent.

Les autres, toujours produites en face des principes et des textes afin d'établir les rapports qui les unissent, ont leur route constamment tracée dans la direction du juste et du vrai.

L'un se crée une place à part, tout à fait en dehors de l'ordre suivi dans les chaires de droit positif, au milieu desquelles il est une complication réelle.

Les autres ont leur place marquée dans tous les cours; elles en suivent la marche; elles ne dérangent aucun plan; elles simplifient l'enseignement général, tout en lui apportant des matériaux riches, abondants, et dont la mise en œuvre partielle ne commence jamais avant le moment favorable.

Un avantage encore de la méthode que nous préférons, c'est qu'elle sert l'attention en lui offrant un délassement. Sans discontinuer la leçon, elle joint à la science l'intérêt du récit. Elle introduit la variété dans l'enseignement, et lui procure ainsi un moyen précieux de ranimer les facultés intelligentes que fatigue trop de tension sur des sujets abstraits.

L'existence d'une chaire spéciale peut, d'ailleurs, occasionner dans les autres des suppressions regrettables, en inspirant aux professeurs qui les occupent la crainte de se livrer à des répétitions, sur des points naturellement placés dans les attributions particulières d'un de leurs collègues.

Nous ne devons pas présumer que des notions historiques placées en tête d'un titre, d'un chapitre ou d'une section, donneront lieu à l'objection que nous avons dirigée contre les cours spéciaux, quand nous avons dit qu'ils ne peuvent convenir à des auditeurs pour qui le droit, et même l'histoire quant à la plupart d'entre eux, sont encore des choses à peu près ignorées. On ne serait pas fondé à prétendre que l'auditoire qui n'a pas encore vu la matière à laquelle ces notions doivent l'introduire, ne peut en recueillir aucun fruit.

D'abord, elles ne s'y produiront pas toujours sous une forme préliminaire : il arrivera plus d'une fois qu'elles accompagneront ou suivront le fond de l'enseignement au lieu de le devancer.

Ensuite, dans les cas où le droit actuel, son origine et ses variations intermédiaires, exigeront un exposé historique méthodiquement assis sans interruption sur la chronologie, et où cet exposé prendra place en tête du sujet, il y sera tellement rapproché de celui-ci que ce voisinage des deux choses et l'intimité de leurs rapports ne tarderont pas à les fondre en un seul tout.

Enfin, dans la même hypothèse, une préparation aura été inévitablement donnée aux étudiants avant l'exposé historique, et rien de ce qu'il contiendra ne se trouvera hors de leur portée naturelle. Il n'est presque pas de sujet qui ne doive être précédé de quelques idées générales, de quelques définitions, de quelques explications, qu'on pourrait appeler l'entrée en matière du titre ou du chapitre. Ces idées générales annonceront les notions historiques et feront naître l'envie d'y arriver, en même temps qu'elles disposeront l'esprit à les comprendre et à les recueillir ; comme, à leur tour, les notions historiques ouvriront l'intelligence aux principes du droit actuel qu'elles auront fait pressentir, en inspirant aussi le désir de les comprendre mieux.

Prenons au hasard un exemple dans le droit administratif. Admettons qu'il s'agisse des mines.

Le professeur commencera sans doute par les définir, et par faire connaître les substances qui sont plus ou moins assujetties à leur régime. Il parlera vraisemblablement encore du rôle important qui leur appartient au point de vue du produit qu'elles livrent à l'industrie, et il n'est pas à présumer qu'il oubliera de placer ici les réflexions que suggère l'intérêt de l'État et des particuliers à ce qu'elles soient bien exploitées.

Suppose-t-on qu'après cela les étudiants ne soient pas en mesure de saisir l'historique des mines auquel on les fera passer immédiatement?

Qu'apprendront-ils, en effet, alors?

Ils apprendront qu'à Rome, sous la république et sous les premiers empereurs, les mines, considérées comme un accessoire du sol, appartenaient par le droit naturel aux propriétaires fonciers; — que, plus tard, cette espèce de biens fut réglée par des lois spéciales, attribuant à l'État une partie des produits et un droit de police, sans cependant altérer, en règle générale, la nature de la propriété, laquelle ne reçut d'atteinte que sur une spécialité d'exploitation, et par des dispositions qui furent temporaires; — qu'en France, sous les rois de la première race, la propriété souterraine fut également une dépendance de la superficie, mais qu'à l'imitation de ce qui avait été pratiqué à Rome, le souverain retirait des mines une rétribution proportionnée à leurs produits; — que, pendant la période féodale, les mines furent une des proies de ces envahissements locaux d'autorité et de fortune qui la signalèrent, ce qui n'eut pas lieu, néanmoins, sans résistance de la part des propriétaires, et de la part de la couronne elle-même intéressée à les soutenir; — qu'une ordonnance de Charles VI (1), rendue dans le but de mettre les propriétaires à l'abri des vexations des seigneurs, attribua au roi un dixième des produits, et facilita par différentes dispositions la recherche et l'exploitation des mines; — qu'une autre ordonnance rendue par Louis XI (2) créa en titre d'office un grand maître des mines, investi du droit de les rechercher et même de les exploiter, mais seulement après avoir mis en demeure de le faire, d'abord, et avant toute personne, le propriétaire foncier, ensuite, et faute par celui-ci d'user de son droit dans un délai déterminé, le seigneur immédiat, enfin, et à défaut du propriétaire et du seigneur immédiat, le seigneur haut justicier, au refus duquel commençait le droit du grand maître; — qu'Henri IV, par un édit de 1601, fit l'abandon du dixième de la couronne, en ce qui concernait les

(1) De 1413.
(2) En 1471. Elle ne fut enregistrée au parlement de Paris qu'en 1475.

mines de fer, de charbon et de quelques autres substances, et soumit les propriétaires de toute espèce de mines qui voulaient les exploiter, à prendre la permission du grand maître ; — que Louis XIV, par une ordonnance de 1680, rendue afin que l'inaction des propriétaires ne tournât pas au préjudice de l'État, à qui il importait que les mines fussent exploitées, décida que, sur leur refus juridiquement constaté, l'exploitation serait accordée à d'autres, à la charge d'indemniser les propriétaires ; — que, nonobstant ces différentes dispositions, un grand nombre d'auteurs, combattus sur ce point par un jurisconsulte célèbre (1), mais invoquant cependant à l'appui de leur opinion un édit de Henri II (2) et d'autres documents, ont soutenu que l'ancienne royauté, dans ses tendances au pouvoir absolu, avait transformé des prérogatives antérieures de police, de permission et de participation aux produits, en un droit régalien de propriété ; — que tous ces précédents furent effacés par l'abolition de la féodalité en 1789, et par la loi des 12-28 juillet 1791 qui, séparant la superficie du sol, domaine de la végétation et de l'agriculture, des profondeurs de la terre, domaine des substances minérales, mit ces dernières à la disposition de l'État, non pour les posséder et en retirer le profit, mais pour les concéder temporairement, sous la ré-

(1) Merlin, *Quest. de dr.* H. V., § 1, et *Rép.* H. V., pp°.

(2) De 1548.

serve d'une indemnité proportionnelle en faveur du propriétaire de la surface, à qui, du reste, un droit de préférence fut accordé dans tous les cas; — que ce droit de préférence, trop littéralement appliqué en mainte occasion, morcelait souvent le *très-fonds* à l'exemple de la superficie, et produisait des exploitations trop resserrées, entreprises sans ressources suffisantes, conduites sans intelligence et abandonnées bientôt pour la plupart, au grand détriment de l'industrie et des besoins des populations; — qu'enfin parut la loi du 21 avril 1810, laquelle abolit le droit de préférence et les concessions temporaires, mit une démarcation plus nettement fixée entre la propriété superficiaire et la propriété souterraine, et devint, pour cette matière, un code qu'a complété depuis, la loi du 27 avril 1838 sur l'assèchement des mines, loi que réclamaient les funestes effets de l'égoïsme local.

Tout ceci n'est qu'un canevas que chacun est libre de corriger, de raccourcir, d'étendre ou de modifier, mais auquel manquent les considérations qui peuvent lui donner sa valeur philosophique.

Quelque complet qu'on suppose un tel travail, non-seulement sous le rapport des faits, mais encore en ce qui concerne les comparaisons et les raisonnements, il n'est pas à craindre que des étudiants attentifs le trouvent au-dessus de leur portée, et il est très-certain qu'il facilitera, dans leur esprit, l'intelligence raisonnée du droit actuel, dont ils s'occuperont de suite et sans interruption. Rien n'est plus logique que la succession de ces idées.

Dans un grand nombre de chaires, et pour la plus grande partie des objets qu'elles ont à traiter, cette marche a depuis longtemps d'immenses avantages. Dans celles de droit administratif elle est indispensable : il y a là tant de variations ; elles sont quelquefois si subites ; les événements politiques s'y trouvent si fréquemment mêlés comme cause ou comme effet ; les progrès en toute chose y ont à leur tour une si grande part, qu'à moins d'être au courant de ce qui s'est passé avant les lois en vigueur, on aura souvent de la peine à se rendre compte exactement de leur esprit, et surtout des modifications et des abrogations partielles qu'elles ont subies.

Nous disions, quelques pages plus haut (1), que les notions historiques délassent l'attention sans cesser de la captiver par une étude instructive. Nous pouvons dire aussi qu'elles offrent quelquefois des paroles qui font naître l'admiration quand on les cite, ou de simples faits dont la portée philosophique impressionne peut-être plus encore que l'éloquence.

A quarante-sept ans d'intervalle, un des derniers discours de Mirabeau, dont le sujet fut la propriété des mines (2) et un rapport de M. Sau-

---

(1) Page 262.

(2) Séance de l'Assemblée constituante du 21 mars 1791. (*Discours et opinions de Mirabeau*, t. III, p. 425.)

zet (1), sur la loi de 1838, ont fait entendre dans nos assemblées législatives de magnifiques pages. On ne pourrait, à cause de leur étendue, les lire dans une leçon ; mais quelques passages empruntés ne trouveraient certainement aucune oreille inattentive autour de la chaire.

A une époque intermédiaire, des plaintes s'élevèrent sur le mode de procéder suivi en matière d'expropriation pour cause d'utilité publique, d'après les lois de 1799 et de 1807. Elles avaient pour fondement l'attribution faite au pouvoir administratif de toute la matière, et l'absence des garanties que la propriété eût trouvée dans l'intervention des tribunaux ordinaires. Ces plaintes eurent de l'écho : une pétition, où les principes étaient discutés avec concision et énergie, fut reçue au milieu de triomphes éclatants, par un vainqueur qui avait le génie de l'administration comme celui de la guerre. Il fut frappé de la gravité des considérations qui lui étaient soumises, et traça lui-même au palais de Schœnbrunn, les bases d'une loi nouvelle. Le conseil d'État fit un projet. L'Empereur n'en fut pas satisfait et le renvoya avec de nouvelles observations. Sa correspondance dans cette occasion, et, bientôt après, la part qu'il prit, pendant les séances du conseil d'État, à la discussion de la loi du 8 mars 1810, furent un hommage rendu au principe de la propriété, hommage rehaussé

(1) Séance de la chambre des députés du 20 mars 1838 (*Moniteur* du 21.)

par l'initiative personnelle prise dans de telles circonstances! hommage par lequel un souverain qui aimait le pouvoir, dictait lui-même des dispositions qui devaient en limiter l'exercice, en admettant la participation de l'autorité judiciaire à l'expropriation et au règlement de l'indemnité, c'est-à-dire la protection que le droit réclamait! Ce fait a été souvent cité et on ne saurait trop le reproduire : après le respect dû aux lois en général, le respect dû à la propriété, qui d'ailleurs est l'œuvre des lois, sera toujours le fondement le plus assuré de la famille, de la société et du travail.

Nous ne faisons de semblables citations (et il serait facile de les multiplier) qu'afin de montrer, sous des faces différentes, l'utilité des notions historiques dans l'enseignement du droit positif.

L'anecdote elle-même, petit récit qui n'est pas l'histoire, mais qui s'y rattache quelquefois, peut demander une place modeste à celle-ci, et elle l'obtiendra, sans compromettre la dignité d'une leçon, si elle n'abuse pas de cette tolérance, et si elle la justifie par quelque chose d'utile. Observons cependant que, pour elle, l'utile peut se trouver dans la diversion qu'elle apporte au sujet traité, et dans l'à-propos qui l'y intercale. A ce titre, on lui pardonnera de ne pas être toujours rigoureusement concluante, pourvu que l'auditeur ait été mis sur ses gardes et qu'elle ne soit donnée que pour ce qu'elle vaut.

Nous ne pouvons nous souvenir où nous avons vu citer un vers de Plaute comme preuve de l'antiquité des *douanes*. Sauf la réalité des personnages, la citation a la forme d'une anecdote, et la voici :

De retour à Athènes, après une absence de plusieurs années, le vieillard Charmidès, prêt à entrer dans sa maison, rencontre son valet Stasime qu'il y avait laissé en la quittant. « Cours au Pirée sans t'arrêter, lui dit-il, tu verras le navire qui m'a ramené, et tu ordonneras de ma part à Sangarion de faire apporter ici les choses que je l'ai chargé de soigner. Reviens avec lui. *Le droit est déjà payé à celui qui est chargé de le recevoir* (1). »

Solutum'st portitori jam portorium.

Mais dans la Grèce, où l'auteur a placé ses personnages, ou, si l'on aime mieux, à Rome où il écrivait, le *portitor* était-il un douanier, et le *portorium* une taxe perçue à l'importation des marchandises ou des denrées ? Au lieu de cela, ne serait-il pas question dans cette scène d'un fonctionnaire chargé de la police du port, et percevant un droit à raison de la protection qu'y trouvaient chaque navire et chaque passager (2) ? C'est ce que nous ne nous sommes pas mis en peine d'éclaircir. Nous ne vou-

---

(1) *Trinummus*, acte IV, scène IV.

(2) Cette supposition emprunte quelque vraisemblance à la troisième scène de l'acte précédent, dans laquelle il est deux fois ques-

lions que donner un exemple de ces petits faits qu'on peut se permettre de glisser dans une dissertation orale, sans y attacher cependant d'autre importance que le désir de varier sa forme.

Veut-on qu'un autre exemple soit pris dans des circonstances également anecdotiques, mais conduisant à un résultat moins douteux? Nous nous citerons nous-même pour consigner ici un fait assez curieux, à l'aide duquel on va voir que, si Plaute n'est pas une autorité suffisante pour faire remonter dans le passé le berceau des douanes à *deux mille ans* de l'époque actuelle, l'enregistrement peut trouver quelque part un titre qui l'autoriserait à reculer le sien au delà de *trois mille ans!* Et non-seulement l'enregistrement, mais encore le petit procès-verbal qui constate l'accomplissement de la formalité sur l'original de la pièce enregistrée.

Ceci n'est pas une plaisanterie : le titre dont nous parlons, nous l'avons vu, nous l'avons touché, et une bouche érudite nous en a fait entendre la traduction.

En 1822 (il y a de cela trente-cinq ans au moment où nous écrivons), nous nous trouvions à Paris, où nous étions venu passer les vacances et que nous visitions pour la première fois. Nous avions eu la

tion du *portitor* comme d'un fonctionnaire qui pouvait se permettre de décacheter les lettres. — Dans le *Théâtre des Latins*, le mot *portitor* a été traduit par les mots *inspecteur du port*.

bonne fortune d'y rencontrer un orientaliste, jeune alors, mais déjà vieux de science et de réputation. Les personnes qui ont connu Champollion jeune, savent combien il y avait de bonhomie spirituelle et de bienveillance dans son caractère; il était notre compatriote et notre ami, et il voulut bien nous donner plusieurs matinées afin de satisfaire la curiosité qui nous pressait, et de venir en aide à l'ignorance qui nous eût empêché d'apprécier beaucoup de choses.

Parmi celles que nous visitâmes, la collection des manuscrits et des antiquités de la bibliothèque royale nous offrit ce que nous venons d'appeler *le titre de l'enregistrement* à une antique origine.

C'était une feuille de papyrus sur laquelle fut écrite autrefois, en caractères hiéroglyphiques, une vente immobilière passée par un propriétaire des bords du Nil à un de ses voisins. L'acte indiquait les noms du vendeur et de l'acquéreur, leur accord, la situation, la contenance et les confins du fonds vendu, enfin, le prix de la vente. Consentement, chose et prix, ce n'est pas là ce qui peut surprendre : ces trois conditions essentielles du contrat de vente ont dû être les mêmes partout et dans tous les temps. Mais, sur l'un des angles du papyrus se trouvaient des caractères ayant un autre alignement que le corps de l'acte, et constatant qu'à une époque exprimée, cette pièce avait été présentée à un fonctionnaire public qui en avait constaté l'existence sur un document spécial et qui avait perçu un droit à cette occasion. Sauf la différence des temps et des lieux, ce procès-verbal, qui était très-court, aurait pu se traduire presque littéralement par la formule que nos receveurs écrivent en marge ou à la suite des pièces que l'on fait enregistrer.

Nous avouerons de bonne foi que, si nous nous fussions trouvé seul à voir et à écouter, nous n'aurions pu nous défendre de soupçonner que la science s'égayait en ce moment aux dépens de l'ignorance. Mais comment aurions-nous fait à notre compatriote une injure qu'eût, à l'instant, repoussée la présence de trois témoins, et principalement le vif intérêt que prenait à ces détails l'un d'eux, académicien que des travaux analogues à ceux de Champollion, mais de plus ancienne date, avaient depuis longtemps placé très-haut dans l'estime du monde savant (1)?

Nous n'avons pas besoin de dire qu'il faut user avec sobriété de l'anecdote comme moyen de réveiller l'attention en piquant la curiosité. On doit se garder surtout d'en faire le passe-port d'une fausse idée.

Nous prendrons dans cette dernière hypothèse un exemple encore.

L'épisode biblique de la vigne de Naboth a été cité comme impliquant le principe de l'expropriation pour cause d'utilité publique, ce qui est sans fondement.

(1) M. Abel de Rémusat.

C'était dans son intérêt personnel qu'Achab convoitait l'héritage de Naboth : *Da mihi vineam tuam, ut faciam* MIHI HORTUM OLEORUM, *quia vicina est prope* DOMUM MEAM. *Daboque tibi pro eâ vineam meliorem, aut, si commodius tibi putas, argenti pretium, quantò digna est* (1). — Où trouve-t-on l'utilité publique?

Sur le refus de Naboth, qui ne veut pas violer la loi de Dieu en vendant l'héritage de ses pères, Jésabel fait suborner des témoins, et le juste est lapidé à la suite d'une accusation calomnieuse. Excité par Jésabel, Achab se dirige vers la vigne pour en prendre possession. — Où trouve-t-on l'indemnité? — Où trouve-t-on surtout la légalité qui doit être le caractère fondamental de l'expropriation?

Il est vrai qu'Achab offrait, soit un échange avantageux, soit le prix de la vigne. Mais on le voit ensuite se disposer à faire lâchement son profit du crime que son indigne épouse avait ordonné en son nom.

Bossuet fait remarquer que ce passage, ainsi que le châtiment d'Achab et de Jésabel, montrent combien était réputé saint et inviolable le droit de propriété légitime, et combien l'invasion était condamnée (2). La vérité de cette observation ne fait pas qu'il y ait dans les paroles de l'Écriture rien qui ressemble à l'expropriation.

---

(1) *Reg.*, lib. III, cap. XXI, v. 2.

(2) Ouvrages composés pour l'éducation du Dauphin. (*Politique tirée de l'Écriture*, liv. VIII, art. II, 4e proposit.)

Sans sortir de l'Ancien Testament, on aurait pu emprunter au livre saint un fait présentant de plus réelles analogies. Merlin l'a cité (1).

Une désobéissance du roi David avait provoqué la punition de Dieu : un fléau terrible, la peste, désolait Israël. Le repentir du prince, les prières du peuple, un autel expiatoire pouvaient fléchir le courroux céleste. David dit alors au propriétaire d'un emplacement élevé : « Donnez-moi le lieu qu'occupe votre » aire pour que j'y construise un autel au Seigneur ; » vous recevrez en argent la valeur de votre pro» priété, et le peuple sera délivré du fléau qui l'ac» cable. » Six cents sicles d'or furent comptés, et l'accomplissement de la pensée pieuse devint le salut de tous (2).

Utilité publique, indemnité juste et préalable, légalité : les trois caractères qui manquent à l'hypothèse précédente se retrouvent dans celle-ci. L'assimilation du passé au présent serait donc rigoureusement exacte, si le texte fournissait la preuve que David aurait pu, sans violer la loi, contraindre le propriétaire à céder son fonds, dans le cas où il s'y fût refusé.

---

(1) Répert., verb. *Retrait d'utilité publique.*

(2) *Dixitque ei David (ad Ornam) : Da mihi locum areæ tuæ ut ædificem in eâ altare Domino : ita ut quantum valet argenti accipias, et cesset plaga à populo.... Dedit ergo David Ornam pro loco, siclos auri justissimi ponderis sexcentos.* (Paralip., lib. I, cap. xxi, v. 22, 25.)

Si nous avons un peu insisté sur ces exemples, en apparence peu importants, c'est qu'en même temps que nous voulions ne pas omettre une ressource dont le professeur peut user, il convenait d'en montrer les inconvénients comme les avantages.

Encore quelques mots sur l'enseignement historique présenté chronologiquement à l'ouverture des principaux sujets que le droit embrasse.

Cet enseignement doit être succinct et se réduire à un simple résumé; car des dissertations étendues demanderaient trop de temps et ne l'obtiendraient qu'aux dépens du droit actuel.

De ce point de départ, que nous posons, bien entendu, comme opinion et non comme règle, s'induisent les deux conséquences suivantes :

1° Il faut se borner à l'historique du droit national, et ne pas céder à l'attrait que peut présenter l'investigation des temps anciens et des pays étrangers. Nous excepterons cependant le droit romain, origine sur tant de points du droit français. Nous excepterons encore, mais pour de rares occasions, quelques traits anecdotiques dans le but qui vient d'être indiqué.

2° Il faut renoncer aux satisfactions que procureraient des discussions approfondies sur l'histoire de telle ou telle matière du droit. Un résumé ne comporte pas de semblables travaux; il excéderait ses bornes naturelles s'il ouvrait la porte à des questions qui ne devraient être quittées qu'après avoir été complétement épuisées. Il acceptera donc de l'érudition toute faite et se bornera à en exprimer la substance. Le champ ainsi rétréci quant aux faits, n'en sera pas moins amplement ouvert aux considérations philosophiques auxquelles ils peuvent donner lieu.

Ceci soit dit seulement en ce qui concerne les leçons orales. Nous avons exprimé notre pensée sur le grand enseignement des bibliothèques (1). Un livre savant placé dans leurs rayons sera toujours un titre glorieux pour le professeur qui aura éclairé les grands aperçus et les hautes questions de l'histoire générale du droit, chez une nation comme chez plusieurs, dans les temps modernes comme dans l'antiquité. Mais les petits tableaux raisonnés que ce vaste travail le mettra, mieux que personne, en situation de placer judicieusement dans son cours, ne lui vaudront peut-être pas des droits moindres à l'estime de ceux qui classent les choses suivant le degré de leur utilité.

Ce mot *utilité* qui, à raison du but que nous nous proposons, aurait pu être l'épigraphe de cet écrit, assigne une place importante, dans l'enseignement du droit, à *l'élément pratique*.

L'école n'admet pas que, dans les examens et dans les thèses, la citation d'un arrêt *par sa date* soit con-

---

(1) Voir p. 259.

sidérée comme une réponse ou comme un argument, et l'école a raison.

Quelques personnes pourraient induire de là qu'elle n'attache qu'un médiocre intérêt à l'étude des arrêts, et ces personnes auraient tort.

Pourrait-il être que ceux à qui la puissance publique a donné mission d'introduire la jeunesse dans le sanctuaire du droit, méconnussent les trésors de doctrine que révèle à chaque instant l'application des lois? N'est-ce pas dans l'arène du contentieux que surgissent les hypothèses que les lois n'ont pu prévoir qu'en partie, alors cependant qu'elles doivent être appliquées à toutes? N'est-ce pas là que se multiplient à l'infini, dans la succession des temps, ces questions qui font du droit une science qui n'a pas de bornes, et qui n'obtient quelquefois de la jurisprudence des solutions uniformes qu'après avoir vu, plus ou moins longtemps, les tribunaux hésitants ou partagés d'opinion?

Les intérêts opposés que ces questions mettent en présence ont souvent pour interprètes et pour appuis l'éloquence et le savoir, et déjà, sur le parvis du temple, le fait et le droit, présentés sous toutes leurs faces et prenant les formes les plus saisissantes, ont préparé les matériaux entre lesquels les organes de la justice, plus recueillis et plus calmes, choisissent ceux de la décision. Parmi les magistrats des corps judiciaires ou administratifs qui prononcent, plusieurs sont arrivés à la célébrité par les ouvrages qu'ils ont publiés, d'autres, en plus grand nombre, devraient l'obtenir par leurs connaissances approfondies et par leur longue expérience. Quoi de plus abondant en lumières que de tels oracles précédés de tels débats?

Les recueils d'arrêts sont donc une des grandes sources où le professeur doit puiser, plus encore dans les cas où la jurisprudence n'est pas fixée que dans ceux où elle est uniforme, car les premiers, par la contradiction des systèmes et par les efforts qu'a faits chaque opinion dans le but de prévaloir sur l'opinion rivale, obligent l'étude à plus d'attention, demandent à l'esprit plus de jugement, et récompensent le travail par l'intelligence plus étendue des difficultés qu'enfante la pratique judiciaire.

De nos jours, cette étude a l'avantage de s'appuyer sur des documents plus clairs qu'elle ne pouvait le faire dans le précédent régime français. Les arrêts sont motivés; ils ne l'étaient pas anciennement. C'était sur la foi de quelques auteurs, presque toujours étrangers aux délibérations de la chambre du conseil, qu'il fallait accepter ce qu'on appelait *les mouvements de l'arrêt;* les motifs recueillis aujourd'hui, sous le titre de *considérants* ou d'*attendus,* sont toujours l'œuvre de l'un des magistrats qui ont participé au jugement, et ne sont prononcés qu'après avoir obtenu l'approbation de la majorité; ils résolvent fréquemment les points les plus épineux par de courtes dissertations, remarquables de lucidité, de concision et de profondeur. Enfin, dans nos collections actuelles, lorsque l'analyse du fait est nécessaire à l'intelligence du droit, on l'y trouve aussi complète qu'elle doit l'être pour atteindre ce résultat; les anciens arrêts n'avaient que rarement le même mérite, et ne l'offraient souvent alors que d'une manière fort insuffisante.

De nos jours encore, l'organisation des tribunaux administratifs et des tribunaux judiciaires trouve, dans l'institution du conseil d'État et dans celle de la cour de cassation, un moyen de ramener la jurisprudence à l'uniformité, ce vœu de 1789 dont la réalisation eût été impossible avec les douze parlements, les pays de droit écrit et les pays coutumiers de la vieille France.

Si les recueils d'arrêts sont pour le professeur un utile auxiliaire, il est évident que l'accès n'en doit pas être fermé à l'étudiant conduit par son zèle à les compulser. Aussi n'avons-nous pas dit qu'il lui serait interdit d'y puiser des raisons favorables à ses réponses ou à ses arguments, mais seulement que des dates citées ne seraient pas reçues comme monnaie de raisonnement. En un mot, et pour nous servir d'une expression fort juste répétée plus d'une fois, il faut que le légiste apprenne à peser les décisions au lieu de les compter.

La jurisprudence joue un grand rôle dans le droit administratif. Il arrive qu'indépendamment des questions que font naître les lois administratives, leur silence oblige souvent de recourir au droit commun, lequel rencontre là des obstacles qu'il ne trouve pas habituellement ailleurs. Le conseil d'État et la cour de cassation sont quelquefois en discordance; c'est alors un bien grave sujet de méditation. Les compétences respectives du pouvoir judiciaire et du pouvoir administratif se discutent sur un terrain frontière, où la jurisprudence peut avoir tracé de nombreux sillons en sens opposés avant que le pouvoir régulateur ait effacé les conflits. Sur une foule de points, il faut que le professeur s'éclaire par les annales de l'application pratique.

Et cependant le temps, avec l'inflexibilité de sa mesure, ne permet pas, à beaucoup près, à l'enseignement oral les développements que l'étude a préparés. Il faut faire un choix parmi les hypothèses qui se présentent, et, pour la plupart de celles qui sont citées, se borner à des aperçus concis. Mais, quelquefois aussi, la gravité des questions et la manière dont le juge les a traitées justifient des expositions plus complètes. Il est d'ailleurs essentiellement utile de saisir, par intervalles, les occasions qui peuvent familiariser les étudiants avec le style et la dialectique des arrêts.

C'est le mélange, combiné avec sagacité, des divers moyens d'instruction qu'on vient de parcourir, qui doit constituer à notre avis une méthode conçue dans l'esprit de l'institution. Il nous semble qu'un professeur qui se poserait comme appartenant à l'école philosophique, à l'école historique, etc., pour faire prévaloir un des éléments de la science, en négligeant plus ou moins les autres, suivrait une fausse route. Il pourrait y faire preuve de talent et y acquérir une réputation spéciale ; mais il n'atteindrait pas le but véritable de l'enseignement juridique. Le droit est comme la lumière que le prisme dégrade en isolant ses rayons.

CHAPITRE HUITIÈME.

ÉPREUVES.

L'étude du droit, si généralement utile, ne l'est cependant pas au même degré pour tous ceux qui s'y livrent. Les grades ne sont exigés que des aspirants à certaines fonctions publiques ou à certaines professions.

Dès lors, un diplôme devant répondre à la pensée qui en a fait la condition première de candidatures déterminées, il faut que les épreuves à la suite desquelles il est obtenu soient sérieuses. Sans cela le grade ne serait qu'un vain titre, dont se prévaudraient la médiocrité et même l'ignorance, pour arriver à des emplois ou à des positions que la capacité seule mérite d'obtenir. L'État et le public seraient trompés.

On s'est demandé, et l'on peut se demander encore, si, pour atteindre ce but, il ne conviendrait pas de confier les examens à un jury organisé en dehors de chaque faculté, et de séparer ainsi l'enseignement de ses résultats vérifiés.

Nous ne saurions adopter cette idée.

Parmi les raisons qui nous en détourneraient, se place, en première ligne, la difficulté de composer le jury.

Au premier abord il semble que ce serait chose facile. Mais, en réfléchissant au savoir et à l'expérience que demanderait sa mission, ainsi qu'à la position des personnes entre lesquelles les choix seraient nécessairement circonscrits, on reconnaîtra bientôt qu'indépendamment des autres considérations qui repoussent l'idée en elle-même, les sujets qui inspireraient le plus de confiance, pour les fonctions dont il s'agit, se trouveraient dans l'impossibilité de les accepter.

De qui le jury serait-il composé ?

On ne pourrait y appeler que des magistrats de l'ordre judiciaire et de l'ordre administratif, auxquels on adjoindrait peut-être quelques membres éminents du barreau.

Mais sait-on quelle charge leur serait imposée ?

A Paris, il y a des examens et des thèses à peu près sans interruption pendant toute l'année. Dans les huit autres facultés, des sessions qui ne sont jamais au-dessous de cinq annuellement, et dont chacune, en durée, varie de quinze jours à un mois, sont consacrées à ces épreuves. Pendant les sessions, il y a des séances le matin, il y en a l'après-midi; elles se prolongent communément au delà de trois heures, et quelquefois au delà de quatre.

Nous demanderons comment les exigences d'assiduité et d'attention auxquelles devraient satisfaire, dans cette nouvelle attribution, un président, un conseiller, un avocat général, un préfet, s'accorderaient avec d'autres devoirs que leur imposent les magistratures dont ils sont revêtus? Nous demanderons quel est le jurisconsulte, quel est l'avocat, occupant au barreau une position élevée, qui consentiraient à déserter leur cabinet ou les audiences, pendant les sessions d'examen, au risque de subir des condamnations par défaut ou de perdre leur clientèle?

Il y aurait impossibilité de temps, de position et de convenance, à concilier ici ce qui est évidemment inconciliable, ou, si l'on y parvenait, ce serait en sacrifiant l'un des devoirs publics ainsi placés en concurrence, et, à n'en pas douter, le devoir sacrifié serait le devoir universitaire. Les membres du jury n'assisteraient pas à la séance entière; chacun d'eux y arriverait avec la pensée d'en sortir le plus tôt possible, tel pour juger, tel autre pour plaider. Tous les moyens d'abréger seraient trouvés bons; on se distribuerait les candidats, et chaque juge s'isolant de ses collègues et ne se déterminant que d'après ses propres impressions, aucune opinion n'aurait pour fondement l'appréciation générale des réponses faites par le candidat à tous les examinateurs.

On nous permettra bien de songer, au milieu de tout ceci, à la partie des examens qui doit rouler sur le droit administratif. Or, nous ne voyons pas qui s'en chargerait dans le jury, car personne ne supposera que nous ayons placé bien sérieusement parmi ses membres le préfet, fonctionnaire unique dans le département, magistrat absorbé par des devoirs sans nombre, à l'accomplissement desquels sont attachés tant et de si graves intérêts ?

Et pourtant, si vous ôtez le préfet, qui pourrait siéger au jury dans l'ordre administratif?

Les sous-préfets ? Leur résidence est éloignée du chef-lieu ; ce sont des débutants en administration, et, sans leur faire injure, il est permis de dire qu'ils n'ont pas encore atteint le degré de maturité qu'exigerait cette fonction nouvelle.

Les conseillers de préfecture ? Dans l'organisation actuelle, la plupart d'entre eux sont des candidats sous-préfets, moins avancés encore dans la carrière de la vie et de l'expérience.

Les membres des conseils généraux et des conseils d'arrondissement ? Ils occupent, sans doute, une position très-honorable; ce sont de riches propriétaires, pour le plus grand nombre; la présomption d'une éducation libérale, d'une instruction variée, d'une expérience acquise sur certaines parties de l'administration départementale, doit les entourer de considération ; les suffrages qu'ils ont obtenus attestent la confiance que leur accorde un canton ; mais tout cela donne-t-il les qualités nécessaires pour interroger avec science, pour apprécier sainement des réponses et pour faire des bacheliers, des licenciés et des docteurs en droit? D'ailleurs, le domicile éloigné de la majorité d'entre eux, l'administration de leurs propriétés, l'impatience du retour qu'on peut observer dans les derniers jours de leur unique session annuelle, qui cependant n'est pas très-longue, permettraient-ils de compter sur leur zèle, alors même que des conditions plus essentielles ne leur manqueraient pas?

Il est inutile de pousser plus loin cette revue pour faire partager l'opinion où nous sommes que, dans l'ordre administratif, Paris excepté peut-être, on ne trouverait pas un seul fonctionnaire réunissant les qualités que demanderait la composition du jury, qui voulût, disons mieux, qui eût la possibilité d'y prendre place.

Cela suffirait pour justifier l'éloignement que nous inspire la pensée de cette institution, au moment surtout où nous venons solliciter, pour le droit administratif, une organisation complète, dont la conséquence la plus rationnelle doit être une suite d'épreuves méritant d'être ainsi nommées.

Pour être moins absolue dans la magistrature judiciaire, l'impossibilité n'en serait pas moins réelle.

Quant au barreau, on ne la surmonterait qu'en descendant aux sujets de troisième et de quatrième choix, pensée qui ne viendra certainement à personne.

Après avoir constaté ces premiers obstacles, voyons ceux que présenterait le fond des choses.

Tout esprit logique conviendra que les examens doivent être en harmonie avec l'enseignement qui les a précédés. Il serait contre la raison d'interroger un étudiant sur des choses qu'on ne lui auraient pas enseignées, et contre la justice de l'ajourner parce que ses réponses à des questions étrangères seraient insuffisantes.

Quand les questions sont posées par le professeur, on n'a rien de semblable à craindre. Il sait non-seulement quelles matières il a enseignées, mais encore quelles matières l'ont été par ses collègues dans toutes les facultés. Outre les principes du droit, que d'autres que les jurisconsultes de l'université possèdent, il y a des principes d'enseignement que, seuls à peu près, ils ont profondément médités et à l'aide desquels ils pénètrent dans l'intérieur de toutes les écoles, en effaçant en quelque sorte les distances entre elles. Les examens par les facultés ont d'ailleurs l'avantage de ramener toujours chaque candidat à la pureté des principes, à laquelle chaque professeur a été périodiquement ramené lui-même par la nécessité de reprendre, à la fin de son cours, le sillon tracé pendant les années précédentes. Ce n'est que là que se trouve un ensemble de doctrines systématiquement liées, dans un ordre que l'enseignement a observé et que l'examen ne troublera pas.

Espérer un tel accord entre les leçons et la vérification du savoir qu'elles ont fait germer, deviendra une chimère du moment où les examinateurs seront étrangers à l'enseignement. Éviter l'erreur et l'injustice dans l'appréciation des capacités sera presque impossible. On verra l'examen dirigé dans un tout autre esprit que les leçons. L'étudiant préparé sur des principes sera interrogé sur des faits; il voudra parler doctrine, on lui parlera jurisprudence; étonné d'abord, effrayé ensuite d'une insuffisance que l'assiduité de son travail ne lui aura pas fait pressentir, il se troublera, et, en définitive, un bon élève subira un humiliant échec, pendant qu'un élève au-dessous de la médiocrité, servi par le hasard de quelques souvenirs, sortira triomphant de la même épreuve!

Le décousu de l'examen (qu'on nous passe l'expression) n'infirmera certainement pas la science de l'examinateur, mais sera la conséquence d'habitudes contractées, en s'occupant chaque jour d'hypothèses nouvelles, sans rapports entre elles.

Les habitudes du professeur sont toutes différentes; il n'est pas une de ses leçons qui ne lui rappelle l'enchaînement rationnel des matières que le droit embrasse, des principes par lesquels le droit les régit, des conséquences que le droit déduit de ces principes. Sans cesse ramené à ce point de vue, qui est véritablement le point de vue scientifique, l'oubli n'est pas à craindre chez lui. Ses questions en seront la preuve : elles n'intimideront que la paresse et l'ignorance; elles mettront l'étudiant capable en situation de montrer tout ce qu'il vaut; elles feront justice de la médiocrité, que la bonne fortune de quelques réponses aurait un moment parée des couleurs du savoir.

Sous un autre rapport, l'institution de jurys d'examen pris en dehors des facultés serait dangereuse: d'abord, en ce qu'elle tendrait à déconsidérer l'enseignement aux yeux du public; ensuite, en ce que la pente sur laquelle la discordance d'habitudes qui vient d'être notée placerait l'examinateur, finirait par le conduire à faire peu de cas des doctrines de la faculté, pendant qu'à son tour le professeur en viendrait à mésestimer la partie pratique de la science. De là un esprit d'opposition, et peut-être bientôt d'hostilité flagrante entre deux éléments d'instruction qu'il est si désirable de voir réunis. L'homme est ainsi fait. N'est-ce point à quelque chose de semblable qu'il faut attribuer le dédain réciproque des universités allemandes qui laissent, en quelque sorte, la vie réelle en dehors de leur enseignement, et de l'administration qui, représentant la vie réelle, prend sa revanche en traitant fort légèrement les examens théoriques que font subir et les diplômes que confèrent les universités; à tel point qu'elle n'admet aux emplois judiciaires ou administratifs, ainsi qu'à l'exercice de certaines professions, que des candidats qu'elle a fait examiner elle-même (1)?

(1) Voir ci-dessus p. 138 et 139, et auparavant la note 1 au bas de la p. 133.

On ne préviendrait pas ces conséquences par l'institution de jurys mixtes, composés de professeurs et de magistrats. Les mêmes hommes qui, dans les voies qui les séparent, se témoignent respectivement de justes égards, auraient alors à se disputer la prépondérance, et la rivalité naîtrait de leur rapprochement.

Si de ces considérations générales on descend à des considérations individuelles, deux intérêts particuliers, celui du professeur et celui de l'étudiant, se placeront à leur tour dans la balance pour la faire pencher du côté du *statu quo*.

L'intérêt du professeur est de conserver l'influence qui peut faire régner autour de sa chaire le silence et l'attention, et assurer à sa parole la déférence et le respect. Croit-on qu'il les obtiendrait au même degré, si ses auditeurs cessaient de voir en lui le juge prochain des épreuves qu'ils auront à subir ?

Quant à l'étudiant (nous ne parlons que de l'étudiant signalé par l'assiduité et par le travail), son intérêt est d'avoir pour arbitres les professeurs qui peuvent rendre témoignage de ses succès ou de ses efforts antérieurs, de sa bonne conduite encore, assuré qu'il est que, si le règlement de son compte d'examen a besoin d'être balancé par un appoint d'indulgence, de tels souvenirs, qu'il ne saurait trouver chez des examinateurs étrangers à son passé, ne lui feront pas défaut chez les maîtres dont il a conquis l'estime. Et qu'on ne dise pas qu'en le traitant plus favorablement que d'autres qui n'auraient pris aucun souci de la mériter, on aura deux poids et deux mesures. Nous croyons, au contraire, que, dans l'hypothèse de deux épreuves orales, médiocres l'une et l'autre et à peu près égales en résultats, c'est faire bonne justice que d'accorder au candidat qui a travaillé ce qu'on refuse à celui qui n'a rien fait. Dans toutes les facultés de France, sauf dans celle de Paris (1), le nombre des élèves n'est pas tellement élevé qu'un professeur, au bout de quelques mois, ne soit en situation de connaître tous ceux qui suivent son cours, et ne puisse un peu plus tard se rendre compte, soit de leur assiduité par les appels quotidiens, soit de leur attention par celle qu'il apporte lui-même à maintenir l'ordre dans son auditoire, soit enfin de leurs habitudes plus ou moins laborieuses par le résultat des interrogations qu'il leur adresse tour à tour.

Qu'on se garde d'altérer de tels rapports!

On a dû varier la nature et la forme des épreuves qui précèdent la collation des grades. Il faut pénétrer au delà de l'écorce par plus d'une voie, si l'on veut s'assurer de la capacité des candidats. Il faut aussi qu'ils aient eux-mêmes plus d'un moyen de la prouver, si l'on ne veut pas être injuste envers eux. Les

(1) Peut-être encore dans celle de Toulouse.

interrogations orales, les compositions écrites, les actes publics, ont quelquefois des chances indépendantes du mérite réel. Tel candidat, malheureux dans une épreuve, peut se relever dans une autre s'il est réellement instruit. Pour le juger, les examinateurs tiendront compte de tout.

Nous croyons que les règlements actuels, sur ce sujet, offrent des moyens suffisants et doivent être maintenus. Du moins, le petit nombre d'observations qu'ils vont nous suggérer n'infirme-t-il sur aucun point essentiel le système en vigueur.

Un des examens de licence (le second) est précédé d'une composition écrite, dans laquelle le candidat, sans autre ressource que ses souvenirs et son jugement, doit discuter et résoudre, sous la surveillance d'un des membres de la faculté, une question tirée au sort au moment même où commencent les deux heures qui lui sont accordées pour ce travail.

Cette épreuve est assurément un des meilleurs moyens de vérifier la valeur intellectuelle et le savoir acquis du candidat; mais il faut qu'elle soit consciencieusement subie, et ce n'est pas toujours ce qui arrive : il y a des supercheries que la vigilance la plus active n'a pas la possibilité de déjouer. On comprend, d'ailleurs, que les précautions ici ne peuvent aller jusqu'à placer un professeur, comme une sentinelle, derrière l'épaule de chaque candidat, avec la consigne de ne détourner les yeux ni de la main qui écrit ni de la poche où un livre peut être caché; ce serait blesser en même temps la dignité de celui qui surveille et la susceptibilité de celui qui est surveillé; ce serait même quelquefois paralyser l'imagination et le jugement de ce dernier : on voit, en effet, des personnes qui ne peuvent composer que dans une certaine situation d'isolement, et que des regards trop rapprochés et trop investigateurs gênent, au point d'arrêter à la fois leur plume et leur pensée.

On demandera comment peuvent s'aider de secours étrangers des jeunes gens assis à une table que domine le siége du professeur surveillant, et qui écrivent réellement sous ses yeux, quoique à quelques pas de lui.

Nous n'en savons absolument rien, mais nous avons acquis la conviction de la possibilité du fait dans deux ou trois occasions. Ainsi, il nous est arrivé, après un examen qui avait été détestable dans toutes ses parties, mais plus particulièrement sur une des matières qu'il avait embrassées, d'entendre le candidat lire une excellente dissertation qu'il avait écrite avant d'être interrogé, et qui roulait précisément sur cette matière elle-même; puis, à de nouvelles questions suggérées par l'étonnement que faisait naître le contraste de l'incapacité labiale et de la capacité graphique, prouver, par de nouvelles réponses, qu'il ne comprenait pas un mot de ce qu'il avait écrit, ou plutôt de ce qu'il avait machinalement copié, car le doute n'était pas permis. Comment avait-il pu se procurer le texte de sa composition, sur un sujet assigné par le sort au moment où il entrait en loge? Qui avait pu le lui fournir assez tôt pour lui laisser le temps de le copier? Par quel moyen le lui avait-on fait parvenir au milieu d'une grande salle où personne n'avait la faculté de pénétrer? De quelle manière la surveillance avait-elle été trompée? Était-ce un de ses voisins qui avait trouvé le temps de faire deux dissertations différentes, et de lui laisser encore celui dont il avait besoin pour s'approprier l'une d'elles, au moins par l'écriture? Mais l'amitié se serait montrée trop généreuse envers lui, pour qu'on pût la supposer complice de la fraude, car sa composition était aussi supérieure à toutes celles que la même séance avait produites, que son examen était au-dessous de tous les autres. Avait-il copié un livre? Mais comment aurait-il fait choix du volume, quand il ne savait point encore quelle question à traiter le sort lui réservait? Et puis, avec l'ignorance absolue dont il venait de faire preuve, comment aurait-il trouvé dans ce volume ce dont il avait besoin? Quoi qu'il en fût, le problème demeura sans solution, et nous pûmes nous convaincre que l'habileté des fraudeurs dont on cite les tours en matière de droits fiscaux, n'est pas plus subtile que celle qui se pratique quelquefois sous les yeux d'une faculté de droit, sans qu'elle puisse en avoir la preuve légale.

Qu'y faire?

Supprimer la composition écrite ? Nous n'avons garde de le proposer, car aucun résultat n'est en général plus concluant que celui de cette épreuve.

Il faut la maintenir, mais il faut aussi rappeler souvent à la surveillance qu'elle ne doit pas sommeiller un seul instant; il faut encore que, dans les cas où l'infraction serait évidente, de même que dans ceux où, sans avoir un caractère flagrant, la preuve en serait ultérieurement acquise, on puisse infliger disciplinairement une peine sévère, afin que l'exemple, impressionnant profondément les esprits, rende le fait plus rare; il faut enfin ne pas oublier que, quoi qu'on fasse, l'abus se glisse partout, que les meilleures institutions n'en sont pas exemptes, et qu'aucune ne resterait debout s'il suffisait, pour les faire crouler, de quelques rares circonstances où elles auraient été faussées.

Dans l'état actuel de l'organisation des facultés de droit, le diplôme de bachelier s'obtient à la suite de deux examens, et le diplôme de licencié, à la suite de deux examens aussi, d'une composition écrite (celle dont nous venons de parler) et d'une thèse.

Une organisation nouvelle qui ferait au droit administratif sa part d'enseignement, en le plaçant sur le pied de l'égalité avec le droit civil, aurait pour conséquence naturelle de les traiter l'un et l'autre de la même manière dans ces différentes épreuves.

Il n'y aurait presque rien à changer quant aux thèses. En l'état, un sujet fourni par le droit administratif a presque toujours place dans ces actes publics. Cependant la mesure, au lieu d'être simplement d'usage général, devrait être de règle absolue.

Même chose à dire du second examen de licence, du moins de l'examen oral.

Mais la composition écrite qui le précède a toujours pour objet une matière appartenant au droit civil, prise tantôt dans le Code Napoléon, tantôt dans le Code de commerce. Nous ne prétendons dépouiller ni l'un ni l'autre ; seulement nous trouvons juste, ou plutôt nous croyons utile, afin de tenir en haleine les étudiants sur le droit administratif comme sur les deux autres branches qui *ont le possessoire*, de lui attribuer un tiers des sujets de dissertation placés dans l'urne.

Quant aux examens de baccalauréat, on n'a pas eu, jusqu'à présent, à s'y occuper du droit administratif, et les choses devront se passer ainsi tant que cette branche ne comptera qu'un seul professeur, et que son cours ne sera obligatoire que pour les étudiants de la troisième année. C'est pendant la première et la seconde qu'ils subissent les deux examens dont il s'agit, et il est impossible qu'on songe à vérifier alors leur instruction, sur ce qui ne leur sera enseigné que l'année suivante. Mais la situation changera du moment où les trois années d'études auront chacune un cours obligatoire de droit administratif; car les épreuves devant suivre la progression de l'instruction donnée, il conviendra, dans le second examen de baccalauréat, d'interroger sur le droit administratif, comme on interroge sur le Code Napoléon et sur le Code de procédure.

Les professeurs constitués en commission d'examen forment un véritable tribunal. Leurs séances, qui sont publiques, commandent autant de dignité dans la tenue extérieure que les audiences judiciaires, et dans l'exercice des facultés du jugement autant de consciencieuse application. Chaque examinateur ne doit pas seulement toute son attention aux réponses qui lui sont faites ; il la doit encore aux questions de ses collègues et aux réponses qu'ils obtiennent. Son opinion ne peut, en effet, se rendre témoignage à elle-même de sa justice, qu'autant qu'elle a pesé tous les éléments de l'épreuve subie.

Voyez ce qui se passe devant les tribunaux : le silence y est commandé, mais les magistrats en donnent l'exemple en s'interdisant toute conversation ; l'attention y est pour eux un devoir si bien compris, que les présidents ne sont que très-rarement dans le cas de le rappeler, et que, lorsqu'un des juges est obligé de quitter un moment l'audience, la discussion est aussitôt suspendue pour n'être reprise qu'après qu'il est rentré en séance.

Est-ce là ce qu'on observe aux examens et aux thèses ?

Non ! et pourtant un ajournement injuste, ou une

admission excédant les bornes de l'indulgence, sont des choses peut-être aussi regrettables qu'un jugement qui aurait donné à Pierre ce qui appartenait à Paul.

On pourrait nier l'analogie des hypothèses et dire que, dans les débats judiciaires, il y a toujours deux adversaires au moins qui se disputent un droit, et entre lesquels il faut tenir une balance parfaitement égale, tandis que dans les épreuves universitaires, Pierre et Paul ne sont pas en présence : le candidat à juger n'a point d'adversaire; il n'ôtera ou ne délaissera rien à personne par le résultat de la décision rendue à son sujet.

Nous n'avons pas raisonné par voie d'assimilation rigoureuse, et cependant cette observation n'infirmerait en rien ce que nous avons dit, car elle serait fondée sur l'erreur. Dans l'hypothèse, en effet, où les facultés de droit prononcent, il y a réellement deux parties en cause : le candidat, qui a le droit d'être traité selon son mérite, et l'intérêt public, à qui les conséquences d'une admission de faveur seraient préjudiciables. Seulement ces deux parties ne sont respectivement adverses que lorsque le candidat qui veut le grade ne mérite pas de l'obtenir, car, dans l'hypothèse contraire, l'intérêt public est d'accord avec l'intérêt particulier du candidat.

Mais est-il besoin de trouver au fond des choses une ressemblance quelconque pour exiger, dans les épreuves auxquelles les facultés procèdent, tout ce qui, dans les audiences judiciaires, commande le respect par la dignité du maintien, et la confiance par l'attention dont ce maintien lui-même fournit la preuve ? Ne suffit-il pas que, dans l'un et dans l'autre cas, on doive être juste ? Or, peut-on l'être sans une attention soutenue ? Cette attention est-elle suffisante quand elle se borne à la portion d'examen à laquelle on procède soi-même, et quand on s'en affranchit, après cela, pour causer avec son voisin, pour écrire une consultation, ou pour se livrer à toute autre distraction ? Est-elle suffisante quand l'examinateur arrive au milieu de la séance, ou en sort avant la fin ? quand il la quitte pour y rentrer et pour la quitter encore sans qu'elle soit suspendue ? quand le professeur qui interroge se trouve quelquefois seul au bureau ? Et, après avoir procédé ainsi, peut-on se dire avec vérité qu'on a refusé ou admis le candidat en parfaite connaissance de cause, sur tous les éléments de l'épreuve ?

Nous venons de prononcer les mots : intérêt particulier, intérêt général.

Qu'un double exemple mette en lumière toute la gravité des situations qu'ils peuvent embrasser, et que cette gravité nous fasse pardonner des suppositions purement gratuites quant à nos souvenirs, exagérées dans tous les cas, mais autorisées par une forme de raisonnement à qui l'on passe, comme moyen de persuasion, des choses poussées à l'extrême.

Un jeune homme appartient à une famille dont les ressources sont très-bornées. Elle les a épuisées pour lui ouvrir par l'étude du droit l'entrée d'une carrière, et s'est imposée dans ce but de rudes privations. Il a compris ces sacrifices et ce dévouement, et s'en est rendu digne par sa conduite et son travail. Mais une grande timidité l'a desservi pendant qu'on l'interrogeait. Elle eût été surmontée s'il avait observé chez tous ses juges cette attention soutenue qui est toujours un témoignage de bienveillance, quoiqu'elle aboutisse souvent à des actes sévères. A leur tour, des examinateurs simultanément attentifs à toutes les parties de l'épreuve eussent deviné la crainte, et l'eussent dissipée par la forme et le ton de leurs questions. Mais les choses se sont passées de telle sorte que, d'un côté, le malheureux étudiant, examiné successivement par un seul juge en l'absence des autres, ou pendant qu'il n'obtenait d'eux aucune marque d'attention, a senti le trouble et la frayeur paralyser en lui des facultés amoindries déjà par sa timidité naturelle, et que, d'un autre côté, chaque professeur s'isolant de ses collègues durant l'examen, pour se livrer à des causeries ou à des occupations étrangères, personne n'a vu qu'il y avait là un mérite réel, mais qui avait besoin d'encouragement. A la suite de tout cela l'ajournement est prononcé. L'ajournement! Pour la famille, c'est peut-être l'impossibilité de faire de nouveaux sacrifices; pour le candidat, c'est le découragement, car, si le travail le plus soutenu n'a pas abouti à son admission une première fois, comment aura-t-il l'espoir de réussir dans une seconde épreuve à laquelle il ne peut se préparer que par le même moyen? Sa carrière est peut-être irrévocablement brisée.

Voilà comment est blessé l'intérêt particulier. On voit qu'il est autre chose ici que l'intérêt individuel, et que la justice la plus rigoureuse doit s'affliger d'un tel résultat.

Mettons en scène actuellement un jeune homme placé dans des conditions de famille, de fortune et de relations diamétralement opposées.

Il prend exactement ses inscriptions, car il ne pourrait sans cela être admis aux épreuves. Il assiste aux leçons tout juste ce qu'il faut pour que ses certificats d'assiduité, qui sont également indispensables, ne lui soient pas refusés. Il travaille, tout juste aussi pour ne pas rester court absolument sur ce qu'on lui demandera. Puis, malgré son insuffisance dont il n'a pas le sentiment, il se présente à l'examen, et, servi par beaucoup de confiance en lui-même, par cette facilité de parlage que donne à quelques sujets la fréquentation de la haute compagnie, surtout par les chances quelquefois favorables, quelquefois défavorables, mais favorables pour lui dans cette circonstance, d'un examen à bâtons rompus, il entend prononcer son admission sans s'en étonner, pendant qu'elle excite la surprise de tous ses condisciples, mieux au fait que lui et que la faculté elle-même de ce que vaut sa science. Peut-être bien que celle-ci n'est attestée que par des boules rouges ; peut-être même qu'une boule noire a protesté : que lui importe ? Il a son diplôme, qui ne mentionne pas ce détail, c'est l'essentiel ; et, comme sa famille est riche et influente, il entrera dans la magistrature ou dans les emplois administratifs, qui ne tarderont pas à ressentir le contre-coup de son ignorance.

Voilà comment est blessé l'intérêt général.

Il faut regretter l'erreur dans les deux cas. Cependant nous ne saurions en assimiler les effets, et nous nous reprocherions beaucoup moins d'avoir admis, par excès d'indulgence, un étudiant peu capable, mais placé dans les conditions de famille et de fortune du premier de nos deux candidats, que d'avoir accueilli le second par défaut de sévérité.

Voyez la différence :

Le gradué sans fortune n'ambitionnera pas les magistratures judiciaires et administratives. Il se fera avoué, notaire, avocat s'il le peut, professions dont l'exercice est public et où chacun, en général, réussit selon son mérite. Ou bien il entrera dans les services financiers qui ont des règles d'avancement dont il est rare que l'on s'écarte, et qui ne permettent pas à un sujet incapable de conserver son emploi.

Le gradué riche recherchera les honneurs et les fonctions auxquelles ils sont attachés. La richesse procure les hautes relations, et, par elles, les protections en crédit; et, comme les macules de la réception universitaire ne déteignent pas sur le diplôme, il présentera hardiment le sien, et de bonne heure on le verra juger ou administrer, aux risques et périls du bon droit et de l'intérêt public.

En deux mots :

On choisit son avoué, son notaire et son avocat; on a pu les voir à l'œuvre; si l'on choisit mal, c'est à soi-même qu'il faut s'en prendre.

Mais on ne choisit pas son juge; s'il est ignorant on est forcé de le subir.

Quelque différence, au surplus, qu'il y ait entre nos deux exemples, ils conduisent l'un et l'autre à cette conclusion que le professeur comme le juge doit toute son attention à toutes les parties de l'affaire qui lui est soumise (un examen est une affaire); que la tenue extérieure de la séance peut, au moyen de formes rigoureusement observées, rappeler sans cesse le professeur à ce devoir, et être, pour l'intérêt public et pour l'intérêt particulier, une garantie de son accomplissement; qu'enfin ce point sollicite quelques dispositions réglementaires qui devront être particulièrement recommandées à la vigilance des doyens, des recteurs et de l'inspection générale.

A cette occasion, nous dirons notre avis sur la forme comparée de l'examen collectif et de l'examen individuel.

Dans l'examen collectif on réunit sur le banc tous les étudiants convoqués pour la même séance (ordinairement quatre.) Ils sont interrogés de suite par le même professeur, après lequel un autre les examine tous à son tour, et ainsi jusqu'au dernier examinateur. La commission se retire ensuite dans la salle des délibérations, arrête son jugement sur tous les candidats et rentre pour le prononcer, ou bien le fait porter à leur connaissance.

Dans l'examen individuel un seul étudiant est interrogé, sans désemparer, par tous les professeurs formant la commission. La délibération qui le concerne est prise, et le jugement prononcé avant de passer à l'un des autres candidats réunis pour la séance.

Il est des facultés qui ont préféré ce mode au précédent : nous croyons qu'elles ont eu raison.

Il en est qui, après l'avoir pratiqué, lui ont substitué l'épreuve collective : nous craignons qu'en cela elles n'aient cédé à des motifs de convenance personnelle, plutôt qu'à des raisons prises dans ce que nous appellerons la vérité de l'examen.

L'examen ne nous semble vrai, dans les questions et les réponses qui le constituent et dans l'opinion suggérée par ces dernières, qu'autant qu'on isole le candidat sur lequel un jugement doit être porté des autres candidats convoqués en même temps que lui, de même que, devant un tribunal, on isole la cause qui se plaide des autres causes inscrites au même rôle. Un examen n'est pas un concours : le candidat est admis ou ajourné, non parce qu'il est plus ou moins fort que tel autre, mais parce qu'il a, ou n'a pas la somme de connaissances nécessaire pour l'admission, et l'on ne doit pas mieux, à notre avis, embrasser par une seule épreuve et par une seule décision plusieurs élèves, qu'on ne pourrait admettre la plaidoirie simultanée et le jugement collectif de plusieurs procès. L'épreuve que doit suivre l'admission ou l'ajournement est un procès aussi; mais, nous l'avons dit, ce n'est pas entre les candidats successivement examinés qu'il existe : c'est entre chaque candidat et l'intérêt public que blesserait l'admission d'un sujet incapable.

La plupart des autres considérations que nous avons présentées sur la tenue des séances d'examen, fortifieraient, s'il en était besoin, notre opinion sur ce sujet.

Elle peut invoquer encore, pour repousser l'examen collectif, celles qui suivent :

Fatigue plus grande pour le professeur qui, après avoir interrogé de suite quatre candidats, sera physiquement et intellectuellement mal disposé à accorder une attention soutenue aux longues interrogations de ses collègues; indulgence réciproque, non-seulement pour l'inattention, mais pour l'arrivée tardive, pour la retraite avant l'heure, pour l'absence intermédiaire, auxquelles le prétexte de la lassitude et les longs intervalles de l'examen collectif, par chaque professeur séparément, offriront un moyen beaucoup plus élastiquement favorable que l'examen individuel durant un quart d'heure. N'oublions pas ce que ce livre a déjà plus d'une fois répété : Varier les exercices intellectuels, c'est reposer l'esprit en continuant de l'occuper.

Mais l'inconvénient le plus grave de l'examen que nous désapprouvons, c'est de conduire au *binage*, moyen par lequel on peut, dans une matinée ou dans une après-midi, doubler les commissions sans convoquer un plus grand nombre de professeurs, mais en les appelant à concourir à deux séries d'examen tenues en des lieux différents ; ce qui ne peut se faire qu'en laissant les deux commissions toujours incomplètes, pendant la durée de chaque séance séparée.

Après ce qui a déjà été dit des épreuves auxquelles les examinateurs procèdent en l'absence les uns des autres, nous n'avons pas besoin d'insister sur ce que le binage a de vicieux. Nous dirons seulement que s'il est une faculté de droit en France où quelquefois on a pu le considérer comme forcé, c'est celle de Paris, à cause du grand nombre des étudiants et de la surcharge imposée aux professeurs dans les devoirs qu'ils ont à remplir. Eh bien, à Paris, où ce mode a été en usage pendant quelque temps, mais seulement dans des circonstances exceptionnelles, il est maintenant proscrit.

Nous avons cependant entendu faire l'apologie de l'épreuve collective par ce motif qu'une délibération unique devant en être la conséquence, elle permet de tenir compte du mérite comparé des candidats examinés à la même séance, et de mesurer plus exactement, en observant entre eux un juste rapport, le degré de satisfaction ou de mécontentement que la combinaison des boules blanches, rouges et noires doit exprimer.

Cette raison roule encore sur la fausse idée qui fait de l'examen un concours.

D'ailleurs, l'avantage qui en est le fondement, si l'on admet qu'il soit réel, ne compenserait pas les inconvénients qui viennent d'être signalés.

Mais est-il vrai qu'un professeur qui consacre, chaque année, une portion notable de son temps à interroger des étudiants, ait besoin de l'examen collectif pour que les suffrages qu'il distribue soient équitablement balancés? Les souvenirs de la veille et des jours précédents sont-ils à tel point effacés que le moment actuel ne lui permette pas d'y prendre des termes de comparaison? Et quand il vient à l'instant de juger un premier candidat, doit-on croire qu'en passant une heure après au second, et de celui-ci au troisième, il lui sera moins facile d'établir entre eux une échelle graduée avec justice, que s'il les avait examinés collectivement? De pareilles craintes sont chimériques. Ce qui ne l'est pas, c'est que ce mode d'examen ouvrira une porte, qui chaque jour s'élargira davantage, aux abus contre lesquels nous venons de demander l'intervention d'un règlement. Le professeur n'arrivera qu'au moment où il devra personnellement interroger, et, son heure expirée, il désertera la séance.

La somme des connaissances acquises après un certain nombre d'inscriptions, n'est pas la seule chose qui doive être vérifiée. L'étudiant a des devoirs quotidiens qui ont aussi leurs épreuves.

Le mot *assiduité* résume ces devoirs.

Assiduité dans l'assistance aux leçons.

Assiduité dans le travail qui les suit.

L'une se constate par l'épreuve des appels;

L'autre par l'épreuve des interrogations familières, que nous appelons ainsi pour les distinguer des examens, dont les formes ont plus de solennité et dont les conséquences sont plus décisives.

L'assistance aux leçons est indispensable à tout élève qui a la volonté de s'instruire. Le vieux proverbe : *Qui veut la fin, veut les moyens*, reçoit ici une double application. Le moyen de l'instruction, c'est la leçon du professeur; mais le moyen de profiter de la leçon, c'est l'assiduité de l'élève.

Ceci est compris par tous les jeunes gens qui s'inscrivent aux cours avec la volonté d'y acquérir des connaissances profitables, et, généralement, plus leur intelligence a de portée, plus ils se montrent assidus.

Leur exemple devrait être matière à réflexions pour d'autres, que la nature a moins libéralement doués. Et cependant c'est parmi ceux-ci que se trouvent, non pas seulement des tendances récalcitrantes, mais des esprits disposés à contester les avantages de l'assiduité. A les entendre, on peut devenir fort savant sans répondre aux appels : l'aptitude naturelle, la sûreté du jugement, la lecture, feront mieux pour l'instruction que ces entraves réglementaires qui l'étouffent, au lieu de lui laisser le temps de germer et de fructifier à son aise. Ils n'oublient qu'une chose, c'est qu'aptitude, jugement et lecture, leur manquent également. Ce qui n'empêche pas qu'aux époques où les certificats d'assiduité sont délivrés, de bons parents, que les instances filiales ont poussés et que la faiblesse paternelle conduit, ne viennent répéter ces niaiseries surannées. Vous leur diriez, sans les convaincre, que ce qui peut avoir été vrai dans un petit nombre de circonstances, et pour quelques organisations privilégiées, ne l'est pas pour la masse. La haute opinion qu'ils ont de leur lignée et l'affection qui les égare, laisseraient l'allusion incomprise.

Pour nous qui continuons d'être convaincu que c'est en vue de la masse, et non pour les exceptions, qu'il faut réglementer les écoles publiques, nous applaudirons à toutes les mesures qui auront pour effet de rendre l'assiduité de plus en plus obligatoire. Quand ces mesures n'auraient d'autre résultat que d'ôter quelques heures à la dissipation, ce serait déjà un bien. Mais elles feront davantage : la présence, après avoir été peut-être purement physique pendant quelque temps, deviendra insensiblement intellectuelle. Que faire au milieu de jeunes gens qui écoutent, si ce n'est d'écouter soi-même ? L'exemple produit, presque toujours, les bonnes comme les mauvaises habitudes ; celles de la paresse finiront par céder la place à celles du travail. Voilà du moins ce qui arrivera dans le plus grand nombre de cas. Que ne pouvons-nous dire dans tous ! Malheureusement, il est des natures que rien ne peut améliorer ; il est aussi des orages qu'il n'est pas au pouvoir des règlements d'apaiser, mais qui préparent de tardifs et amers regrets.

Les interrogations familières donnent la mesure de l'attention apportée aux leçons et de la persévérance du travail hors de l'école.

A l'ouverture ou à la fin des séances, le professeur questionne un ou deux élèves, soit sur la matière qui a été l'objet de la dernière leçon, soit sur d'autres sujets qu'il a précédemment enseignés. Il reconnaît par là si ses explications ont été bien comprises ; il rectifie les erreurs ; il encourage les développements ; il en donne lui-même de nouveaux, et veille à ce que chacun soit également attentif aux questions et aux réponses qui, souvent, amènent des rapprochements entre les doctrines exposées le jour précédent et celles que reproduisent des souvenirs plus éloignés, et qui, souvent aussi, résumant la leçon dernière, sont une introduction naturelle à la leçon présente. Il a soin d'établir, pour cet exercice, un ordre qui ne puisse laisser prévoir à aucun élève, ni le moment où il sera interrogé, ni les questions qui lui seront faites; ordre qui, cependant, doit les soumettre tous à peu près aussi fréquemment à cette épreuve intérieure. De cette manière l'étudiant, étant inopinément appelé, est obligé de se tenir constamment en mesure de répondre, s'il ne veut pas montrer honteusement au grand jour sa paresse et l'incapacité qui en est la suite.

Plus les interrogations familières seront fréquentes, plus elles seront utiles. L'usage en est général; il serait bien qu'aucune chaire ne s'abstînt de le suivre, et que, dans toutes, cet entretien précédât *chaque leçon;* une demi-heure lui serait consacrée. Une heure appartiendrait ensuite à la leçon, et ce serait assez, car la parole du professeur doit être écoutée avec une attention soutenue, et pour cela il ne faut pas l'imposer trop longtemps.

Les appels contraignent les étudiants à l'assiduité. Les interrogations familières les assujettissent au travail; mais elles ont encore d'autres avantages.

C'est par elles que, longtemps avant la fin de l'année scolaire, le professeur est mis en situation de connaître le personnel de tout son auditoire, et d'en apprécier exactement le fort et le faible (1).

C'est à elle que l'élève doit des rapports qui, de bonne heure, ont quelque chose d'intime.

Ce sont ces rapports qui encouragent l'élève à demander des conseils, et qui autorisent le professeur à en prendre l'initiative; ce sont eux qui, dans quelques circonstances, donnent à ce dernier assez d'influence pour remplacer la famille absente; c'est par eux que le professorat devient paternel, et trouve dans la confiance une autorité plus inaltérable encore que dans le respect.

Il est un point fort important quand on se destine, soit à des professions publiques, soit à la magistrature judiciaire ou administrative : c'est de surmonter l'obstacle que la timidité naturelle oppose souvent au développement des facultés de l'esprit et à l'exercice de la parole. Rien n'aide mieux à y parvenir que les interrogations familières. On y parle devant un auditoire qui a lui-même besoin d'indulgence, et qui n'a pas le droit de se montrer exigeant. On y a pour juge un professeur toujours empressé de soutenir la mé-

---

(1) Dans l'application de ce mot *exactement*, nous devons encore laisser à part la faculté de Paris, où un nombre d'élèves trop considérable ne permettra pas une appréciation aussi complète et aussi positive, mais où cependant la mesure aura son degré d'utilité. Par position, nous sommes naturellement conduit à nous occuper plus particulièrement des facultés de droit moins entourées par la jeunesse que cette grande école.

moire et le jugement quand ils chancellent, et qui, dans cette occasion, n'a de sévérité que pour le mauvais vouloir. On y acquiert ainsi, par degrés, l'assurance qui sera nécessaire quand, par la suite, on devra se faire entendre dans de plus imposantes réunions.

Avant d'arriver à ces dernières épreuves que la vie publique montre, dans l'avenir, à l'étudiant, il trouvera une occasion de se familiariser encore davantage avec la parole et le raisonnement dans les conférences récemment instituées. Il sera d'autant mieux préparé à y prendre part qu'il aura mis plus de zèle à s'approprier le fruit des interrogations familières. Ces deux choses sont liées et se prêtent un mutuel appui; l'une prépare à l'autre, et ce que nous avons dit des avantages de celle-là s'applique à celle-ci, mais sur une échelle agrandie par le choix des questions et par une sorte de solennité académique.

Les conférences peuvent donc être classées encore parmi les épreuves auxquelles nous avons consacré ce chapitre.

Nous le terminerons en faisant une observation qu'elles nous suggèrent dans l'intérêt spécial du droit administratif.

Jusqu'à présent cette branche de la science s'est trouvée fort isolée au sein des facultés, où une seule chaire ne peut suffire à l'enseignement qu'elle réclame. On n'a pas songé à lui ouvrir l'accès des conférences. Elle y prendra place sans doute, si une organisation nouvelle lui donne enfin de plus nombreux interprètes, et si, sur tous les points, elle est traitée comme le droit civil.

CHAPITRE NEUVIÈME.

AGRÉGÉS.

Ce sujet ne sort point des limites annoncées par le titre de notre ouvrage. Les fonctionnaires que nous venons de nommer doivent prendre une participation éventuelle à l'enseignement du droit; plusieurs d'entre eux appartiendront même spécialement à ce qu'on a appelé la *section du droit administratif* (1); cela suffit sans doute pour qu'il nous soit permis d'en parler.

Cependant, avant d'écrire le mot *agrégé* en tête de ce chapitre, nous avons éprouvé de l'incertitude. Après l'avoir écrit, nous avons été au moment de l'effacer et de supprimer les réflexions qu'il nous suggérait.

Voici à quoi tenait cette hésitation, et pourquoi nous avons cru devoir la surmonter en définitive.

Dans les facultés de médecine le système de l'agrégation est ancien, et l'épreuve du temps lui a été favorable.

---

(1) Statut ministériel du 20 décembre 1855, art. 31.

Dans les facultés de droit ce système est d'application récente (1). Le concours ouvert pour la nomination des premiers agrégés qui devront en être l'essai ne remonte qu'à quelques mois, et c'est à peine si les candidats nommés entrent en fonctions au moment où nous écrivons ces lignes (2). Il est donc impossible de consulter par eux l'expérience. D'un autre côté, nous ne croyons pas que celle qui a été faite dans les facultés de médecine doive fournir ici des raisons d'analogie. Loin de là, les deux hypothèses sont à ce point différentes, que l'emprunt fait à l'une nous semble, dans l'autre, une regrettable erreur. C'est l'opinion qui a dominé notre esprit dès les premiers moments où l'on a parlé de cette innovation, et nous devons avouer que, dans tout ce qui a été dit ou fait à son sujet depuis, rien ne nous a fait chanceler.

Si telle est encore en ce moment notre conviction, pouvons-nous, avec convenance, nous poser comme l'adversaire d'une mesure étudiée dans les hautes régions de l'autorité, et mûrie par l'intervention du

---

(1) Décret impérial *sur l'organisation des académies* du 22 août 1854, art. 9 et 10. — Nous ne parlons ici que de l'*application*. Quant au système, il date de plus loin. Sept ans avant le décret de 1854, on lui avait donné place dans le projet de loi de 1847, lequel reproduisait textuellement, à cet égard, les dispositions d'un projet contemporain sur l'enseignement médical. — (Voir ce document, art. 5 et suivants, et l'exposé des motifs lu à la chambre des pairs, le 9 mars 1847, par M. de Salvandy.)

(2) Ce concours a été clos le 24 décembre 1856.

conseil d'État avant son adoption? N'aura-t-on pas le droit de nous dire : « Vous condamnez ce qui n'a » point encore été mis à l'épreuve; vous demandez » qu'un rouage jugé utile soit arrêté avant qu'on l'ait » vu fonctionner; vous prétendez faire prévaloir vos » idées et vos prévisions hypothétiques, sans que les » faits aient dit le mot concluant et décisif qu'il leur » appartient de prononcer; où sont, d'ailleurs, vos » titres pour vous attribuer le droit de donner des » conseils en de telles circonstances? Voulez-vous » qu'on vous suppose une de ces pensées de dénigre- » ment qui, trop souvent, altèrent l'impartialité de la » critique pour servir les rancunes de la médiocrité? »

C'est le danger d'une pareille situation qui nous a momentanément ébranlé. La bonne foi du langage qu'on aurait le droit de nous tenir serait-elle suffisamment balancée par la bonne foi de nos intentions? Nous aimons à croire que, dans le cercle de nos relations intimes, notre droiture ne serait pas soupçonnée. Mais, hors de là, quels titres avons-nous en effet pour repousser un injuste soupçon?

Néanmoins nous n'avons reculé que pendant quelques instants. On a pu voir, dans plusieurs passages précédents, que nous sommes bien éloigné de rêver pour nos idées une prépondérance exclusive. Nous l'avons déjà dit : nous ne formulons pas des avis péremptoires, nous ne donnons pas même des conseils, nous exprimons des opinions. Que nous les ayons accueillies parce que nous les croyons meilleures que celles qui leur sont opposées, cela est certain; mais, encore une fois, nous les présentons simplement comme nôtres, et nous laissons à chacun la liberté de conserver des convictions différentes, et de les faire prévaloir dans l'enquête administrative à laquelle nous apportons notre tribut personnel. Cette enquête ne sera féconde en moyens d'organiser, sur des fondements solides et durables, l'enseignement du droit administratif, qu'autant qu'elle embrassera l'étude du présent et du passé, sans s'arrêter à la date plus ou moins récente des mesures qui devront être supprimées.

Il y a une influence qui doit toujours s'exercer avec le temps : c'est celle de la raison. Elle appartient quelquefois à des ouvrages qui n'ont d'autre mérite que la franchise. Ce mérite-là, du moins, nous appartient; mais, pour qu'il protége nos idées, il ne faut pas les mutiler par des retranchements ou des réticences qui, tout à la fois, rendraient l'œuvre incomplète, et nous ôteraient le droit d'invoquer le témoignage intime de notre conscience.

Sous le bénéfice de ces observations qui sauvegarderont encore, en quelques points, le chapitre suivant, nous dirons notre pensée tout entière concernant le système de l'agrégation appliqué aux facultés de droit.

Le même système est appliqué encore aux facultés des sciences et aux facultés des lettres. Nous ne le suivrons pas dans ces établissements publics, si ce n'est peut-être à l'occasion d'un détail qui nous a frappé, et qui se rattache à notre sujet.

Quand une nouvelle carrière de fonctions publiques est ouverte à de jeunes hommes qui en ont conquis l'entrée par de fortes études, il faut qu'elle leur offre en perspective la garantie d'une existence en rapport avec la nature, l'importance et la durée de leurs travaux; en rapport encore avec les sacrifices que ces travaux ont exigés. Ceci est juste en règle générale, mais plus particulièrement quand il s'agit de fonctions données à la suite d'un concours.

Jusqu'à l'issue de cette grande épreuve, l'État ne doit rien aux candidats qui se sont présentés; tant pis pour ceux qui succombent : ils n'ont pas assez travaillé, ou bien ils ont trop présumé de leur capacité, ou bien ils ont rencontré des rivaux que les dons de la nature ou les trésors de la science avaient placés hors ligne : c'est un malheur pour les vaincus, dont la société ne saurait être responsable.

Il en est tout autrement du vainqueur.

A celui-ci l'État doit l'avenir, qui, pour le jeune fonctionnaire, se compose de deux éléments. L'un absolument éventuel : ce sont les chances de l'avancement. L'autre qui doit être assuré : c'est une position qui ne puisse s'amoindrir que dans le seul cas où la conduite aurait légitimé la révocation.

Comparons, sous ce dernier point de vue, l'agrégation auprès des facultés de médecine à l'agrégation auprès des facultés de droit. Ce parallèle est amené par le fait que, dans les secondes, l'agrégation est un emprunt fait aux premières. Il fera voir, sans qu'il soit besoin d'attendre pour les facultés de droit l'épreuve du temps, les risques fâcheux qui peuvent y compromettre l'avenir de l'agrégé.

Une règle est commune à tout l'enseignement supérieur, c'est que les agrégés sont divisés en deux classes, savoir : les *agrégés en activité pour un temps déterminé*, lesquels ont seuls droit à un traitement, et les *agrégés libres dont les fonctions sont expirées*, lesquels ne reçoivent pas de traitement (1).

Dans les facultés de médecine, le traitement que cessent de recevoir les agrégés, au moment où ils passent de la position d'activité à la position libre, est plus que compensé pour eux par la pratique médicale.

Il n'en sera pas ainsi dans les facultés de droit. Après avoir consacré les plus belles années de leur vie à l'enseignement, les agrégés libres, privés de tout émolument, n'auront que bien peu de chances pour s'assurer une position fructueuse dans une autre carrière. Considérés, en général, comme les *fruits secs* de l'université, ceux à qui une période de dix ans n'aura pas suffi pour arriver au professorat en

(1) Statut ministériel du 20 décembre 1855, art. 1er. — (Voir aussi art. 30, 39, 51, 58 et 67.)

titre, se trouveront mal recommandés quand ils voudront débuter ailleurs.

Où est la raison de cette différence?

Pour la mettre au grand jour, il faut entrer dans les détails de la comparaison.

L'agrégé en médecine, par le résultat du concours qui a proclamé son nom, est posé, dès cet instant, comme médecin; la clientèle vient à lui. Il y a dans la pratique médicale, comme dans la science qui lui sert de fondement, quelque chose d'occulte pour le commun des hommes. Quel est le malade qui peut juger par lui-même le mérite du médecin qu'il fait appeler? Sa confiance, si elle ne veut pas être aveugle, a besoin d'un témoignage éclairé. Il trouve ce témoignage dans le choix du corps universitaire médical qui s'est associé l'agrégé. L'administration centrale a si bien compris cela, qu'elle a limité à six ans la durée de l'agrégation active à la faculté de Paris; tandis qu'à la faculté de Montpellier et à celle de Strasbourg, c'est seulement après neuf ans que les agrégés en activité deviennent agrégés libres (1). Il ne peut y avoir d'autre motif à cette distinction que les avantages supérieurs qui sont plus promptement obtenus, grâce au titre d'agrégé, au milieu d'une population et d'une opulence plus grandes. Un agrégé au bout de six ans, et même bien avant, a pris rang parmi les sommités médicales de Paris, et le faible

(1) Statut ministériel du 20 décembre 1855, art. 39.

traitement que lui attribuait sa position universitaire n'est rien auprès des avantages qui lui sont assurés comme praticien.

Combien paraîtra moins favorisé l'agrégé en droit, dont le titre sera resté le même pendant dix ans, période de sa position d'activité (1)!

Les avocats qui se présentent au concours ne le sont encore que par le titre. Outre le stage exigé au palais, il faut presque toujours une suite d'années laborieuses avant d'y obtenir quelque renom et d'y recueillir des fruits satisfaisants. Les réputations précoces sont de très-rares exceptions. Soyez, au surplus, assuré que le jeune avocat chez qui la clientèle abonde, et, à plus forte raison, l'homme mûr, ne quitteront pas les certitudes que leur garantit le barreau, pour courir après les incertitudes d'une épreuve qui peut avoir des fortunes indépendantes du mérite réel. Le concours ne verra donc venir à lui que des jeunes gens ayant sans doute du savoir, dont quelques-uns pourront être un jour des hommes très-distingués, mais dont aucun, dans ce moment, ne sera véritablement avocat, suivant l'acception élevée de ce mot. Le diplôme d'agrégé, décerné même aux applaudissements de tout le monde, ne leur fera pas plaider un procès de plus, et sera au contraire un obstacle, sinon légal du moins de situation, à ce qu'ils fréquentent assidûment les audiences après l'avoir obtenu.

---

(1) Statut ministériel du 20 décembre 1855, art. 30.

Ici, en effet, la science et son application n'ont rien de secret, et il n'est pas nécessaire d'être soi-même juriste, pour se faire une idée assez vraie de la confiance accordée à tel ou tel nom, et pour choisir, entre les avocats qu'on a entendus, le conseil ou le défenseur dont on a besoin. La qualité d'agrégé n'est certainement pas ce qui déterminera ce choix. Elle éloignera même de la plaidoirie le jeune fonctionnaire qui, voulant se créer des titres pour avancer dans l'enseignement, comprendra que l'accomplissement consciencieux de tous ses devoirs de faculté, joint à des études approfondies dirigées en ce sens, parlera bien mieux en sa faveur que quelques procès plaidés, ou, s'il a obtenu des succès réels, qu'une clientèle nombreuse, laquelle, en attestant son assiduité au palais, ferait douter de son zèle à l'école de droit. Dans notre opinion, l'agrégé ne devrait cependant pas déserter complétement le barreau (on a pu voir l'importance que nous attachons à l'application pratique); mais, s'il veut se maintenir dans les voies qui le recommanderont à l'autorité supérieure, c'est à la doctrine philosophiquement étudiée, c'est aux leçons, aux conférences, aux examens et aux thèses, qu'il donnera la plus grande partie de son temps, ce qui sera loin de servir sa position et son existence comme avocat.

Plus on approfondira la comparaison de l'agrégation en médecine et de l'agrégation en droit, plus on s'étonnera que l'une ait enfanté l'autre.

Voyez le programme de l'enseignement confié aux facultés de médecine : excepté peut-être la physique et la chimie, la botanique et l'histoire naturelle, sciences qui pourraient au besoin y être professées par d'autres que par des médecins, toutes les chaires offrent d'autant plus d'intérêt et de moyens d'instruction, que les docteurs qui les occupent s'adonnent plus fréquemment à la pratique de l'art de guérir. La raison en est simple : c'est que le meilleur enseignement est celui qui est donné au chevet du malade. Maintenant, que la médecine soit faite dans des salles publiques d'hôpitaux, en présence d'étudiants nombreux qui recueillent les explications du professeur, ou bien dans des appartements privés où son langage a plus de réserve et de discrétion, pour lui, c'est la même chose. Pour ses élèves, il n'y a qu'une seule différence : c'est que, dans le premier cas, ils peuvent voir en même temps qu'ils écoutent, et que, dans le second, ils ne peuvent qu'entendre le récit d'observations faites ailleurs ; mais on peut être certain que si les visites du professeur lui ont fait remarquer des cas profitables à sa leçon, il ne manquera pas de les y placer.

Voilà pourquoi les chaires de clinique ont une si haute importance dans l'enseignement médical ; importance qui s'accroît de ce qu'en elles vient se résumer, par l'application, toute la science des autres chaires ; importance que celles-ci partagent en proportion des faits que l'exercice journalier de la médecine a mis à leur disposition. Sauf les deux exceptions que nous avons notées, trouvera-t-on dans l'organisation de l'enseignement médical une seule chaire échappant à cette liaison, heureusement inévitable, qui fait du praticien le plus occupé le professeur le mieux écouté ? L'anatomie, la physiologie, l'hygiène elle-même, la pathologie dans son double domaine, la thérapeutique et la matière médicale, les opérations et les appareils, l'art des accouchements, les maladies des femmes et celles des enfants, et jusqu'à la médecine légale, il n'est pas un de ces éléments de la science générale qui ne se retrouve dans la clinique; il n'en est pas un qui ne soit, à son tour, éventuellement transformé en clinique, par les emprunts que permettent à la chaire les observations quotidiennes du professeur au dehors.

C'est ainsi que, tout en servant efficacement la science enseignée, l'exercice de la profession prépare à l'agrégé en médecine un avenir tel qu'au moment où il échangera sa position d'activité contre une position libre, il abandonnera sans regret une indemnité modique, et se consolera aisément de n'avoir pu jusqu'alors arriver à la position de professeur titulaire.

On a vu que l'agrégé en droit est loin d'avoir une perspective analogue, pour l'époque où il deviendra libre sans traitement. C'est vers trente-six à quarante ans qu'il quittera la position active et rétribuée. Songera-t-il alors à se faire un nom au barreau ? Que de difficultés, que de découragements à surmonter! La magistrature ou l'administration ouvriront-elles leurs rangs à qui n'aura pu s'ouvrir en dix ans les degrés que semblait promettre la carrière suivie d'abord? Qu'offriraient-elles d'ailleurs? Est-ce un poste de début que l'âge, les services et les études de l'agrégé lui permettraient d'accepter avec convenance? Attendra-t-il la chance d'un avancement jusqu'alors vainement espéré dans les facultés? Mais s'il est sans fortune, comment vivra-t-il?

Nous ne croyons avoir fait ni un tableau trop flatté de la situation de l'agrégé en médecine, ni une peinture trop sombre de celle de l'agrégé en droit, quittant l'un et l'autre l'activité. Le contraste est aussi vrai qu'il est frappant, et suffirait seul pour nous faire pardonner l'espoir qu'on ne tardera pas à reviser, en cette partie, les règlements universitaires. Il semble que, sans tenir aucun compte de la différence des choses, on ait cédé au désir frivole de symétriser l'enseignement supérieur, en rendant commune à toutes ses divisions une institution florissante sur quelques points, mais qui s'étiolera sur d'autres, comme ces plantes dont la végétation est un sujet d'admiration ou de pitié, suivant le sol qui les nourrit et le climat qui leur accorde ou leur refuse les conditions d'un riche développement.

Il eût fallu, du moins, maintenir le traitement de l'agrégé en droit, dans la seconde période de sa carrière. Mais alors pourquoi changer ce qui existait?

N'avait-on pas les suppléants, dont il suffisait d'augmenter le nombre?

Les règlements qui ont organisé l'agrégation ne sont pas, dans leurs détails, propres à détruire la supposition de ce goût de symétrie qu'à tort ou à raison nous avons accueillie.

Dans les facultés des sciences, les agrégés sont partagés en trois sections : section des sciences mathématiques pures et appliquées, section des sciences physiques, section des sciences naturelles (1). Tout le monde conviendra que cette division a été dictée par une saine appréciation de ce qui caractérise et isole essentiellement chaque sujet.

Dans les facultés des lettres, le nombre des sections est le même : section de littérature ancienne et moderne, section de philosophie, section d'histoire et de géographie. Là encore tout est logiquement distingué (2).

Le nombre *trois* étant rationnel dans ces deux ordres d'enseignement, où se trouvaient des agrégés avant qu'il en eût été donné à l'ordre du droit, on paraît, en les introduisant dans celui-ci, s'être beaucoup plus préoccupé de l'y maintenir que d'y consulter la raison.

---

(1) Statut ministériel du 20 décembre 1855, art. 52.
(2) Même statut, art. 59.

Les facultés de droit ont donc eu aussi *trois* sections d'agrégés :

Section du droit romain ;

Section du droit civil et *criminel ;*

Section du droit administratif et *commercial* (1).

Puisqu'on voulait absolument des sections pour le droit et qu'il en fallait *trois,* nous n'avons rien à dire quant à celle du droit romain.

Mais, quant aux deux autres, nous ne comprenons ni l'association du droit civil et du *droit criminel*, ni celle du droit administratif et du *droit commercial.* Elles ont en effet pour résultat de séparer les choses qui ont entre elles le plus de rapports, et de réunir celles qui en ont le moins (2).

Qu'y a-t-il de plus intimement lié, dans la législation française, que le droit civil et le droit commercial, placés ici dans des sections différentes ? Ils ont les mêmes principes généraux ; leur application est confiée aux mêmes juges (3); la même procédure, sauf dans un petit nombre de cas, est suivie devant la double juridiction (4); le droit civil est le droit

---

(1) Statut ministériel du 20 décembre 1855, art. 31.

(2) *Sed non ut placidis coeant inimitia ; non ut*
Serpentes avibus geminentur, tigribus agni.
(Hor. — *De art. poet.)*

(3) Quelques villes seulement ont des tribunaux de commerce; partout ailleurs la juridiction commerciale appartient aux tribunaux ordinaires. Tous les appels, sans exception, sont portés devant les cours impériales. (*Cod. de comm.*, 615, 616, 644.)

(4) *Code de commerce*, 642, 643; *Code de procédure civile*, 414 à 442.

commun, le droit commercial est le droit exceptionnel, ce qui ne les distingue que pour les unir davantage, dans tous les cas où le second, manquant de règles spéciales, doit être suppléé par le premier; tous les deux appartiennent au *droit privé* et offrent, à chaque instant, des hypothèses qui ne présentent de différences qu'à raison de la qualité des personnes et de la nature de leurs opérations.

Joignons à ces considérations l'autorité d'un magistrat de la cour de cassation, jurisconsulte profond qui occupait la chaire de droit commercial à la faculté de Paris, dont il devint plus tard le doyen :

« Convaincu que l'étude du droit commercial *serait* » *insuffisante, et, je ne crains pas de le dire, inutile,* si » elle n'était rattachée à celle du droit civil; que, » d'un autre côté, l'étude des lois civiles *est incom-* » *plète,* si l'on n'y joint celle des lois commerciales, » je placerai au premier rang de mes devoirs le » soin de comparer les deux législations : *j'indi-* » *querai ce qu'elles ont de commun et les motifs des* » *différences que nous aurons remarquées.* Par là, » mes leçons pourront atteindre le double avantage » de compléter les études de ceux qui connaissent » déjà l'ensemble de la législation, et de suppléer à » l'instruction que les autres n'auraient pas encore » acquise (1). »

---

(1) *Cours de droit commercial*, de M. Pardessus. — Discours placé en tête de la seconde édition, p. 46.

Avons-nous tort de nous étonner que le droit commercial ait été séparé du droit civil (qui comme lui appartient au *droit privé* et en est la partie essentielle et fondamentale) pour être accolé au droit administratif, qui est un démembrement du *droit public?*

Que fait ensuite le droit criminel, autre démembrement du *droit public*, à côté du droit civil, lequel n'a pas avec lui cette communauté d'origine et de rapports? On dirait qu'il n'a été placé là que pour faire la critique, et du système de l'agrégation, et de celui des sections dans l'ordre du droit.

Le droit criminel a une nature propre qui aurait dû l'attribuer à une section distincte de toutes les autres, si l'on n'eût pas tenu au chiffre *trois*.

On pouvait, du moins, le classer dans celle du droit administratif, où il eût paru moins expatrié que le droit commercial, en ce que le rapprochement de deux branches du *droit public* aurait présenté, dans un caractère commun, l'apparence de quelque fondement.

Il y avait mieux à faire : c'était de supprimer la division en sections, qui ne saurait être justifiée dans les facultés de droit, comme elle l'est dans les facultés des sciences et dans celles des lettres, par des différences absolues entre les connaissances qui se partagent les agrégés.

Nous demanderons maintenant comment on distribuera le service des agrégés dans une faculté de droit. C'est un point qui n'a pas encore été réglé (1).

Si les agrégés de la première section ne suppléent que les professeurs de droit romain, les agrégés de la seconde que les professeurs de droit civil et de droit criminel, les agrégés de la troisième que les professeurs de droit administratif et de droit commercial, il pourra se faire que les uns soient fort occupés pendant que les autres ne le seront pas du tout, du moins comme suppléants; les maladies et les chaires vacantes ne sont pas réparties suivant un ordre réglementaire.

On nous répondra, sans doute, que le classement de l'agrégé dans telle ou telle section ne l'y inféode pas à ce point qu'il ne puisse être appelé à remplacer un professeur dans un autre ordre d'enseignement.

Mais alors, à quoi bon la division en sections?

Si cette division n'a d'autre but que d'indiquer à chaque agrégé une catégorie de connaissances qu'il devra particulièrement approfondir, afin que le gouvernement ait autant de pépinières de candidats spécialement instruits qu'il y a de branches principales dans l'enseignement, il pourra se faire aussi que par le hasard des décès, on n'ait aucune chaire à donner, pendant une longue suite d'années, dans la section

(1) Et qu'on ne règlera probablement pas tant qu'il n'y aura qu'un ou deux agrégés attachés à chaque faculté. Nous avons dû raisonner dans l'hypothèse où il y en aura plusieurs, ou au moins un, dans chaque section.

où se trouvera l'agrégé le plus recommandable par l'ancienneté, la science et le talent; alors que les vacances seront nombreuses dans une autre section qui ne comptera parmi ses agrégés que des débutants ou de vieilles médiocrités (1).

On nous répondra sans doute encore que le règlement qui a classé les fonctionnaires dont nous nous occupons (2) ne saurait porter atteinte au droit attribué à l'Empereur par une disposition législative antérieure (3), droit illimité dans de certaines conditions, et que n'altèrent en aucune façon les présentations et la proposition qui doivent le précéder et en éclairer l'exercice. L'homme de mérite, à quelque section qu'il appartienne, conservera ses titres même dans une section autre que la sienne.

Mais alors, nous le demandons de nouveau, à quoi bon la division en sections?

L'inutilité n'est pas le seul défaut qu'elle présente. La mesure est, en outre, dangereuse par sa tendance inévitable. Elle conduit en effet à la séparation de ce qui doit être toujours plus ou moins réuni dans l'étude comme dans l'enseignement du droit; elle prépare la

(1) Qu'on nous pardonne cette expression, même quand nous parlons de fonctionnaires nommés au concours : nous raisonnons par supposition. D'ailleurs, les garanties en général très-réelles de ce mode de nomination ne sont pas exemptes d'erreur. Des infirmités précoces et l'âge en dernier résultat, peuvent aussi faire évanouir des espérances brillantes conçues en d'autres temps.

(2) Statut ministériel du 20 décembre 1855, art. 31.

(3) Décret-loi du 9 mars 1852, art. 1 et 2.

destruction de ce triple caractère d'unité, de grandeur et de beauté que présente cette science, et qui a reçu dans un précédent chapitre le tribut de notre admiration (1). Les considérations que nous y avons exprimées, à l'occasion des facultés spéciales et des gradués particuliers en droit administratif et politique, trouvent ici une application non moins directe et non moins décisive qu'alors. Nous n'avons pas craint de leur donner une étendue proportionnée à leur importance, ce qui ne nous permet pas de les reproduire. Mais si le lecteur veut prendre la peine de les parcourir encore une fois, il comprendra qu'après avoir, en quelque sorte, posé l'unité dans le droit et l'unité dans l'enseignement comme notre principe de prédilection, nous demandions maintenant l'unité dans les avenues du professorat (2).

Au danger que vient de révéler un simple détail de l'institution des agrégés, faisons succéder celui que peut produire l'exercice des fonctions qu'ils ont à remplir considéré dans un de ses attributs.

Les agrégés ne seront pas simplement des remplaçants momentanés. La pensée qui les a créés attend de leur zèle des cours supplémentaires.

Ceci doit nous suggérer des réflexions différentes

(1) Chap. IV. — Voir p. 115 à 118.
(2) Voir p. 112 à 125.

suivant que nous tiendrons exclusivement compte de l'état actuel de l'enseignement, ou que nous supposerons, dans les facultés de droit, une organisation nouvelle et complète, plus ou moins semblable à celle que nous avons proposée.

La première de ces hypothèses est celle où se trouve l'écueil que nous appréhendons.

Ce n'est pas en vain qu'on aura compté sur des cours supplémentaires : les agrégés qui entrent en fonctions sont jeunes et pleins d'ardeur; ils ont fait preuve de savoir et de talent; leur avenir est à fonder, et l'on trouvera chez eux l'empressement de semer, stimulé par l'espoir de deux récoltes, la réputation d'abord, l'avancement ensuite.

La réputation, au milieu d'un auditoire disposé à les écouter avec faveur, par les sympathies de l'âge et de l'imagination, sera pour quelques-uns peut-être une conquête facile.

L'avancement dépend d'appréciateurs, en général moins accessibles aux impressions que produisent les avantages extérieurs d'une parole élégante et facile, qu'aux impressions justifiées par l'abondance, la solidité et la pureté des principes. Ils peuvent cependant être quelquefois séduits par le bruit des succès d'école, et par le prestige du talent qu'il ne faut pas confondre avec la science.

N'est-il pas à craindre que cette perspective n'égare quelques agrégés? Ne verra-t-on jamais en France la chaire de l'enseignement envahie par ces rivalités passionnées, traduites en attaques malséantes, dont les universités allemandes ont souvent offert de tristes exemples (1), et qu'un ministre de l'instruction publique signalait, il y a dix ans, comme répugnant essentiellement à nos mœurs et à nos idées (2)?

Dans la suppléance accidentelle rien de semblable n'arrivera sans doute; sa durée, en général très-limitée, ne le permettra point.

Nous ne croyons pas non plus que les professeurs titulaires puissent être exposés, dans nos facultés, à des critiques inconvenantes et à des sarcasmes analogues à ceux que le professorat d'outre-Rhin essuie, quelquefois, de la part des volontaires de l'enseignement. La discipline est autrement organisée chez nous; elle y a des sanctions plus sérieuses; elle y a surtout celle de l'intérêt personnel qui ne permettra pas à un agrégé d'oublier que, dans les cas de vacance de chaire, le ministre ne propose un candidat au choix de l'Empereur qu'après avoir été éclairé par des listes de présentation, dont une est *nécessairement* demandée à la faculté où la vacance s'est produite (3).

Mais nous sommes loin d'être aussi rassuré sur les dispositions respectives des agrégés attachés à une même faculté, quand ils auront des cours à leur disposition pendant toute l'année scolaire.

---

(1) Voir ci-dessus, p. 133, 134, 137 et 138.
(2) Voir ci-dessus, p. 140 et 141.
(3) Décret-loi du 9 mars 1852, art. 2.

Nous craignons à la fois des nouveautés dangereuses et des jalousies préjudiciables à la dignité de la chaire.

Des nouveautés : car auprès d'un auditoire de seize à vingt ans, les idées paradoxales dans leur primeur auront des séductions plus puissantes que les vieilles maximes de la justice et de la raison.

Des jalousies : car dans l'âge des passions, les rivaux ont peu de chemin à faire pour devenir ennemis. Ils s'attaqueront d'abord avec réserve, puis sans ménagement, aux applaudissements d'une jeunesse trop inexpérimentée pour ne pas trouver un attrait malicieux dans ces luttes à distance dont elle sera le trait d'union. Elle y verra la continuation du concours, moins l'observation des convenances, que la présence de juges plus graves aura cessé de commander.

Nous savons tout ce qu'on peut répondre à cela : L'autorisation du ministre sans laquelle l'agrégé ne fera pas de cours; le programme de ce cours vérifié et approuvé avant qu'elle soit accordée; le retrait en cas d'abus ; les peines disciplinaires, etc. Oui, les choses se passeront chez nous autrement que dans les universités allemandes. Mais, à raison même de ce que la répression y sera plus vigilante et plus sévère, les moyens de l'éluder s'y montreront plus subtils, on aura l'art d'y protéger les vivacités de l'attaque par les aménités apparentes du langage, et, sans atténuer l'hostilité des intentions et le cuisant des blessures, on parviendra souvent à paralyser à force d'adresse l'action disciplinaire. Ne parvînt-on qu'à la retarder, une telle situation serait encore déplorable : il faut si peu de temps à de mauvaises doctrines et à de mauvais exemples pour produire beaucoup de mal! Seule la nécessité de sévir en serait un, et des plus à regretter!

L'hypothèse d'une organisation nouvelle et d'un enseignement complet, dans les facultés de droit, changera la situation, sans être plus favorable, il s'en faut, à l'institution des agrégés.

En effet, cette hypothèse rendra les cours supplémentaires inutiles. Elle trouverait même en eux un embarras tel qu'on se verrait forcé de les interdire, s'il était donné à nos idées de prévaloir, quant au nombre et à la distribution des chaires, et si l'on entendait la présence aux leçons comme nous l'entendons. Douze chaires; point de cours facultatifs; assiduité partout, conséquence de l'inscription; vérification de l'assiduité, conséquence de l'obligation; leçons assez restreintes, chaque jour, pour que l'assistance prescrite ne soit pas contrainte, par la fatigue de l'attention, à n'être qu'une assistance corporelle; leçons assez nombreuses cependant pour que les élèves soient constamment occupés, ou par la parole du professeur, ou par des travaux intermédiaires indispensables, en laissant au repos et à quelques exercices récréatifs le temps qu'il est impossible de leur refuser; c'est ainsi que se résument les considérations que nous avons largement développées, sur la nécessité de proportionner les études au temps que la jeunesse peut leur consacrer (1). Le chapitre suivant nous mettra dans le cas de les rappeler encore une fois.

Parmi les effets éventuels de l'agrégation en droit, il faut placer encore l'extension qu'elle pourrait donner à une mesure, utile dans de certaines limites, dangereuse au delà et dégénérant alors en abus : c'est celle des *chargés de cours*.

Choisir entre les fonctionnaires de la suppléance celui qui a les droits les mieux acquis; lui confier une chaire dont le professeur titulaire est éloigné par des infirmités ou par d'autres causes aussi légitimes; c'est à la fois récompenser de jeunes mérites par une haute marque de confiance offrant une position améliorée, et reconnaître de vieux services en procurant du repos à qui en a besoin.

Mais il ne faudrait pas que ceci devînt trop habituel et trop indifféremment appliqué. Ce qui est bien dans un petit nombre de cas spéciaux, ouvrirait la porte à de fâcheux antécédents pour des temps plus éloignés. L'usage finirait par s'étendre même aux chaires dont les titulaires seraient décédés, et l'on pourrait voir un jour, au grand préjudice de la dignité

(1) Voir ci-dessus, p. 101 à 112.

de l'enseignement, plus d'une faculté en majorité composée de professeurs dont le titre serait précaire, et dans lesquelles l'élément spécial de la maturité et de l'expérience ne serait pas convenablement représenté. Or, c'est à l'âge qui promet cet élément que s'attache la confiance des familles.

L'ancienne organisation de la suppléance ne donnait pas lieu à de semblables craintes. Le titre des suppléants les attache à une faculté déterminée, et ils y sont peu nombreux. Celui des agrégés les met tous à la disposition du ministre ; ce n'est que *temporairement* qu'ils sont attachés à telle ou telle faculté ; ils passent de l'une à l'autre selon les besoins du service (1) ; en sorte que, non-seulement tous les agrégés actuellement en exercice, mais encore tous ceux qui, en bien plus grand nombre, seront nommés à la suite de concours ultérieurs, offriraient une facilité extrême à l'abus qu'on vient d'entrevoir et dont ils se trouveraient être les instruments passifs. Combien ne serait-il pas affligeant de voir une faculté de droit composée en majorité de professeurs au rabais, son budget écorné par de misérables rognures de traitement (2), et des services étrangers profiter

(1) Décret impérial, *sur l'organisation des académies*, du 22 août 1854, art. 11.

(2) Dans presque tous les services publics les émoluments des fonctionnaires ont été augmentés, et cela est justifié par l'élévation progressive du prix des choses nécessaires à la vie. Rien de semblable n'a eu lieu dans les facultés de droit des départements : les traitements fixes y sont restés ce qu'ils étaient il y a cinquante ans, et la diminution du nombre des étudiants y a réduit les traitements éventuels.

de cette économie, aussi pauvre dans ses résultats que contraire au véritable esprit de l'organisation universitaire et de sa comptabilité dans l'enseignement supérieur.

Nous ne supposons certainement pas que le ministre, actuellement placé à la tête du département de l'instruction publique, pût prendre l'initiative de pareilles déviations. Quand on arrive dans les conseils immédiats du pouvoir souverain par les degrés de la magistrature, on apporte à ces hautes fonctions les principes austères qu'elle a inspirés au début, et qu'elle a fortifiés à mesure qu'on s'y est élevé davantage. Le présent ne nous inquiète donc point, et nous sommes à l'aise pour traiter ce sujet.

Mais l'avenir n'est qu'incertitude : les hommes passent, et, plus encore que les hommes, les circonstances changent. Il y a, dans la vie politique et dans les exigences financières, de telles situations que, pour faire face à l'urgence des besoins, on est quelquefois excusable de s'écarter des règles ordinaires.

Voilà ce que nous redoutons.

Le remède qui peut atténuer ce mal, c'est de ne pas fonder ou de ne pas maintenir des institutions qui rendraient l'abus plus facile; c'est au contraire de fonder ou de maintenir en les fortifiant celles qui lui refuseraient un semblable appui; c'est surtout de protéger sur ce point l'avenir, en mettant à profit les facilités du présent. N'est-ce pas dans les rares périodes qui réunissent à la fois gloire, paix et force gouvernementale, qu'il est aisé d'élever des digues contre l'action dissolvante de l'abus, et qu'on peut leur donner des fondations assez résistantes pour que, même à une époque de désordres, il soit difficile de les ébranler?

Voilà ce que nous voudrions.

A mesure que nous écrivions les pages immédiatement précédentes, nous avons senti grandir la conviction exprimée au commencement de ce chapitre. C'est le propre, en effet, des opinions vraies que de nouveaux motifs pour y persister soient toujours le résultat d'un examen plus approfondi.

Le système de l'agrégation dans les facultés de droit semble promettre à de jeunes hommes qui, par leurs travaux et leurs brillants succès, sont dignes du plus vif intérêt, un avenir qui ne se réalisera que pour quelques-uns d'entre eux, et qui en laissera d'autres sans ressources, à une époque de leur vie déjà trop avancée pour qu'ils puissent s'ouvrir une carrière différente, en rapport avec leur savoir, leurs services et leur âge.

La répartition des agrégés en sections est, en définitive, une atteinte portée au grand principe de l'unité dans le droit. Elle a pour fondement une idée symétrique puérile. Elle est sans but si l'on est forcé de convenir que, quelle que soit la section à laquelle les agrégés appartiendront, ils pourront suppléer tous les professeurs et aspirer à toutes les chaires.

Les cours supplémentaires auxquels on les convie ne seraient pas sans inconvénients, quelquefois peut-être sans dangers, dans l'état actuel de l'organisation des facultés de droit. Ils seraient inutiles, et même impossibles, si l'organisation et les règles que nous proposons étaient accueillies.

La mesure des *chargés de cours*, bonne dans les limites qui par le fait résultaient de la constitution de l'ancienne suppléance, pourrait à l'avenir conduire à de graves abus, par les facilités qu'offriraient les agrégés devenant de plus en plus nombreux.

Malgré tant et de si puissantes considérations, nous n'osons croire qu'on supprimera l'innovation qu'elles condamnent. Cette innovation date pour ainsi dire d'hier, et tant de gens diront : « Laissez » au moins faire l'expérience, » que notre faible voix ne sera pas écoutée.

Cependant, si ce que nous avons écrit est fondé, il y aurait de puissants motifs pour ne pas attendre.

En premier lieu, il est bien plus aisé de revenir sur ses pas, quand on est à peine entré dans une fausse route, que quand on s'y est profondément enfoncé. Le temps est un grand argument contre les mesures rétrogrades. Plus une chose a duré, plus il est difficile de la détruire, toute vicieuse qu'elle puisse être. Les existences qui s'y rattachent sont devenues nombreuses, et se sont formées sous la foi d'une institution consacrée par l'autorité publique. On ne peut les désintéresser toutes par des positions analogues, et il y aurait de la cruauté, disons mieux, de l'injustice à les briser.

En second lieu, le moment actuel ne présente aucune de ces perspectives. Les agrégés que vient de proclamer le premier concours ouvert par cette innovation sont en très-petit nombre, et rien n'est plus facile que de leur assurer une position, non-seulement égale, mais préférable à leur position actuelle. Il ne faut pour cela que maintenir l'ancienne suppléance et les nommer suppléants, en les fixant auprès des facultés où ils remplissent aujourd'hui leurs fonctions.

Ceci demande quelques explications. Nous devons d'autant moins les supprimer que nous en étendrons les conséquences à une classe de fonctionnaires qui, depuis longtemps déjà, rend de grands services à l'enseignement du droit : nous voulons parler des *suppléants provisoires* dont on a peut-être trop usé. Plusieurs des considérations que renferme ce chapitre pourraient leur être appliquées.

Quand on institua les écoles de droit, il y a plus de cinquante ans, le règlement d'administration publique qui suivit la loi du 22 ventôse an XII fixa pour chacune le nombre des professeurs à cinq et celui des suppléants à deux (1).

(1) Décret impérial du 4 complémentaire an XII, art. 9.

Cette proportion était alors rationnelle. Mais le règlement avait réservé au gouvernement le droit d'augmenter le nombre des professeurs et des suppléants, suivant l'importance des écoles et le succès qu'elles obtiendraient (1).

C'est à Paris, et sur une large échelle, que devait d'abord se réaliser cette prévision (2).

Plus tard des chaires de droit commercial et de droit administratif furent instituées dans les huit autres facultés, et, depuis, il n'en est pas une qui ne compte *sept* professeurs titulaires, au lieu de *cinq* qu'avait institués l'organisation de 1804. Deux d'entre elles en ont *huit*.

Cependant, la faculté de Paris exceptée, le nombre des suppléants est demeuré le même, du moins par les prescriptions réglementaires.

Ce nombre est évidemment insuffisant, et la proportion adoptée en 1804 en exigerait *trois*.

C'est principalement pour venir en aide aux facultés dans lesquelles le personnel de la suppléance paraissait trop faible, que s'est introduit l'usage des suppléants provisoires, dont quelques-uns comptent en ce moment huit à dix ans d'excellents services, et dont quelques autres, par la solidité, l'éclat et le succès de leurs leçons, ont des titres qui compensent ceux que l'ancienneté leur refuse. Il est des facultés

(1) Décret impérial du 4 complémentaire an XII, art. 9.

(2) Voir ordonnances royales des 24 mars 1819, 6 septembre 1822, 19 juin 1838 et ci-dessus p. 41 à 44.

où, par le résultat de retraites accordées ou de congés indéfiniment renouvelés et qui produisent les mêmes effets, la suppléance ne compte plus que des fonctionnaires provisoires et des agrégés.

Nous croyons qu'à la rigueur, et dans l'état actuel des choses, le maintien de l'ancienne institution des suppléants, en les portant à *trois* par faculté, offrirait, indépendamment du retrait de l'agrégation, deux avantages : le premier, de donner aux agrégés en exercice la position dont nous venons de parler, et que, sans aucun doute, ils préféreraient à celle que leur ferait perdre la suppression de l'agrégation ; le second, de faire cesser l'état précaire des suppléants provisoires qui auraient droit à un titre définitif, ou par l'ancienneté, ou par le mérite de leur service, et ce serait le très-grand nombre.

Mais nous ne pouvons nous arrêter qu'un instant à cette hypothèse, nous qui demandons la régénération des facultés de droit, et qui proposons de porter à *douze* le nombre des professeurs titulaires. Celui des suppléants ne devra-t-il pas alors s'élever à *cinq ?* Il serait ainsi en harmonie avec la proportion suivie en 1804. Or, s'il y a désormais *quarante* suppléants dans les *huit* facultés des départements, le gouvernement n'aura-t-il pas une marge plus que suffisante, d'abord, pour récompenser le mérite et les services en nommant aux chaires créées, ensuite, pour maintenir et pour améliorer les droits acquis, en complétant le personnel de la suppléance ?

Nous ne connaissons pas d'objection fondée à cette conséquence de nos idées, en ce qui concerne les agrégés.

Mais on peut en faire une au sujet des suppléants provisoires : c'est qu'ils n'ont pas été nommés à la suite d'un concours, et que, d'après les anciens règlements, comme d'après les règlements actuels, le principe du concours, abrogé quant aux professeurs, a été maintenu quant aux agrégés et aux suppléants (1).

Cette objection n'est sérieuse qu'en apparence.

D'abord, il n'est pas exact de dire que le concours ait été maintenu d'une manière absolue pour les suppléants. Il n'est exigé que pour l'agrégation (2). Quant aux suppléances, l'article 9 du décret impérial du 22 août 1854 dit simplement qu'elles sont confiées par le ministre à des agrégés, *ou à des docteurs*, sans faire mention, relativement à ceux-ci, de la nécessité d'une épreuve semblable. Prétendrait-on que le silence du règlement actuel laisse subsister le règlement antérieur? Nous répondrons que tout au contraire il l'abroge, et nous supposons que tout le monde pensera comme nous, lorsque nous aurons fait observer que celui de 1854, supprimant le con-

(1) Voir, en ce qui concerne les professeurs, les art. 6, 7 et 8 du décret impérial du 22 août 1854, *relatif à l'organisation des académies*, et en ce qui concerne les suppléants et les agrégés, les art. 9, 10 et 11 du même décret.

(2) Dit art. 10.

cours pour les professeurs, n'aurait pas manqué de le réserver pour les suppléants, s'il eût voulu, sur ce point, les traiter d'une manière différente.

Ensuite, et à supposer que la question parût douteuse, on ne devrait pas craindre de recourir à un moyen aussi légal qu'équitable, employé maintes fois dans des circonstances analogues. Le pouvoir qui a le droit de faire des règlements a celui de les abroger. Une organisation complète et définitive, succédant à une organisation qui n'a ni l'un ni l'autre de ces caractères, ne peut presque jamais s'asseoir sans le secours de dispositions transitoires. L'intérêt qu'inspire la position des personnes, la justice que commandent les services, légitiment toujours une transaction entre le passé qui s'efface et l'avenir qui s'édifie. Plus le provisoire a duré, mieux la transaction est accueillie.

Enfin, dans l'esprit du règlement de 1854, la suppléance ne doit plus avoir qu'une vie éphémère. Elle n'est conservée que pour ne pas violer des droits acquis, et sa destinée est de s'éteindre avec la promotion ou le décès du dernier suppléant en exercice (1). Ce qui serait encore une raison pour ne pas se préoccuper d'une condition dont le pouvoir a cessé de tenir compte.

Ce n'est pas qu'en nous exprimant comme nous venons de le faire, nous ayons la pensée d'attaquer le principe du concours, en ce qui concerne la sup-

---

(1) Voir décret impérial précédemment cité, du 22 août 1854, art. 12.

pléance reprenant sa place un moment usurpée par l'agrégation. Nous croyons ce principe excellent dans l'application restreinte qui lui serait donnée. Mais nous croyons aussi qu'au moment de fonder à nouveau, il ne devrait pas être une entrave à la conciliation des intérêts particuliers et de l'intérêt général, qu'une organisation définitive mettrait en présence.

Par le résultat de tout ce qui précède, l'agrégation cesserait d'exister, pour revivre, avec une destinée moins nomade et un avenir mieux assuré, dans la suppléance reconstituée. A leur tour, les suppléants provisoires que l'ancienneté ou la distinction de leurs services auraient signalés à l'administration supérieure, échangeraient les incertitudes de leur situation précaire contre la sécurité qu'ils partageraient avec les agrégés. Enfin, pour recruter incessamment cette pépinière de jeunes professeurs, le concours serait la règle de l'avenir.

Cédons-nous ici aux séductions de l'esprit de système, ou ne faisons-nous qu'obéir à l'empire de la raison ?

Il nous semble que nous n'avons pas un seul instant cessé d'être dans le vrai.

Mais....

CHAPITRE DIXIÈME.

ÉTUDES LITTÉRAIRES.

Ce fut une ingénieuse allégorie de l'antiquité que cette famille mythologique dans laquelle les connaissances humaines, séparément personnifiées, se trouvaient cependant unies par le lien de la parenté.

Il y avait là une pensée profondément vraie, et que les nations modernes ont de mieux en mieux comprise, à mesure que leur civilisation s'est perfectionnée davantage.

Les chefs-d'œuvre littéraires des deux derniers siècles ont préparé en France, pour le siècle qui leur succède, le mouvement intellectuel qui a donné partout plus de charme et de puissance à l'élégance de l'expression. Aujourd'hui nul ne peut se faire écouter ou se faire lire, même sur le sujet le plus prosaïque, même dans les rangs les plus modestes de la société, si sa parole n'est correcte, si sa plume n'est colorée. L'alliance est devenue intime entre l'art de bien dire et le savoir qui doit être répandu.

C'est leur étroite union que proclamait un choix

récent de l'Académie française, quand elle appelait dans son sein l'une des plus vénérables illustrations de l'Académie des sciences (1).

C'est la même inspiration qui a placé une faculté des lettres et une faculté des sciences partout où se trouve une faculté de droit ou une faculté de médecine. Aux lieux où l'essaim bourdonne, il faut des fleurs aussi bien que des fruits; il faut que le parfum provoque le goût avant que la saveur le satisfasse (2). Embellie par l'expression, l'idée séduit et s'enracine bien mieux qu'elle ne pourrait le faire dans sa nudité souvent aride.

Cependant, les meilleures choses s'altèrent si l'usage n'en est pas sagement réglé. Quelquefois, en excédant les bornes raisonnables de la mise en œuvre, on manque le but, et l'on arrive à fournir un exemple de plus de cette maxime devenue triviale, que *le mieux est l'ennemi du bien*.

Nous craignons qu'en donnant des lois aux rapports qui doivent rapprocher les trois facultés de droit, des lettres et des sciences, on n'ait pas évité cet écueil, et que le lien qui les unit ne soit exposé à se rompre parce qu'on l'a trop serré.

C'est au sujet des obligations imposées aux étu-

(1) M. Biot.

(2) *Invitent croceis halantes floribus horti.*

(VIRG. *Georgiq.* lib. 4.)

diants en droit que nous ressentons cette inquiétude.

N'ayant dissimulé jusqu'à présent aucune de nos impressions, nous ne serons pas ici plus timide.

Nous devons d'abord indiquer les obligations qui nous semblent exagérées, puis en apprécier les conséquences sur l'enseignement du droit tel qu'il est actuellement constitué, enfin, montrer que le maintien du régime combiné des études juridiques, littéraires et scientifiques, adopté en ce moment, serait incompatible avec le but auquel tend cet ouvrage.

A partir de 1852, les étudiants des facultés de droit ont été astreints à se faire inscrire, chaque année, à deux cours de la faculté des lettres (1).

Deux ans après, ils ont été autorisés à remplacer l'un de ces deux cours, par un cours de la faculté de théologie, ou par un cours de la faculté des sciences (2).

Ainsi deux cours, en dehors de ceux qu'ils doivent suivre à la faculté de droit, sont obligatoires pour eux, car les inscriptions prises ne sauraient être considérées comme une vaine formalité.

---

(1) Décret du 10 avril 1852, art. 13.

(2) Décret impérial du 22 août 1854, art. 7. — Il ne faut pas confondre ce décret rendu *sur le régime des établissements de l'enseignement supérieur*, avec celui que nous avons plusieurs fois cité, sous la même date, et qui a été rendu *sur l'organisation des académies.*

Et comme l'assiduité s'entend partout de la même manière, il s'ensuit : 1° que des appels doivent vérifier autour des chaires littéraires, théologiques ou scientifiques, l'assistance des étudiants en droit; 2° que des certificats doivent la constater pour qu'ils soient admis aux examens que la faculté de droit leur fait subir.

Voilà l'état des choses.

Tous ceux qui veulent que l'assiduité porte des fruits conviendront, avec nous, que ce n'est pas dans la présence matérielle qu'il faut la voir : entrer avant le professeur, sortir après lui, répondre aux appels, tout cela ne prouve rien si la leçon n'est pas écoutée.

Mais est-il un pouvoir auquel il soit donné de contraindre à l'attention le jeune homme qui ne veut pas être attentif? La surveillance peut atteindre la tenue extérieure; l'attention est insaisissable.

Une seule chose agira sur les esprits distraits et surmontera les habitudes paresseuses : c'est l'intérêt personnel ayant en perspective un fait qui le menace *prochainement*. Nous avons soin de préciser notre pensée : nous ne disons pas simplement l'*intérêt personnel;* car il est bien évident que tout étudiant qui suit un cours est intéressé à y apporter une attention soutenue, puisqu'il augmentera ainsi la somme de ses connaissances et ses chances de succès dans la carrière à laquelle il se destine; mais, hélas! l'expérience a prouvé que, pour un grand nombre, cet intérêt qui se rapporte à des temps éloignés ne touche point assez; il faut qu'un fait plus voisin de la leçon, et une crainte ayant plus d'empire sur la légèreté, soient la sanction de l'obligation d'écouter.

A la faculté de droit cette sanction existe dans la nécessité de subir des examens et d'obtenir un diplôme.

A la faculté des lettres, à celle de théologie, à celle des sciences, on subit aussi des examens pour arriver aux grades qu'elles confèrent. Mais cela ne concerne pas le légiste, qui, bachelier ès lettres au moment où il a pris à la faculté de droit sa première inscription, n'a besoin, pour y être admis à de nouvelles épreuves, que d'un certificat constatant deux faits : le premier, qu'il s'est inscrit à deux cours dans les autres facultés; le second, qu'il y a répondu aux appels. Quant à l'assiduité intellectuelle et à ses résultats, il n'en sera pas question.

Ainsi, à l'école de droit, le distrait, l'indolent, le paresseux, l'indocile, sont à chaque instant réveillés et aiguillonnés par une idée qui les stimule toujours plus vivement, à mesure que l'époque des examens est plus rapprochée : c'est qu'ils ne peuvent s'y présenter sans s'exposer à un humiliant échec, s'ils n'écoutent pas les leçons, si l'instruction qu'elles donnent n'est pas complétée par l'étude personnelle, en un mot, s'ils ne sont pas convenablement préparés quand l'heure sonnera. A cette époque de leur vie, on ne voit sous un aspect vrai que le présent et les moments qui vont immédiatement le suivre; un avenir lointain ne se montre qu'à travers le mensonge des illusions. Vous voulez frapper leur esprit par un contraste; vous leur montrez d'un côté l'estime publique et la fortune, fruits du travail et de la science; vous leur montrez de l'autre une vieillesse déconsidérée et dénuée, terminant une vie oisive; ces deux tableaux sont beaucoup trop à distance, et, à coup sûr, aucun des jeunes gens qui vous écoutent, même le moins laborieux et le plus arriéré, ne se figurera que le dernier de ces tableaux puisse être, quelque jour, sa propre histoire, tant est grande la confiance en soi-même chez la jeunesse, tant lui paraît fécond en moyens de réparer le temps perdu un avenir qui est sans bornes quand on a vingt ans. Mais les boules noires, mais l'ajournement, mais la honte aux yeux des émules, mais le retour sous le toit paternel, mais les reproches amers de la famille prenant la place de félicitations qu'il serait si doux d'y recueillir, mais peut-être la privation des moyens nécessaires pour continuer des études trop mal commencées; voilà de l'avenir qui est presque de l'actualité; voilà le véhicule de l'attention, véhicule qui soutient et pousse l'étudiant à l'école de droit, et qui l'abandonne dans les autres facultés, où cependant il est obligé de s'inscrire.

On nous reprochera de traiter ici les élèves des facultés de droit comme des enfants.

Si nos observations s'appliquaient à tous, le reproche serait fondé.

Mais on vient de voir, par la sévérité même des qualifications que nous avons données à ceux qui ne travailleraient pas sans l'échéance prochaine des sessions d'examen, que nous procédions par voie de distinction. Il en est d'autres, et heureusement beaucoup, qui trouvent, dans l'élévation de leur esprit et dans la droiture de leur jugement sur les devoirs et la destinée de l'homme, de plus puissantes impulsions, de plus nobles surtout. Ceux-là aiment naturellement l'étude et s'y livrent avec une persévérante ardeur, non pour se débarrasser de préoccupations momentanées qui les gênent, mais pour se nourrir par goût des fruits de la science et pour s'assurer avec son aide, indépendamment d'une foule de satisfactions personnelles, celle d'être utiles et de se voir honorés.

Sans chercher à établir entre ces deux classes une proportion numérique, qui conduirait peut-être à des résultats affligeants, nous persistons à croire que, lorsqu'un régime est donné aux études qui appartiennent à l'enseignement supérieur, c'est essentiellement des jeunes gens dissipés et mous au travail que l'on doit s'occuper. Les règlements bons pour eux le seront toujours pour d'autres, dont on pourrait presque dire qu'ils n'en ont pas besoin. On nous permettra donc de donner encore quelques instants à ceux qui excitent d'autant plus l'intérêt en nous, qu'ils ont moins de titres pour l'obtenir ailleurs.

Forcés par leur situation de *chasser le naturel* à l'école de droit, *le naturel revient au galop* quand ils prennent place sur les bancs des autres facultés, où l'obligation d'écouter n'a plus la même sanction.

Mais ce n'est pas tout.

Si l'attention est désirable pour l'élève, la régularité de sa tenue pendant les leçons est désirable pour le professeur, pour la dignité de l'enseignement, pour l'exemple. Le maintien extérieur que donnent l'éducation bien dirigée et les habitudes de la bonne compagnie, doit être la loi des réunions qui ont pour objet les sciences et les lettres : les lettres surtout, dont la mission est de polir.

Ici encore l'étudiant obéit, dans l'école de droit, à une contrainte morale qu'il cesse de rencontrer dans les autres facultés.

Dans l'école de droit, le professeur qui parle sera son juge, quelques jours ou quelques semaines plus tard, et pourra jeter dans la balance, à la suite d'une épreuve redoutée, le souvenir de l'inobservation des convenances.

Dans les autres facultés, le professeur n'aura jamais ni une question à faire à l'étudiant en droit, ni un jugement effectif à porter sur lui. Le jeune homme s'y livrera sans crainte à la nature insoucieuse ou turbulente de son organisation, et aucun intérêt personnel et prochain ne le rappellera, soit au respect que doit obtenir la parole qui enseigne, soit aux égards dus à ceux qui écoutent. Peut-être même que, trouvant tyrannique l'obligation d'assister et de répondre aux appels, il affectera, comme pour s'indemniser d'un devoir pénible, les dehors les plus propres à déconcerter l'attention dans son voisinage, et à troubler jusqu'au professeur lui-même.

Il ne faut qu'un sot exemple pour provoquer une sotte imitation. Qui oserait promettre qu'il ne se formera pas, au sein de cet élément irréfléchi, des coalitions contre l'ordre intérieur de la séance? Qui oserait dire que cela n'est jamais arrivé?

Toutes ces réflexions nous autorisent à penser que la présence forcée des étudiants en droit, aux cours des facultés voisines, est une mesure qui n'a pas été assez approfondie.

Peut-être a-t-on cru, lorsqu'elle fut prise, que les cours obligatoires des facultés de droit laissaient à leurs élèves trop de moments inoccupés, et qu'il fallait les préserver des dangers de l'oisiveté.

Pour les élèves de première et de seconde année, la supposition est plausible. Ils n'avaient alors que deux cours à suivre, ce qui faisait six leçons par semaine (1). Mais ils ont aujourd'hui trois cours obligatoires, ou neuf leçons dans le même intervalle de temps, ce qui est bien près d'atteindre la limite que nous avons précédemment posée, comme devant rationnellement séparer le temps consacré à l'audition

(1) Nous laissons toujours la faculté de Paris en dehors de nos observations.

des leçons, du temps consacré au travail qui doit les suivre, et à la préparation des examens (1). Chacune de ces années les oblige à en subir un.

Ceci répond, suivant nous, à la crainte qu'aurait fait naître l'insuffisance du travail imposé, fût-il même question des élèves les plus laborieux.

Quant à ceux qui ne le sont pas et chez qui la mollesse ou l'effervescence l'emporte sur le bon vouloir, ce n'est pas en les astreignant à un surcroît de deux cours, étrangers à la science sur laquelle ils seront exclusivement interrogés, qu'on leur donnera l'énergie qu'ils n'ont pas assez, ou qu'on réprimera les passions qu'ils ont trop. Tout au contraire, les cours du dehors leur fourniront une excuse, disons mieux, un prétexte, quant à l'insuffisance de leur travail à l'école de droit.

Il en sera de même de l'assiduité.

Sur ce point, commençons par faire observer qu'il est très-difficile, pour ne pas dire impossible, que trois facultés, quelque harmonie de vues qui les unisse, fassent la distribution des heures de leurs leçons, de manière à laisser un repos et à éviter un chevauchement entre celles que doivent suivre les légistes.

Nous avons traité cette difficulté, sans sortir des facultés de droit, relativement à l'hypothèse des chaires trop nombreuses (2). Elle se complique ici,

---

(1) Voir ci-dessus au chap. IV les p. 101 à 103.

(2) Voir ci-dessus p. 101 à 109.

par ce seul fait que le programme de distribution exige le concours de trois corps enseignants, qui vivent sans doute dans un parfait accord, mais dont les délibérations sont, en principe comme en fait, absolument indépendantes les unes des autres.

A Grenoble, où toutes les concessions qui étaient possibles ont été faites avec empressement de part et d'autre, nous avons vu plusieurs élèves inscrits à notre cours, s'excuser périodiquement de n'y paraître qu'une demi-heure après le commencement de la leçon, par le motif qu'un cours de la faculté des lettres ou de la faculté des sciences les retenait jusqu'à ce moment. Nous n'affirmerions pas que des excuses semblables, motivées sur l'heure qui nous était assignée, ne fussent présentées par aucun d'eux à nos collègues de ces facultés, et qu'ainsi l'arrivée tardive partout ne fût le résultat d'une double supercherie.

Parlons à présent des élèves de troisième année.

Ceux-là sont véritablement très-occupés, quoiqu'ils n'eussent en 1852, et qu'ils n'aient encore en ce moment, que trois cours et neuf leçons obligatoires par semaine à la faculté de droit, ce qui, en apparence, les place dans la même position que les élèves de première et de seconde année, sauf la différence qui résulte d'épreuves plus nombreuses à subir.

Mais cette apparence s'évanouit, si l'on fait attention à l'étendue et à la difficulté des matières enseignées dans les trois cours, et si l'on tient compte, non-seulement du nombre des épreuves, mais encore de l'accroissement des exigences que les candidats y trouveront.

L'un des trois cours embrasse le dernier tiers du Code Napoléon, où se trouvent notamment deux des matières les plus hérissées de difficultés de notre droit civil : le contrat de mariage et les priviléges et hypothèques.

Un autre comprend, dans son entier, le droit commercial qui commande d'incessantes digressions, tantôt sur le terrain du Code Napoléon et du Code de procédure civile, tantôt sur celui de la jurisprudence.

Un autre enfin a pour objet le droit administratif, matière immense, soit que, la divisant en plusieurs années ainsi que nous avons cru devoir le faire (1), le cours approfondisse la portion qu'une année peut embrasser; soit que, réduisant les développements pour ne laisser aucun sujet inaperçu, il parcoure, dans la révolution annuelle, le tableau complet de tout ce qui appartient à cette vaste branche de la législation.

Cette indication donne une idée du travail qui chaque jour doit suivre les leçons. Il n'est pas inutile de faire observer qu'arrivé à cette dernière période de l'enseignement du droit, le personnel des étudiants s'est progressivement épuré ; il offre géné-

---

(1) Voir ci-dessus tout le chap. III, p. 71 à 92.

ralement plus de maturité et moins d'habitudes oisives. Dans l'intervalle qui sépare la première de la neuvième inscription, l'incurie et le dégoût qui la suit ont produit des désertions, malheureuses seulement pour ceux dont elles attestent la paresse. Ceux qui ont persévéré malgré de pauvres débuts, font en troisième année des efforts dont on ne les eût pas crus capables pendant les années précédentes; les élèves médiocres sont devenus bons, les bons sont devenus meilleurs.

Quoiqu'il soit superflu de faire remarquer, encore une fois, que les épreuves à subir exigeront plus que par le passé, et que leurs résultats seront jugés avec un accroissement de sévérité, nous ne craindrons pas d'appeler de nouveau l'attention sur le nombre comparé de ces épreuves, et sur la nature des dernières, afin que l'on comprenne toujours mieux combien le travail de l'étudiant de troisième année surpasse celui auquel il s'est livré auparavant à l'école de droit, et quel surcroît de temps lui est nécessaire.

Une seule épreuve (un examen) est exigée pour chacune des deux premières années.

Trois épreuves (deux examens et un acte public) sont exigées pour la troisième année.

Le premier examen de troisième année ou de licence, roule, comme le premier examen de baccalauréat, sur le droit romain, avec cette différence que pour l'admission au baccalauréat, on se contente de notions sommaires qui seraient insuffisantes pour l'admission à la licence. Quand il est question de ce dernier grade, on sort du cadre et des dispositions des *Institutes ;* le candidat doit prouver qu'il n'est pas étranger aux autres parties du *corps de droit romain.*

Le second examen de licence est de toutes les épreuves la plus chargée. Il offre d'ailleurs des matières aussi vastes que nouvelles, car, indépendamment du Code Napoléon, le candidat doit prouver qu'il connaît le droit commercial et le droit administratif, deux branches sur lesquelles aucun de ses précédents examens n'a porté.

Il faut du travail, il en faut beaucoup et commencé de longue main, pour sortir honorablement de ces deux épreuves, même lorsque l'assiduité des études quotidiennes a considérablement allégé la tâche du candidat.

Il en faut encore, mais d'une nature différente, pour la préparation de la thèse.

Étudier et approfondir quatre sujets divers, de manière à soutenir la discussion sur tous ; étudier et approfondir les questions posées, afin d'être prêt pour l'argumentation ; prévoir celles que le corps de la thèse fera surgir et se mettre en mesure d'y défendre l'opinion qu'on aura choisie ; raisonner et rédiger logiquement ; écrire avec correction toujours, avec élégance si la matière et le goût permettent une certaine élévation de style ; surveiller l'impression ; préparer un exposé qui doit donner, avec concision et clarté, l'idée du travail imprimé, sans en être la paraphrase servile ; tout cela n'est pas l'affaire de quelques heures ni même de quelques jours. La thèse est l'acte final et décisif des trois ans d'étude. On aurait grand tort de la considérer comme une simple formalité. Nous avons vu, plus d'une fois, des étudiants qui s'y étaient nonchalamment disposés sous l'empire de cette fausse idée, subir la honte d'un ajournement que leurs précédents examens n'avaient pas fait pressentir.

A supposer donc que l'obligation de suivre, pendant les premières années, deux cours hors de l'école de droit ne fût pas une surcharge et un obstacle aux travaux commandés par l'enseignement juridique, nous sommes convaincu que, pendant l'année qui voit terminer les études des candidats à la licence, cette obligation leur fait perdre, sans utilité pour leur instruction littéraire ou scientifique, un temps précieux refusé à l'accomplissement des devoirs accumulés que le droit leur impose. Nous avons entendu souvent l'expression des regrets que manifestaient, à cette occasion, les élèves les mieux notés sous le rapport de l'assiduité, du travail et des succès.

Au printemps de 1852, une visite faite à deux inspecteurs généraux de l'instruction publique (1) par la faculté à laquelle nous appartenons, fut l'oc-

(1) M. D. Nisard et M. Brongniart, membres de l'Institut.

casion d'un entretien sur la mesure des cours étrangers au droit, mesure qui était alors toute récente. Cette circonstance nous permit quelques observations dans le sens de celles que nous venons d'écrire, mais seulement en ce qui concernait les étudiants de troisième année. Elles furent écoutées avec bienveillance, et comme pouvant conduire à une modification, si l'expérience qui était au moment de commencer les confirmait plus tard.

Plusieurs années se sont écoulées depuis; l'expérience a eu le temps de consulter les faits; en ce qui nous concerne, ils ont fortifié notre sentiment, et nous avons dû nous croire autorisé à en reproduire l'expression, en lui donnant plus d'étendue et une forme moins fugitive.

Voici maintenant un côté de la question que nous ne pouvons passer sous silence, bien qu'il nous inspire de l'embarras. Ce n'est pas que notre opinion n'y soit très-arrêtée; mais nous nous défions de nous-même quand il s'agit de l'exprimer.

Il est peu de cours, dans les facultés des lettres, dont l'auditoire ne soit embelli par la présence de jeunes personnes que conduisent leurs mères, ou de jeunes femmes qu'attire sans doute aussi le désir de perfectionner des notions dues aux soins maternels. Toutes ont des places réservées et forment autour de la chaire une brillante auréole. Avons-nous besoin de dire que plus ce cercle s'étend, plus l'affluence des jeunes gens est grande, et faut-il ajouter que les applaudissements qui partent de ce point sont la plus flatteuse récompense du professeur ?

On croirait trouver là un moyen certain de convertir à l'assiduité cette catégorie d'étudiants qui traite la poésie et l'éloquence comme elle traiterait le droit, si le droit ne la contenait par ses examens et ses diplômes.

Mais l'affluence et l'assiduité intellectuelle sont deux choses bien différentes, et, malheureusement, l'observation a prouvé que la première ne s'obtient ici qu'au péril de la seconde. Il ne paraît pas même, nous le disons à regret, que cette portion intéressante de l'auditoire dont nous venons de signaler la présence, ait toujours été, par les égards qu'on lui devait, une cause d'atténuation dans la tenue légère et quelquefois turbulente d'un autre élément d'assistance.

Au fond, est-il dans l'esprit et dans le but de l'institution des facultés des lettres que les femmes soient admises à leurs leçons et y attirent les regards ?

Un philosophe trouverait que cette *exhibition*, toute gracieuse qu'elle soit, est un contre-sens moral. Il dirait que l'éducation des deux sexes doit être aussi différente que leur organisation. Il assignerait à l'homme l'éducation publique, parce que sa force, son jugement et la nature de ses devoirs le prédestinent aux travaux de la vie extérieure. Il trouverait dans le cœur plus sensible de la femme, dans son esprit plus impressionnable et plus mobile, dans sa faiblesse qui a besoin de protection, dans ses dons naturels qui commandent celle de l'homme, dans la destinée que le devoir filial, le mariage et la maternité lui réservent, autant de considérations pour la vouer à l'éducation privée et à la vie intérieure. Sans lui interdire, il s'en faut, la culture des sciences et des lettres, sans murer son existence, il voudrait que la modestie des habitudes voilât chez elle les trésors d'un esprit orné, et que la nécessité de les deviner fût un charme de plus donné à celle qui les posséderait.

Mais ce point de vue n'est pas le nôtre, et nous devons ici nous déclarer incompétent.

C'est donc, exclusivement, comme juriste et comme professeur que nous dirons notre opinion.

A ces deux titres, ce que nous voulons, c'est d'abord que l'attention de l'étudiant en droit, assistant à une leçon, dans quelque faculté que les règlements le conduisent, ne soit distraite nulle part; c'est ensuite qu'il ne s'écarte en aucune circonstance des formes du respect envers les personnes qui ont droit à cet hommage. Le premier point est une condition de l'instruction dont il a besoin; le second, un témoignage de la bonne éducation qui doit le distinguer.

Sur l'un et sur l'autre, les courtes réflexions que nous avons à exprimer ne concernent pas seulement cette classe d'étudiants désœuvrés qui nous a exclusivement occupé dans les précédentes pages de ce chapitre; elles les concernent tous : les plus habituellement attentifs aussi bien que les plus dissipés.

Comment attendre, de la part de jeunes hommes dont la plus grande partie n'a pas vingt ans, qu'ils soient constamment captivés par la leçon, quand un plus puissant attrait provoque leurs regards, séduit leur imagination et s'empare peut-être de leur cœur? Que sont, à cet âge, le besoin et même la passion de la science, que sont les habitudes laborieuses, que sont encore l'esprit et le talent du professeur, auprès d'un entraînement irrésistible, avec lequel la leçon ne saurait entrer en lutte sans succomber? Et qu'on ne songe pas à réprimer l'inattention chez ceux qui l'éprouvent: elle a son excuse dans la nature. Qu'on s'occupe plutôt d'en tarir la source, en donnant aux amphithéâtres de l'enseignement littéraire un aspect moins propre à l'inspirer.

Quand nous tenons ce langage, nous supposons que l'on continuera de rendre les cours des facultés des lettres obligatoires pour les étudiants en droit, et que l'on voudra sauvegarder la parole du professeur, contre les séductions rivales que nous venons de faire entrevoir; mais nous sommes loin de renoncer au retrait radical de la mesure.

Être attentif est le fait de l'étudiant; être convenable, avoir des égards, et, dans l'occasion, du respect, est le fait de l'homme de bonne compagnie. Dans toutes les réunions où se trouvent des femmes, elles ont droit au respect. Nous n'allons pas jusqu'à supposer que personne, assistant à un enseignement littéraire, puisse avoir, à leur égard, la pensée de méconnaître ouvertement cette loi : ce serait de la grossièreté. Mais il y a tant de nuances délicates dans les rapprochements que produisent ces réunions, et la plupart de nos jeunes élèves ont encore si peu d'expérience du monde, qu'il ne faut pas mieux les exposer à s'oublier par ignorance qu'à s'aventurer de propos délibéré. Que de choses, innocentes d'intention, peuvent cependant blesser! Qui dira ce qu'un coup d'œil, un geste ou l'expression d'une physionomie trop animée, ont quelquefois de pénible pour la jeune personne qui en est l'objet et d'inquiétant pour sa mère? Sans parler d'une foule d'incidents qui n'ont d'autre cause qu'un peu trop de légèreté, le chapitre des comparaisons et des préférences ne renferme-t-il pas autant de traits satiriques que de sentiments admirateurs, et n'en doit-il pas inévitablement sortir des chuchotements peu respectueux en eux-mêmes, et qui seraient peut-être une offense si l'on en devinait le sujet? Peut-on nier que les goûts poétiques chez les femmes, quand ils s'étalent publiquement, ne soient légèrement imprégnés de ridicule? Croit-on que nos jeunes étourdis s'abstiendront, en si belle occasion, de malicieuses épigrammes? Nous avons assisté quelquefois à des leçons de littérature française et étrangère, et pendant qu'elles nous tenaient sous le charme du talent et du goût, il nous est arrivé de surprendre plus d'un sourire équivoque sur des lèvres qui semblaient murmurer les noms d'Armande et de Philaminte !

Prévention ! va-t-on s'écrier.

On en pensera ce qu'on voudra ; mais il faut qu'en définitive on accepte les conséquences que voici, quant au fait que nous venons de discuter :

Si ce fait est un obstacle à l'attention, on doit effacer l'obstacle dans l'intérêt des étudiants.

Si ce fait les expose à perdre de vue l'observation des convenances, on doit agir de la même manière, dans leur intérêt encore, mais surtout dans celui des personnes qui souffriraient d'un tel oubli.

Tout ceci soit dit toujours sans infirmer les raisons qui ont été précédemment données afin d'établir que, même dans la situation présente de l'enseignement supérieur, les cours en dehors du droit, à moins qu'ils ne soient purement facultatifs, ont pour résultat de priver en partie les étudiants du temps nécessaire aux travaux qu'il leur impose, principalement pendant la troisième année.

L'état actuel des facultés de droit sera-t-il longtemps maintenu ? Nous ne savons ; mais il nous paraît impossible qu'au moins, en ce qui concerne l'enseignement du droit administratif, des modifications soient longtemps retardées. Ce que nous désirons, nous, ce ne sont pas des modifications, c'est un remaniement complet de ces établissements, afin que toutes les branches du droit y soient en harmonie les unes avec les autres, et qu'on n'ait plus à y regretter des lacunes peut-être aussi fâcheuses pour les portions enseignées que pour celles qui ne le sont pas. Les améliorations partielles et les essais sont choses excellentes au début des institutions; mais il vient un temps où l'expérience, mieux éclairée, n'y voit plus que d'inutiles palliatifs. Nous croyons ce temps arrivé pour les facultés de droit.

Quoi qu'on fasse, il est certain qu'au moment où l'on touchera à ces grandes écoles, le nombre des cours y sera augmenté. Les intervalles de loisir se raccourciront alors pour les étudiants, proportionnellement au surcroît de travail que leur imposera l'organisation nouvelle; de sorte que ce qui pourrait être considéré, en ce moment, comme susceptible de contradiction, deviendra d'une évidence incontestable.

Ne pouvant être fixé sur des dispositions dont l'administration centrale ne s'est peut-être pas encore occupée, il nous est impossible de raisonner d'après un autre projet que le nôtre.

Si nos idées étaient accueillies, il y aurait douze chaires dans toute faculté de droit, et tout étudiant, de première année comme de seconde et de troisième, devrait suivre quatre cours et serait obligé d'assister à douze leçons par semaine.

Il n'est pas besoin de revenir sur les considérations que renferment nos chapitres IV et V, pour démontrer de nouveau,

1° Que ce nombre de chaires et de leçons est la mesure la plus convenable du partage de temps à faire, entre l'audition, l'étude qui la suit et le repos nécessaire (1);

2° Que des chaires et des leçons plus nombreuses, en lassant l'attention dans l'école et en rendant les leçons moins profitables, réduiraient au dehors le temps affecté au travail qui doit leur succéder, de tout celui que la fatigue intellectuelle de l'élève l'obligerait de donner à de plus longues récréations (2);

3° Que, dans la même supposition, il serait très-difficile, pour ne pas dire impossible, d'éviter des chevauchements entre les cours obligatoires pour les étudiants appartenant à une même année d'études, et cela sans sortir de l'école de droit (3);

4° Que c'est afin de rester dans les limites de ce qui est possible, et afin de maintenir le maximum de douze chaires dans chaque faculté, et le maximum de quatre cours annuels et de douze leçons hebdomadaires pour chaque étudiant, que nous avons été dans la nécessité de retrancher de notre programme, non-seulement tous les cours dépourvus du caractère juridique, quelque appui que dût en recevoir l'enseignement général de la législation, mais même des cours ayant essentiellement ce caractère, lorsqu'il

---

(1) Voir ci-dessus p. 101 à 103, 171 et 172.

(2) P. 103 à 105.

(3) P. 105 et 106.

nous a paru possible d'en intercaler la substance dans d'autres, sans nuire, soit à ceux qui donneraient cette hospitalité, soit à ceux qui la recevraient (1).

Après de telles considérations, pourrions-nous sans inconséquence, dans une hypothèse où l'on voit succéder un obstacle voisin de l'impossibilité aux inconvénients que nous a montrés l'hypothèse de l'organisation actuelle, ne pas repousser le surcroît de travail que des leçons extérieures et *obligatoires* imposeraient aux étudiants en droit?

Quoi! nous avons refusé une chaire au *droit constitutionnel*, branche de notre législation à laquelle appartient la puissance qui organise; nous avons réduit l'enseignement qui le concerne à un aperçu historique placé dans une introduction (2); nous avons exprimé l'avis qu'il fallait traiter d'une façon analogue d'autres connaissances juridiques telles que le *droit maritime*, le *droit ecclésiastique*, le *droit coutumier* (3); nous nous sommes montré, à bien plus forte raison, inflexible pour l'*économie politique*, malgré le rôle qui lui appartient dans l'administration, et les divers côtés par lesquels elle peut toucher au droit administratif (4); nous avons écarté d'autres chaires qui, comme celle d'économie politique, offriraient de l'intérêt pour le droit, mais n'auraient pas

(1) Voir ci-dessus, p. 110 à 112, 146, 147, 160 à 163.
(2) P. 147 à 158, 215 et 216.
(3) P. 160 à 163.
(4) P. 164 à 170.

pour sujet un de ses démembrements (1); nous nous sommes imposé ces règles, quoique à regret, parce que les heures de travail que donne chaque journée seront souvent insuffisantes pour les devoirs auxquels la masse de nos étudiants devra faire face; et après tout cela, nous consentirions à les surcharger *obligatoirement* de leçons étrangères au droit!

Ce serait une concession tellement illogique, qu'on doit s'étonner que nous nous en soyons défendu.

Homère et Aristote, Cicéron et Virgile, Shakspeare et Leibnitz, Pascal et Racine, Newton et Bossuet, La Fontaine et Molière! Tant d'autres qui ont brillé d'un éclat pareil! Après l'antiquité les temps modernes, à côté de la poésie l'éloquence, à côté de la philosophie l'histoire, à côté de la morale le christianisme! Que de grandes choses! Que de noms illustres à jamais! Que de pages qu'on admirera toujours!

Élevons des temples au génie, lisons ses œuvres immortelles, accourons entendre les professeurs voués à son culte, mais ne faisons pas intervenir la contrainte dans les entretiens du Portique.

Cependant, en écrivant les premières lignes du chapitre actuel, nous avons applaudi à l'inspiration qui a placé une faculté des lettres et une faculté des

---

(1) P. 170 et 171.

sciences partout où se trouve une faculté de droit ou une faculté de médecine; était-ce donc pour arriver à conclure que les leçons données par les premières doivent être interdites aux élèves des secondes?

Nous n'avons dit nulle part qu'il fallût les leur interdire, et si la critique croyait avoir le droit de nous placer ici en contradiction avec nous-même, nous répondrions qu'elle ne le ferait qu'en se méprenant sur notre pensée.

Ce que nous avons dit, c'est qu'on ne devait pas faire de l'inscription et de l'assiduité à la faculté des lettres, ou à celle des sciences, une condition pour admettre l'étudiant à ses examens devant la faculté de droit.

Ce que nous ajoutons maintenant, c'est le désir de voir nos jeunes légistes apprécier toute la valeur que les études littéraires peuvent ajouter à des travaux plus sérieux, et consacrer les moments que leur permettront ces derniers à retremper les connaissances acquises, pendant leur adolescence, aux sources abondantes placées à leur portée.

Cette opinion et ce vœu sont peut-être plus faciles à concilier qu'on ne le croirait.

L'opinion a été commandée par la règle inflexible du temps.

Le vœu sera réalisé non par la généralité des étudiants, mais par un grand nombre d'entre eux.

Qu'il s'agisse de l'organisation actuelle, où l'obligation que nous repoussons rencontre de sérieuses difficultés; qu'il s'agisse de l'organisation que nous voudrions voir adopter, où ces difficultés semblent toucher à l'impossible; dans l'un et l'autre cas, nous les avons mesurées à la taille commune, et nous croyons avoir donné de bonnes raisons pour justifier, nous ne dirons pas cette préférence, mais cette nécessité. Il faut ôter à la paresse et à la dissipation des prétextes et des excuses.

Mais à côté d'une jeunesse trop souvent imprévoyante, se montrent chaque année des esprits mûrs avant l'âge, des intelligences avides de s'enrichir de connaissances variées, des imaginations que le beau séduit, des facultés judicieuses qui pressentent, sans qu'elles aient besoin de l'entendre dire, tout l'éclat que l'expression peut donner au savoir. C'est avec cet élément que les grandes écoles, voisines des facultés de droit, aimeront à voir se peupler l'enceinte donnée à leurs leçons. Il y sera d'autant plus attentif et convenable, qu'il y sera volontaire. Pour ces natures heureusement douées, la fatigue produite par le travail du jugement se délasse dans les œuvres du goût. Ingénieuses à régler l'emploi du temps, elles en trouvent toujours quand il est question de s'instruire, et font voir que ce qui est impossible pour d'autres cesse de l'être pour elles, si quelques intervalles de loisir, préparés par des habitudes constamment laborieuses, restent à leur disposition.

Cependant, pour qu'il en soit ainsi, les certificats d'inscription et d'assiduité doivent s'effacer : une assistance réglementaire ne saurait s'accorder, en ce lieu, avec celle qui continuera d'être rigoureusement imposée autour des chaires de droit.

CHAPITRE ONZIÈME.

ÉCOLES SPÉCIALES ADMINISTRATIVES.

Les quatre derniers chapitres contiennent des observations et des réflexions qui ont trait à tout l'enseignement juridique, sans intéresser plus particulièrement les chaires administratives que les autres chaires.

Le chapitre actuel nous ramène au droit administratif, non pour nous en occuper de nouveau dans les facultés, mais pour donner cours à quelques idées, sur un enseignement qui devra fréquemment en invoquer les principes, et qui se place entre eux et leur application réelle.

Le titre sous lequel elles vont se produire rappelle ce projet de 1848, dont les supports étaient tellement fragiles et dont les chances furent tellement malencontreuses, qu'en rapportant son histoire, nous avons eu besoin de nous souvenir que nous écrivions un livre sérieux (1).

---

(1) Voir ci-dessus p. 48 à 54.

On n'a pas oublié que les promoteurs de l'école d'administration de 1848 voulurent l'établir *sur des bases analogues à celles de l'école polytechnique :* ils avaient apparemment découvert quelques traits de ressemblance entre ces institutions; mais on sait que leur manière de voir ne fut pas celle de l'assemblée nationale.

Cependant, si les analogies qui auraient été nécessaires pour assimiler les deux écoles n'existaient pas, il y en avait de frappantes entre l'école polytechnique et les écoles de droit, et la discussion législative qui fut sans résultat aurait pu en avoir de très-logiques, si les rapports dont nous parlons n'étaient pas demeurés inaperçus.

Ces rapports ont produit, dans notre esprit, une conviction à laquelle nous allons demander le moyen de fonder quelque chose de moins éphémère que le projet mort-né de 1848.

Notre projet à nous va sortir,

1° Du parallèle de l'école polytechnique et des écoles de droit ;

2° Du parallèle des écoles qui reçoivent les élèves de la première, après qu'ils ont été déclarés admissibles, et des écoles qu'il convient d'établir, pour recevoir les licenciés et les docteurs en droit voués à la carrière administrative.

Nous dirons ensuite quelques mots des jeunes candidats que nous supposerons venus des établissements à créer, et de leurs premiers pas dans la pratique de l'administration.

L'école polytechnique et les facultés de droit ne peuvent être rangées, ni l'une ni les autres, parmi les établissements qu'on appelle *professionnels*, à raison de ce que l'instruction y est donnée en vue d'une profession ou d'une fonction déterminées.

L'école polytechnique enseigne les sciences mathématiques et les sciences physiques, à un point de vue général, sans s'inquiéter encore des positions différentes où doivent se trouver ultérieurement placés les élèves qui auront à en appliquer les notions. Ceux qui ont suivi ses cours avec fruit, n'ont ni le titre d'ingénieur ni celui d'officier dans les armes savantes quand ils la quittent. Ils y ont approfondi, mais théoriquement, les principales connaissances nécessaires aux différents emplois que ces titres embrassent. Un intervalle de temps, que rempliront des travaux dirigés cette fois vers un but spécial, les sépare encore de la carrière qui les attend.

Des observations identiques caractérisent les facultés de droit. Ces écoles enseignent les connaissances qui appartiennent à l'ordre juridique, à un point de vue général aussi. Elles ne s'inquiètent pas non plus de professions ou de fonctions que n'ont point encore choisies ceux qui doivent les embrasser plus tard. Les licenciés et les docteurs qu'elles viennent de faire ne sont avec ces grades ni avocats, ni magistrats, ni administrateurs; ils ont théoriquement étudié une science nécessaire à ces positions diverses; mais il y a des études spéciales, il y a des stages entre le diplôme et le début, sur quelque terrain que celui-ci doive se faire.

On ne peut nier l'analogie, elle ne saurait être plus évidente.

Ce n'étaient donc pas les bases de l'école polytechnique, mais les bases de l'enseignement spécial qu'on voit succéder à ses leçons, qu'il fallait consulter en 1848, pour créer un enseignement administratif. Ce dernier devait être effectivement aux facultés de droit, ce que les écoles d'application de Paris et de Metz sont à l'école polytechnique.

On pouvait imiter avec succès en se plaçant dans le vrai.

On imita en se plaçant dans le faux, nous avons dit ce qui en était résulté.

Revenons donc au vrai pour imiter à notre tour. La page qui précède a posé la première pierre d'un ensemble d'établissement où tout n'est pas à créer sans doute, mais qui a besoin d'être complété sur deux points essentiels, comme on le verra bientôt.

Ici nous allons comparer ce qui existe à ce qui n'existe pas, des réalités à des suppositions, ou, si l'on aime mieux, à des choses proposées. Rien n'empêche de procéder ainsi. Ce second parallèle fournira d'autres matériaux à notre projet.

Nous croyons inutile de parcourir tous les établissements spéciaux qu'alimente aujourd'hui l'école polytechnique. Nous nous bornerons aux principaux; nos raisonnements n'ont pas besoin d'une revue complète.

Nous nous fixerons aussi, de préférence, sur les temps où l'organisation des écoles d'application s'est montrée le mieux inspirée par les besoins de chacune. Comme presque toutes les institutions, ces écoles, depuis leur origine jusqu'à nos jours, ont éprouvé plus d'une modification.

Les carrières pour lesquelles l'école polytechnique doit principalement préparer des sujets, par l'enseignement des sciences dont ils ont également besoin, sont les ponts et chaussées, les mines, le génie militaire, l'artillerie (1).

On reconnut, dès le principe, qu'une seule école d'application ne pouvait convenir à des études spéciales trop distinctes les unes des autres pour être réunies et confondues. La science acquise dans l'ordre mathématique et dans l'ordre physique, en s'a-

---

(1) Nous passons la construction nautique et les ingénieurs géographes, qui, d'après la loi du 30 vendémiaire an IV, avaient aussi leur école d'application. Nous passons, à plus forte raison, d'autres branches de l'administration civile ou militaire qui ne se recrutaient pas alors par l'école polytechnique, et auxquelles maintenant elle fournit des sujets.

daptant pratiquement à des matières séparées, devait s'y présenter aussi sous un aspect nouveau provoquant des travaux différents.

Parmi les carrières ouvertes, on en remarquait cependant qui présentaient entre elles de si intimes rapports, qu'il n'y avait nul inconvénient, qu'il y avait même utilité, à réunir dans une seule école les candidats préparés par l'enseignement polytechnique.

Voici ce qui fut fait, toutefois après quelques tâtonnements sur divers points :

L'école des ponts et chaussées fut réorganisée à Paris, où un établissement analogue existait depuis plus de quarante ans. Elle n'aurait été nulle part mieux placée que dans cette ville immense, où l'on remarque un si grand nombre de ponts et de quais; où les travaux de construction, de reconstruction et d'entretien qu'ils exigent sont incessants; où les monuments d'architecture abondent; et de laquelle rayonnent des voies multipliées de communication, mettant en rapport la capitale de l'empire avec toutes les parties de son territoire.

L'école des mines voulait d'autres conditions : c'est à Moutiers, petite ville, chef-lieu de sous-préfecture dans le département du Mont-Blanc, lequel était alors français, qu'on les trouva réunies. L'établissement de Pesey au pied des Alpes, la variété des richesses minérales que cette chaîne de montagnes recèle, les exploitations ouvertes sur ses flancs, étaient ici des motifs déterminants bien supérieurs à ceux qu'une ville plus importante aurait invoqués. Plus tard la Savoie cessa de nous appartenir, et l'école fut alors établie à Paris. Elle eût pu avoir une résidence mieux choisie (1); mais des secousses successives venaient d'ébranler l'Europe et de donner un autre gouvernement à la France. En de telles situations, le pouvoir est souvent absorbé par les choses de la politique au détriment des choses de l'administration : c'était le temps où l'on créait une école de marine à Angoulême (2).

---

(1) Quelques années après la révolution de 1830, un préfet qui a longtemps administré avec distinction le département de l'Isère (M. Pellenc), fixa l'attention du gouvernement sur les avantages que présentait la ville de Grenoble pour y établir l'école des mines. Le voisinage des Alpes dauphinoises y offrait à l'étude de la minéralogie des ressources progressivement augmentées par des découvertes nouvelles. Outre le fer extrait à Allevard et sur d'autres points, l'argent à Allemont, l'anthracite à la Mure, il n'était presque pas de substance minérale qu'on ne rencontràt dans les exploitations ouvertes (M. Émile Gueymard, ancien ingénieur en chef directeur des mines, y a constaté, entre autres tout récemment, des gisements de platine). Quant à l'étude de la métallurgie, elle eût été à portée de consulter l'expérience dans les hauts fourneaux, dans les forges bergamasques et catalanes, dans les taillanderies, dans les aciéries, que renferme la portion alpine de l'arrondissement de Grenoble. Enfin, l'étude pratique de l'exploitation souterraine se serait faite dans un établissement appartenant à l'école, pour laquelle il était question d'acquérir la mine d'Allemont; ceci indépendamment des facilités que cette branche de l'enseignement d'application eût trouvées auprès des concessionnaires de la Mure et d'Allevard. On ne peut attribuer qu'au défaut de ressources financières l'ajournement de ce projet, qui donna lieu, dans le temps, à une instruction préparatoire de la part de l'administration locale.

(2) A près de cent kilomètres de distance des côtes de l'Océan.

Un établissement commun au génie militaire et à l'artillerie était indiqué par les rapports qui existent entre eux. Unis dans l'action, l'art qui fortifie les places de guerre et l'arme qui les attaque ou les défend ne devaient pas être séparés dans l'enseignement. L'école s'ouvrit à Metz, boulevard de nos frontières du nord, qui vit autrefois la puissance de Charles-Quint échouer contre ses vieilles murailles défendues par François de Guise! Cité glorieuse de ce souvenir toujours vivant dans une enceinte que Deville et Vauban ont fortifiée plus tard (1)!

Cet ensemble d'institutions, depuis l'entrée de l'élève à l'école polytechnique, jusqu'à sa sortie des établissements spéciaux d'application, était éminemment rationnel sur chaque point.

En nous empressant d'y saisir les analogies propres à féconder, par des écoles spéciales, les connaissances en droit administratif acquises dans les facultés, nous n'aurons guère à nous occuper des lieux où ces écoles doivent être placées. Ce fait, si important pour les institutions qui viennent d'être parcourues, est maintenant à peu près sans portée. Si nous avons mis à leur sujet quelque insistance à le faire remarquer, c'est qu'il nous semblait élever à l'état

(1) Les deux services avaient été momentanément séparés. Une école d'artillerie était établie à Châlons-sur-Marne, et ne devait exister que jusqu'à la paix. Une école du génie se trouvait seule à Metz dans le principe, mais les deux établissements furent ensuite réunis dans cette dernière ville.

de principe une pensée générale d'harmonie que nous voulons prendre pour guide, tout en lui donnant une autre direction; c'est encore, en ce qui concerne les mines, à cause d'un intérêt administratif qui ne tardera pas à s'approprier les lignes que nous venons de leur donner.

Les carrières d'administration pour lesquelles les facultés de droit doivent préparer des sujets, en leur enseignant les connaissances juridiques dont ils ont également besoin, sont l'administration intérieure, la représentation de la France à l'étranger, les services administratifs dans les départements.

Reconnaissons qu'une seule école d'application ne peut convenir à des études spéciales trop distinctes les unes des autres pour être réunies et confondues. Des connaissances indispensables, et communes à toutes ces carrières, n'empêchent pas que chacun des établissements à créer ne doive être pourvu de cours particuliers appropriés à sa destination. La science acquise dans le droit, en s'adaptant pratiquement à des sujets séparés, doit se présenter aussi sous un aspect nouveau, provoquant des travaux différents.

On peut remarquer que nous répétons ici, presque littéralement, les paroles dont nous nous sommes servi, quatre pages plus haut, pour exprimer l'inspiration sous l'influence de laquelle furent instituées les écoles d'application de Paris, de Metz et de Moutiers : c'est que la ressemblance des faits autorise celle du langage, et que la seconde est aussi une preuve de la première.

Sans discuter le point, de soi-même incontestable, qu'il y a nécessité d'avoir en France plusieurs écoles administratives, revenons aux trois ordres de fonctions que nous avons distingués.

Nous appelons *administration intérieure* celle qui, dans des degrés différents mais hiérarchiques, est revêtue, par délégation, d'une partie de la puissance publique sur le territoire français, et dont les fonctionnaires sont autorisés, en certains cas, à prendre des arrêtés ou à rendre des décisions obligatoires pour les citoyens. Elle comprend des conseils et des agents, depuis le conseil d'État jusqu'aux conseils de préfecture, depuis le ministre de l'intérieur jusqu'aux préfets; nous dirions jusqu'aux maires, si, nous occupant d'écoles spéciales, nous ne devions laisser de côté des fonctionnaires trop nombreux, et placés dans des circonstances trop exceptionnelles relativement à notre sujet, pour qu'il soit possible d'imposer des études officielles, comme condition, aux candidats de la magistrature municipale.

Il serait superflu de se livrer à une discussion quelconque pour démontrer que les connaissances administratives, au point de vue de l'autorité intérieure, sont autres, ou présentent d'autres aspects, que dans leur application internationale, ou dans les services particuliers qui concourent à la gestion locale. Ceci est palpable.

Nous considérons donc comme essentielle, la création d'une *école spéciale d'administration intérieure*.

Les relations officiellement ouvertes avec les États du dehors ont donné lieu à deux institutions : les légations et les consulats. La première représente la puissance nationale auprès des puissances étrangères; ses rapports sont essentiellement politiques; mais elle remplit aussi une mission de protection pour les individus et pour leurs intérêts. La seconde est fondée sur un principe analogue, mais appliqué au commerce, qu'elle est spécialement chargée de protéger. Toutes deux ont des rapports intimes : la seconde est souvent un utile agent d'information pour la première, à l'autorité de laquelle elle peut d'ailleurs avoir recours en mainte occasion; les circonstances sont aussi quelquefois de nature à donner à ses agents un caractère qui les associe momentanément au service politique des légations. Il n'est pas besoin d'autres explications pour montrer qu'il ne faut pas ici des écoles séparées, et qu'une seule suffit pour les deux institutions.

On lui donnerait le titre d'*École spéciale des légations et des consulats*, ou celui d'*École spéciale diplomatique*.

Ce que nous appelons *services administratifs* exige des explications plus étendues.

A la tête de ces services se placent les ponts et chaussées et les mines, qui ont, ainsi qu'on l'a vu, leurs écoles d'application. Nous nous garderons de toucher à ces établissements; d'abord, à cause de notre incompétence; ensuite, parce qu'il nous semble que tout y est bien, autant du moins qu'il nous est permis d'en juger; enfin, parce qu'en marquant le caractère administratif des deux services, il ne faut pas altérer le souvenir du lien d'origine qui les unit aux autres branches de l'arbre polytechnique.

Nous nous permettrons cependant, quant aux mines, de rappeler, par un simple renvoi à l'une des pages précédentes, l'observation critique qui s'y est fait entrevoir au sujet de la translation à Paris de l'école de Moutiers (1). Quand nous avons écrit les lignes auxquelles nous nous référons et la note qui les suit, elles ont pu paraître un hors-d'œuvre; on en comprend maintenant la portée. Cette observation est, du reste, dans les attributions de notre ouvrage, car il s'agit ici d'un intérêt d'administration.

Les autres services dont il nous reste à parler appartiennent aux finances.

Sauf une exception qui, ainsi que les ponts et chaussées et les mines, se trouve déjà dotée de l'établissement qui lui convient, l'admission à ces régies ne nous paraît pas exiger un enseignement spécial au sortir des facultés de droit.

La pratique immédiate, telle qu'elle est en ce moment établie par l'aspirance et le surnumérariat,

---

(1) Voir ci-dessus p. 386 et 387, et la note au bas de cette dernière.

suffit, à notre avis, pour compléter le savoir des candidats, soit dans les contributions directes, soit dans les contributions indirectes, soit dans les douanes. Si quelques notions théoriques, plus spécialement approfondies qu'elles ne le sont à l'école de droit, paraissent désirables sur quelques points, par exemple sur le cadastre en matière de contributions directes, sur l'esprit des tarifs en matière de contributions indirectes et de douanes, il est facile de les donner en organisant, dans chaque direction, des instructions familières dont profiteraient les surnuméraires, et auxquelles présideraient tour à tour les fonctionnaires supérieurs, sans nuire aux travaux des uns et des autres. Ceci est affaire de règlement intérieur; mais on ne peut songer à créer là des écoles spéciales.

Nous exprimons la même opinion relativement à la perception des droits d'enregistrement, en faisant toutefois observer qu'ici les connaissances juridiques sont non-seulement utiles, non-seulement nécessaires, mais indispensables; qu'elles doivent embrasser non-seulement le droit administratif, mais, plus encore que le droit administratif, le droit civil; qu'il faut y joindre enfin, avec l'étude de différentes lois particulières, celle de la jurisprudence sur une multitude de questions, et qu'il y a forcément obligation de se tenir toujours au courant de ses décisions nouvelles et de ses variations. Malgré ces considérations, auxquelles tant d'autres pourraient se joindre, nous ne trouvons pas qu'elles soient suffisantes pour justifier la création d'une école exclusivement affectée à l'enregistrement. Leur conséquence est que le surnuméraire et tous les employés doivent se fortifier sans cesse dans la connaissance du droit; or ce n'est pas là une spécialité par opposition au droit lui-même; car, sauf la connaissance plus approfondie de quelques lois, l'étude de quelques tarifs et l'observation de quelques règles de détail en matière de comptabilité, choses qui s'acquièrent par le travail des bureaux, l'école qu'on établirait serait à peu près une seconde édition de la faculté de droit. Mais si l'idée des instructions familières, jetée dans le précédent alinéa, obtenait quelque faveur, c'est principalement pour les surnuméraires de l'enregistrement que son application nous paraîtrait utile.

A l'occasion de ce sujet, faisons remarquer que la même administration embrasse deux choses tout à fait distinctes, savoir : l'enregistrement dont nous venons de parler, et les domaines.

Devons-nous, quant à la seconde, adopter le parti que nous avons pris quant à la première?

Voici, pour les domaines, ce qui autoriserait le doute :

La gestion économique des propriétés de l'État exige, indépendamment des notions du droit, d'autres notions dont la spécialité est incontestable. Son but n'est pas seulement de passer des baux, de recevoir des prix de ferme ou de loyer, d'exercer des actions, etc.; il est encore de conserver et surtout d'améliorer. Or, pour conserver et pour améliorer des propriétés, certaines connaissances sont nécessaires : par exemple l'agronomie, la botanique agricole et forestière, la géométrie pratique, la construction des bâtiments appropriés à l'agriculture, choses enseignées presque toutes dans un établissement existant : nous voulons parler de l'école forestière de Nancy.

L'administration particulière à laquelle cette école fournit des sujets, concourt aussi à la conservation et à l'amélioration du patrimoine national, mais pour une nature déterminée de biens. Elle est chargée de la garde, du repeuplement et de l'exploitation des bois, pendant que l'administration des domaines s'occupe des mêmes biens, en ce qui concerne le droit de propriété, le contentieux civil et l'encaissement des produits. Pourquoi ne pas unir dans l'enseignement préparatoire ce qui a de si intimes rapports dans l'exercice des fonctions ? Pourquoi ne pas agrandir l'établissement existant en lui donnant le titre d'*École spéciale des domaines?* Il y aurait peu de chose à ajouter à l'organisation actuelle, et de notables avantages à recueillir de sa double destination. Il est vrai que l'administration des domaines ne peut, par elle-même ou par ses préposés, régir aucun des biens qui en font partie (en règle générale, elle est tenue de les affermer ou de les louer); mais ne faut-il pas qu'elle rédige les cahiers des charges, qu'elle y inscrive les conditions de conservation et d'amélioration dont les propriétés sont susceptibles, qu'elle surveille l'exécution des clauses stipulées dans cet objet? Ses agents n'ont-ils pas l'initiative locale des projets qui peuvent ajouter soit à la valeur vénale, soit à celle des produits? Ne faut-il pas qu'ils écrivent des mémoires dans ce but, qu'ils vérifient des plans, qu'ils apprécient des devis estimatifs? Et tout cela peut-il se faire sans posséder des connaissances spéciales?

Si les domaines et l'enregistrement étaient confiés à des administrations séparées, nous ne résisterions pas à de tels motifs. Mais les mêmes fonctionnaires étant appelés à s'occuper des deux gestions, nous trouvons dans ce fait un obstacle que nous n'osons franchir. Les années ou l'année que les élèves passeraient à l'école, en les occupant exclusivement de régie domaniale, les laisseraient sans instruction sur les perceptions fiscales, ainsi que sur la jurisprudence et sur les documents administratifs qui ont rapport à l'impôt. Ce qu'ils gagneraient d'un côté ils le perdraient de l'autre. A raison de cette interruption partielle il y aurait, dans leurs travaux, une lacune qu'ils ne combleraient ensuite qu'en donnant beaucoup plus de temps au surnumérariat dans les bureaux. Leur avancement serait entravé par là, et il est assez lent dans cette administration pour qu'on doive écarter les mesures qui le retarderaient encore, lorsqu'elles ne sont pas d'ailleurs rigoureusement nécessaires.

Notre opinion définitive ne peut donc adopter l'innovation qui vient d'être discutée, et nous émettons l'avis que l'établissement de Nancy doit conserver sa limitation actuelle.

En résultat, et d'après tout ce qui précède, il y aurait, si l'on accueillait nos idées, cinq écoles administratives d'application (dont trois existent depuis longtemps, et dont deux seraient de création nouvelle), savoir :

L'école spéciale d'administration intérieure ;

L'école spéciale des légations et des consulats ;

L'école spéciale des ponts et chaussées ;

L'école spéciale des mines ;

L'école spéciale forestière.

Les deux premières étant seules à instituer, ce n'est qu'à leur sujet que des plans d'organisation auraient besoin d'être étudiés.

Il ne nous appartient pas de nous en occuper. Nous avons pu croire que vingt ans d'expérience, dans une chaire de droit administratif, nous autorisaient à exprimer notre opinion sur les améliorations dont cet enseignement est susceptible, et à présenter à la fois des bases raisonnées de perfectionnement et un programme d'études. Mais hors de là, quoiqu'il s'agisse des applications de la même science, nous sentons s'évanouir le mouvement de foi en nous-même qui s'est donné carrière dans les chapitres précédents, et c'est à peine si nous nous croyons permis de qualifier d'ébauche celui qu'on vient de lire.

Profitons cependant de l'occasion que nous procure ce simple aperçu, afin d'indiquer la place de quelques connaissances côtoyant le droit administratif, auxquelles nous n'avons pas accordé de chaires dans les facultés qui l'enseignent.

On a vu nos raisons en ce qui concerne l'économie politique (1). Est-il nécessaire de prouver maintenant que cet objet d'étude serait attribué, d'une manière aussi naturelle qu'utile, à l'*école spéciale d'administration intérieure?* Cela est évident de soi-même, et d'ailleurs tout ce que nous avons dit pour refuser la chaire aux facultés de droit, se transforme en motifs pour la donner à l'école dont il s'agit à présent.

Il n'est pas de système, si malheureuses qu'aient été ses tentatives, auquel on ne puisse emprunter de bonnes choses. Lorsque le gouvernement de 1848, improvisant une école d'administration en deux parties, créait dans le collége de France *cinq* chaires *d'économie générale et de statistique* (2), il excédait certainement la limite raisonnable, quoiqu'il eût agrandi leur domaine en y joignant, sous une dénomination différente, *l'économie politique*, objet auparavant d'une chaire qui se trouvait supprimée. Cependant l'étude de la statistique est indispensable à l'administrateur. La statistique, comme l'économie

(1) Ci-dessus, p. 164, 165 et suiv.

(2) Décret du 7 avril 1848.

politique, née en même temps qu'elle, s'établit par l'observation des faits. De ces faits découlent des conséquences qui, pour la plupart, deviennent des principes. De ces principes logiquement coordonnés naît une science. Cette science est mobile suivant les temps et les lieux, de même que les faits qui en ont été le point de départ, et, sous ce rapport, elle ressemble encore à l'économie politique sa sœur, dont les systèmes sont souvent modifiés par les événements et par les besoins. L'un des enseignements attire l'autre, et leur absence dans une école spéciale d'administration intérieure serait la critique de son organisation.

D'autres connaissances qui, pour le droit administratif, ne sont aussi que des accessoires, prendraient dans l'*école spéciale des légations et des consulats* un caractère tout différent. Elles y seraient l'objet d'un enseignement principal et indispensable.

L'*Histoire de la constitution des États* et l'*Histoire des traités*, que mentionne le rapport au roi du 20 février 1845 (1), le *Droit politique comparé* que rappelle le décret du 7 avril 1848, y obtiendraient sans doute des chaires.

Dans cette école comme dans la précédente, le pouvoir organisateur, s'entourant des hautes lumières qui sont à sa disposition, fonderait un enseignement complet mais sans superfluité, approprié au but pra-

(1) Voir ci-dessus, p. 45 et 170. — La géographie politique trouverait naturellement place dans cet enseignement.

tique de chacune. Et c'est ainsi que se trouverait, en France, ce qui ne se trouve encore nulle part : des institutions ne laissant, dans leur ensemble comme dans l'harmonie de leurs détails, aucun point de la science administrative dépourvu de moyens d'instruction, et faisant succéder au droit, qui partout en est le fondement général et commun, la gestion qui sur chaque point limite et spécialise le droit.

Le mot *gestion* dont nous venons de nous servir ne doit pas laisser croire que nous l'entendons comme devant exprimer, dans les écoles spéciales administratives, le maniement de l'administration.

L'enseignement d'application est théorique ou pratique. Dans ces écoles il est nécessairement théorique pour toutes ; mais il peut être en même temps pratique pour quelques-unes.

La nature des choses permet que l'expérience des faits soit associée à la théorie dans l'école des ponts et chaussées et dans celle des mines (1), dont les élèves sont d'ailleurs envoyés, au bout d'un certain temps, sur le lieu même des travaux et des exploitations, où ils participent à la mission des ingénieurs.

(1) Cette association se remarquait bien mieux quant aux mines, et avait pour la science pratique des résultats bien plus fructueux, dans le temps où l'école établie aux pieds des Alpes y possédait une exploitation. — Voir ci-dessus p. 386 et 387, et au bas de cette dernière, la note 1.

L'école forestière de Nancy est, sous d'autres rapports, placée dans des conditions qui lui permettent souvent de faire marcher de front les leçons et l'observation locale de choses immédiatement expérimentées.

Nous n'avons donc pas à chercher là, puisque nous venons de l'y montrer, un trait d'union entre le dernier jour de l'application théorique à l'école, et le premier jour de l'application réelle dans des fonctions définitivement conférées.

Pour les services administratifs financiers, l'école spéciale est remplacée par le surnumérariat, lequel forme, entre la sortie des facultés de droit et l'entrée en fonctions, une transition suffisante. Le surnumérariat constitue sans doute un enseignement d'application, mais il est essentiellement pratique.

On voit qu'en définitive, ce n'est que relativement à l'école spéciale d'administration intérieure, et à l'école spéciale des légations et des consulats, qu'il y aurait lieu d'examiner si quelque chose est à faire, quant au temps qui sépare la dernière leçon du premier emploi.

Dans ces deux écoles, la nature des choses qui favorise ailleurs la réunion de la théorie et des faits, sans sortir du même établissement, ne permettra que l'enseignement théorique.

Faudra-t-il exiger, à l'expiration de celui-ci, des occupations absolument pratiques, avant d'appeler à un exercice officiel les élèves qui ont terminé honorablement toutes leurs études, mais qui cependant ne sont encore que des candidats ?

Ceci se réduit à examiner si déjà le stage ne se trouve pas dans des institutions existantes, cas auquel il est inutile de s'en occuper, sauf à l'administration supérieure à faire étudier les modifications que les nouvelles écoles rendraient à cet égard nécessaires.

Sous cette réserve, nous résolvons de suite la question négativement, en ce qui concerne l'enseignement diplomatique.

En l'état, le surnumérariat dans les bureaux du ministère des affaires étrangères, et la position d'*attaché* auprès des ambassades et des autres légations, procurent aux candidats l'expérience que le gouvernement a besoin de trouver en eux, dans cette carrière difficile où l'habileté de la conduite est aussi nécessaire que la variété des connaissances. Les consulats ont des garanties analogues dans l'institution des élèves consuls.

Reste notre école spéciale d'administration intérieure.

Les moyens pratiques d'instruction qui devront suivre les cours semblent se montrer ici, dès à présent, dans l'institution des auditeurs au conseil d'État, à laquelle il faut ajouter celle des auditeurs à la cour des comptes.

Nulle part des jeunes gens, préparés par l'école de droit et par l'école spéciale, ne pourront être mieux placés pour recevoir l'initiation administrative, sous les divers points de vue des principes et des faits, de la gestion et du contentieux, de l'administration centrale et de ses ramifications inférieures.

Mais l'institution des auditeurs, concentrée sur deux points auprès de l'administration centrale, est-elle suffisante ?

Nous voudrions que l'application de son principe s'étendît davantage.

Nous trouvons que la haute sphère autour de laquelle gravitent les auditeurs au conseil d'État peut avoir l'inconvénient de leur inspirer, trop généralement, l'ambition d'avancer sur place en devenant successivement auditeur de première classe, maître des requêtes, et peut-être dans l'avenir, conseiller d'État, sans quitter une existence qui flatte de jeunes amours-propres, et une ville capitale centre de toutes les séductions ; de telle sorte que les fonctions de sous-préfet et de conseiller de préfecture, reléguées à l'arrière-plan, ne leur apparaissent que comme un *pis-aller* qu'on doit abandonner aux sujets de second choix ou de seconde protection.

Mais pourquoi parler de protection lorsque le mérite seul devrait déterminer les titres ?

Pourquoi ?

Parce qu'il n'est rien qui ne soit du domaine de l'abus ; parce que la protection a existé, qu'elle existe et qu'elle existera toujours plus ou moins ; parce que l'impartialité et la vigilance au faîte du pouvoir peuvent en atténuer l'influence, mais non la supprimer radicalement; parce qu'enfin il faut accepter la nature humaine telle qu'elle est, et laisser aux fauteurs de désordre et à leurs dupes l'utopie d'une administration sans abus.

Des familles haut placées par la naissance, la fortune, les relations ou les emplois publics, auront toujours infiniment plus de chances de faire arriver leurs fils à la position d'auditeur au conseil d'État que d'autres privées de ces avantages. Si la préférence n'était donnée aux premières qu'à égalité de mérite, l'abus serait sans conséquences fâcheuses pour l'intérêt général; mais la candidature d'un sujet distingué sera souvent écartée, au profit d'un sujet mieux recommandé quoique d'une capacité inférieure.

Voilà ce qu'on atténuerait peut-être sans rien changer à l'institution des auditeurs au conseil d'État, si l'on ouvrait ailleurs encore une porte qui permettrait à des candidats de s'essayer aux affaires sans péril pour elles, et qui leur offrirait la perspective directe des fonctions de sous-préfet.

Nous reproduisons ici une idée précédemment notée à la suite d'une de nos pages (1). Elle consisterait à établir des auditeurs auprès des conseils de préfecture; non, sans doute, dans tous les chefs-lieux de département, mais dans ceux des grands départements, dans ceux encore où la population agglomé-

(1) Voir la note au bas de la page 18.

rée est considérable, partout enfin où les affaires administratives seraient assez multipliées pour ne jamais laisser oisifs les légistes qu'on introduirait dans ces corps. Auprès des conseils désignés il y aurait un auditeur; il pourrait y en avoir deux et même trois, suivant l'abondance des affaires; le ministre les ferait passer d'un conseil dans un autre quand il le jugerait convenable; ils aideraient les conseillers dans les travaux préparatoires; ils seraient quelquefois chargés des rapports, et assisteraient aux discussions et aux délibérations avec voix consultative. Ceux qui auraient vingt-cinq ans d'âge et deux ans d'exercice comme auditeurs, admissibles dès ce moment aux places de sous-préfet, pourraient en remplir les fonctions par *interim*, dans les cas de congé ou de vacance.

Cette position serait d'un accès plus facile que celle du conseil d'État. Elle serait moins ambitionnée par les familles puissantes qui habitent généralement Paris, et pour lesquelles la résidence dans cette capitale est presque toujours une considération décisive de préférence; indépendamment de ce que l'audition au conseil d'État est l'échelon de fonctions nombreuses, tandis que l'audition au conseil de préfecture conduirait, à peu près exclusivement, à celles de sous-préfet. A la portée des familles qui habitent la province, l'institution que nous proposons serait pour elles un sujet de satisfaction; elle serait même un hommage rendu au principe de l'égalité, qui, pour avoir été en certains temps exagéré jusqu'à l'absurde, n'en est pas moins un de ceux qu'il faut le plus scrupuleusement faire régner dans les limites que lui assignent l'expérience et la raison.

Dès le commencement de cet ouvrage, nous nous sommes inquiété des choix qui appelaient fréquemment un élément trop jeune au sein des conseils de préfecture (1). L'avantage d'y former des candidats sous-préfets ne nous y paraissait pas effacer l'inconvénient grave de donner aux préfets des conseillers inexpérimentés, et aux procès administratifs des juges étrangers à la pratique des affaires. Mais il s'agissait alors de conseillers titulaires; il s'agit maintenant de simples auditeurs, qui se formeront pour les sous-préfectures tout aussi bien sous ce titre que sous celui de conseiller, et qui, n'ayant jamais voix délibérative dans l'assemblée, n'y détermineront en aucun cas la majorité.

Les auditeurs dont il s'agit seraient-ils aussi des candidats naturels pour les fonctions de conseillers de préfecture ?

Si l'on se souvient que les conseillers de préfecture participent à l'administration proprement dite par des avis, à la tutelle administrative par des avis encore et quelquefois par des décisions directes, à l'expédition du contentieux administratif par des arrêtés qui sont de véritables jugements, on ne s'étonnera pas que nous ayons exprimé le désir de voir appeler

---

(1) Voir p. 17 et 18, et la note au bas de cette dernière.

aux conseils de préfecture des hommes consommés dans les affaires (1), et, par conséquent, d'une maturité plus avancée que celle des débutants en administration.

Il y aurait cependant, il faut en convenir, un contre-sens dans la disposition qui interdirait aux auditeurs dont nous parlons l'avancement dans les conseils eux-mêmes. Mais nous ne serions d'avis de les y admettre qu'après un stage au moins double de celui qu'exigerait leur nomination aux sous-préfectures.

Peut-être trouvera-t-on singulier que nous nous montrions plus difficile pour ces fonctions que pour celles de sous-préfet, mieux rétribuées, et, en apparence, plus haut placées.

Mais cela n'arrivera qu'aux personnes qui seront tombées dans une double erreur.

Erreur quant au rang : comme corps le conseil de préfecture est au-dessus des sous-préfets.

Erreur quant à la conséquence tirée de la rémunération : les membres des corps délibérants ont, en général, des traitements individuels très-réduits, et sur lesquels il ne faut pas mesurer l'importance de ceux qui les reçoivent. Les sous-préfets n'ont d'ailleurs un traitement plus élevé que parce qu'ils sont tenus à des dépenses dont les conseillers de préfecture se trouvent affranchis.

---

(1) Voir ci-dessus note au bas de la page 18.

Nous voudrions voir améliorer assez la position des conseillers de préfecture pour que d'anciens sous-préfets, ou des hommes mûris ailleurs dans l'exercice de l'administration, pussent la désirer. Ce vœu a déjà laissé une trace dans notre livre (1). En faisant concourir avec eux les auditeurs qui auraient au moins quatre ans d'exercice, on assurerait autant que possible, pour l'avenir, la bonne composition des conseils.

Nous n'en dirons pas davantage sur les écoles spéciales administratives, et sur les premiers essais d'application réelle auxquels leurs élèves devraient se livrer en les quittant.

Nous sommes sorti de nos terres en entamant ce chapitre; aussi n'a-t-il été annoncé que comme un aperçu dont nos propres défiances ont marqué le caractère.

Cependant, nous n'avons pas voulu exprimer à demi nos idées d'ensemble, ni quitter une jeunesse qui a dès longtemps excité notre intérêt le plus vif, sans l'avoir vue le pied à l'étrier.

---

(1) Voir ci-dessus note au bas de la page 18.

CHAPITRE DOUZIÈME.

CONCLUSION.

Le système que nous proposons pour l'enseignement du droit administratif, se trouve tout entier dans notre cinquième chapitre.

Les quatre chapitres qui le précèdent, en constatant l'importance de la matière, l'insuffisance de l'organisation actuelle et la fausseté de certaines idées d'amélioration, n'ont fait qu'ouvrir la voie dans laquelle il est entré.

Les six chapitres qui le suivent peuvent, sans doute, être considérés comme ses conséquences; mais leur suppression n'infirmerait en rien notre plan d'organisation nouvelle, quant à l'enseignement du droit administratif.

Qu'importe, en effet, la classification des matières à enseigner ? Le seul point à retenir, c'est qu'il en faut une : la nôtre, ou celle qu'on voudra.

Qu'importent, à plus forte raison, et nos idées méthodologiques, et nos observations sur les épreuves, et le peu de sympathie que l'agrégation a rencontrée en nous, et l'éloignement que nous inspire la contrainte dans les hautes études littéraires ?

Qu'importe enfin cet ensemble d'écoles spéciales administratives, dans lequel, en maintenant ce qui existe, nous voudrions voir figurer denx établissements nouveaux se plaçant à la tête de l'enseignement d'application ?

Tout cela peut être accueilli ou rejeté sans toucher aux chaires à ériger dans les facultés de droit.

L'essentiel c'est que la législation administrative y soit sur le même pied que la législation civile.

Le reste viendra en son temps, avec ou sans la forme qui a nos préférences; c'est de quoi nous cessons maintenant de nous inquiéter.

Mais nous insistons pour que le droit administratif ait trois chaires dans chaque faculté.

Nous insistons pour qu'à leur côté soit établie une chaire de droit des gens et de droit international.

Nous insistons même pour qu'une chaire de droit criminel remplisse, désormais, la trop longue lacune que les professeurs de procédure se sont trouvés partout dans l'impossibilité de combler, malgré les textes de la loi du 22 ventôse an XII qui leur en faisait un devoir.

Ceci est peut-être hors de notre sujet. Mais il ne faut pas laisser incomplet l'enseignement du droit public, dont le droit criminel est une branche. La nécessité de cet enseignement est d'ailleurs généralement comprise, et nous pouvons, sans avoir besoin d'apologie, saisir l'occasion qui nous est offerte, et nous rendre l'interprète d'un vœu qui n'aura pas de contradicteur.

Le droit public compterait donc cinq chaires sur douze dans chaque faculté. Ce ne seraient cependant pas cinq chaires à créer, mais *quatre*, puisqu'une des trois chaires de droit administratif existe déjà.

A la faculté de Paris, le droit des gens et le droit criminel ont des interprètes. Le nombre des étudiants obligerait peut-être d'y doubler les chaires de droit administratif, ainsi que le sont en l'état celles du Code Napoléon. Cette école est dans une position exceptionnelle, et nous la laisserons à part, ainsi que nous l'avons fait plus d'une fois jusqu'à ce moment.

Pour les huit autres facultés, il y aurait trente-deux chaires à créer, si Toulouse ne possédait depuis longtemps une chaire de droit criminel, et Strasbourg une chaire de droit des gens prête à s'associer le droit international. Ce seraient donc, en définitive, *trente chaires* pour tout l'empire, Paris excepté.

En prenant le traitement de 5,500 francs comme chiffre moyen de celui que touchent, dans les provinces, les professeurs des facultés de droit, une somme de 165,000 francs suffirait annuellement pour les doter toutes d'un enseignement complet de droit public, et particulièrement de droit administratif.

Ce sacrifice est-il donc au-dessus des avantages qui en seraient le résultat ?

Au début de cet écrit nous avons appréhendé deux choses :

La première, que ces avantages ne fussent trop superficiellement appréciés. C'est pour cela que notre premier chapitre leur a été consacré.

La seconde, que la situation financière, qu'il était permis de supposer obérée, à la suite des dépenses énormes dont une glorieuse paix venait à peine de tarir la source, ne fît de notre système une question de budget trop lourde encore pour le temps présent.

Cette double crainte s'est dissipée depuis.

Nous croyons que toute personne qui aura lu notre livre sans prévention, et avec le degré d'attention qui doit être apporté à toutes les choses sérieuses, pensera maintenant comme nous que la dépense à imposer au trésor est insignifiante, si on la compare aux fruits que l'intérêt public doit en recueillir.

Nous avons aussi la conviction (peu de mois ont suffi pour nous la donner) que, grâce à tous les dévouements qu'ont fait surgir de graves circonstances au sein de la mère patrie; que, grâce encore à la perfection des services administratifs, même sur le théâtre lointain de la guerre, le Trésor, après avoir versé en Orient des sommes énormes pour soutenir l'honneur national et les intérêts européens, ne sera pas sans ressources pour faire face à de nouvelles améliorations intérieures.

Une période qui doit seconder tous les progrès vient de s'ouvrir.

Elle offre, comme gage de leur accomplissement, ces magnifiques paroles :

« La France, sans froisser les droits de personne, » a repris dans le monde le rang qui lui convenait, et » peut se livrer, avec sécurité, à tout ce que produit » de grand le génie de la paix (1). »

A côté des améliorations matérielles qui vont reprendre, ou plutôt poursuivre leur brillant essor, le génie de la paix fera la place des améliorations morales ! Bientôt, si nous en croyons le pressentiment qu'autorise un tel langage venu de si haut, on cessera de regretter, pour les divers rouages de l'administration publique, l'insuffisance des moyens d'instruction qui doivent préparer ses candidats, et l'on verra se réaliser complétement enfin l'espoir que Fourcroy manifestait, il y a cinquante-cinq ans, à la tribune du corps législatif (2).

Au moment de publier cet ouvrage, une impression mélancolique s'empare de nous.

---

(1) Discours de l'Empereur à l'ouverture de la session législative de 1857 (16 février). — Plus des trois quarts de nos feuilles étaient imprimées, lorsqu'une solennité universitaire nous a fait entendre d'autres paroles, inspirées par celles que nous venons de transcrire. Nous avons dérobé à M. le ministre de l'instruction publique un passage qui a été couvert d'applaudissements, dans une enceinte où se pressaient les illustrations de la science. Il orne le frontispice de ce volume, et la place qu'il y occupe, à la suite de deux lignes de Fourcroy, rapproche, à un demi-siècle de distance, le germe et le développement d'une noble pensée.

(2) Voir ci-dessus p. 36.

Nous avons dépassé, dans la vie, l'époque féconde où les facultés de l'intelligence ont toute leur vigueur, et nous atteignons celle qui les voit presque toujours s'affaiblir.

Ce n'est pas cette loi commune qui peut nous attrister.

La cause de notre préoccupation, la voici :

Ne subissons-nous point une de ces illusions qui dévoilent peut-être une pensée providentielle et consolatrice, mais qui n'abusent que celui qui les éprouve, dans le jugement qu'il porte sur lui-même ?

Que ce doute ne soit pas attribué chez nous aux inquiétudes de l'amour-propre !

Non.

Si nous nous sommes trompé, ce que nous regretterons, ce sera d'avoir cru bonnes et possibles des modifications qu'on jugera ne pas l'être.

Mais combien nos regrets seraient plus vifs si, le livre actuel contenant en réalité un plan rationnel et praticable, ce plan n'était repoussé que parce que l'âge de celui qui le propose est une recommandation que l'on prise peu maintenant, quand elle n'a pas l'appui d'un nom illustré par la publicité des succès !

Ces réflexions sembleraient nous conseiller plutôt une retraite prudente qu'une persévérance dont nous pourrions avoir à nous repentir.

La prudence serait-elle cependant autre chose, pour nous, que l'inspiration de ce sentiment tout personnel, auquel nous venons de dire que nous ne cédions pas?

En sacrifiant le livre à l'auteur, nous nous mettrions en contradiction avec nous-même.

Le livre sera donc publié.

Que de productions médiocres ont donné la première idée de choses utiles! Est-il certain que nulle chose utile ne serait à regretter, si l'on ne permettait qu'au génie, à son déclin, *les derniers efforts d'une voix qui tombe et d'une ardeur qui s'éteint?*

FIN.

TABLE.

CONSIDÉRATIONS SUR L'ENSEIGNEMENT DU DROIT ADMINISTRATIF.

PARIS. TYPOGRAPHIE DE HENRI PLON, IMPRIMEUR DE L'EMPEREUR, 8, RUE GARANCIÈRE.

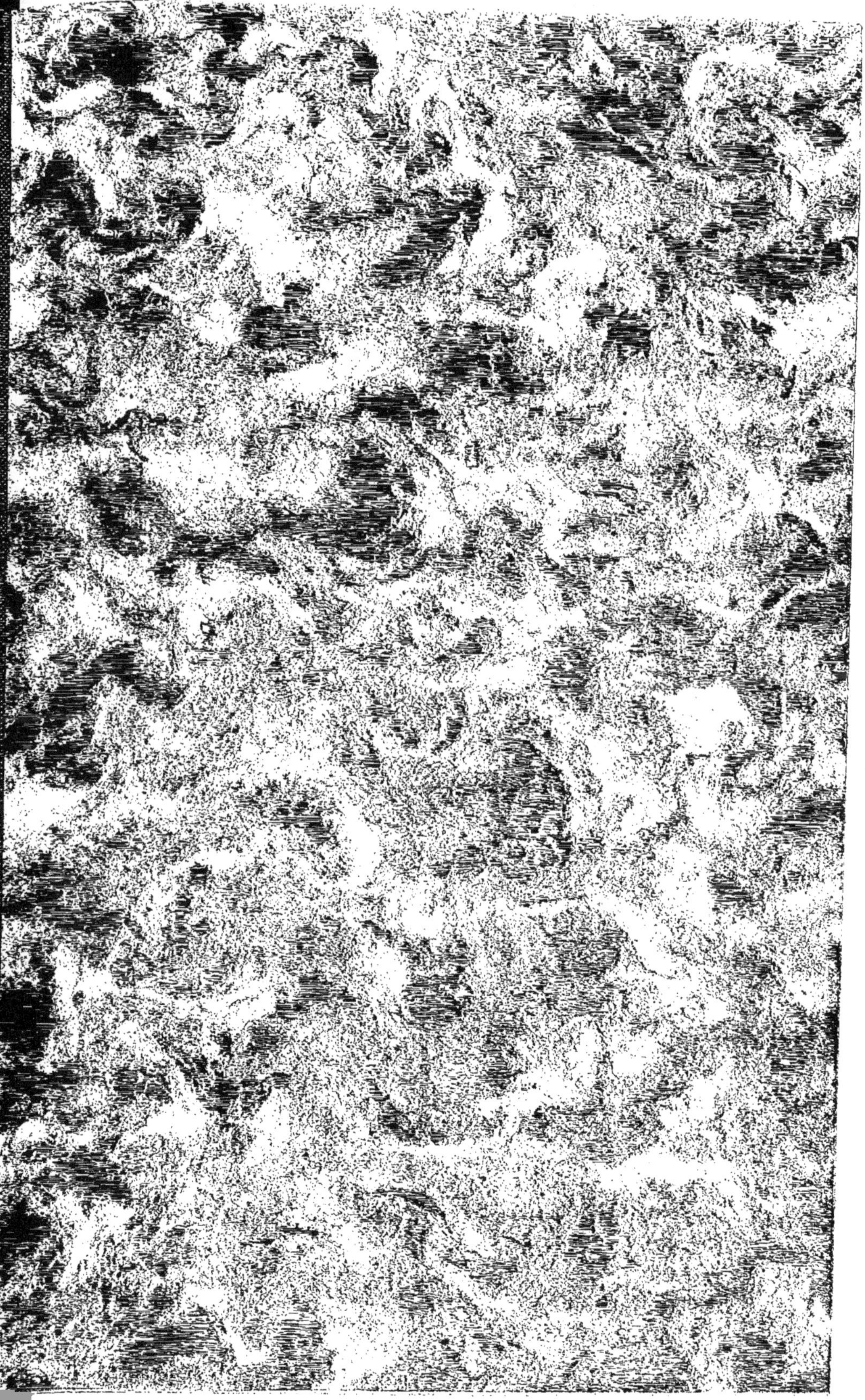

www.ingramcontent.com/pod-product-compliance
Lightning Source LLC
Chambersburg PA
CBHW060528220326
41599CB00022B/3457